我們如何守住台灣

保護家人、事業、財產，需要評估的情勢，
必須採取的行動

謝宇程 ___著

獻給我親愛的家人

守護我們安居樂業的國軍

感謝在撰稿與出版過程中
每一位給我協助與鼓勵的人

36 位各界意見領袖感動鄭重推薦

儘管過去數十年台灣民眾都很幸運地沒有經歷戰爭，但是武力犯台的威脅從來沒有消失。我們可以期望戰爭永遠不要發生，但是絕對不能無視這樣的威脅。《我們如何守住台灣》用直觀的論述帶我們了解，可以怎麼做，讓我們的家園持續安全。

——軍事主題 Dino Brothers Studio 頻道主 Dino Brothers

恐懼與毀滅均來自於無知，妥協下的和平只是假象，用實力拚來的才是真和平。

——備役少將 于北辰

謝宇程先生的這本著作在風雲突變的時代意義重大，展現了台灣公民社會的參與精神。這本書提醒讀者，資本主義全球化時代的自由、民主和繁榮，乃至未來的長治久安，必須依靠全社會的團結、努力和奉獻。

—— YouTube 時政頻道主「公子沈」

這是嚴肅而認真討論台海「戰或不戰」每個人可能面對情況的第一本書。在政治口水滿天飛的現況下，本書堪稱是一帖醒腦劑。

——歷史評論家、知名作家 公孫策

　　兩岸間嚴峻的安全形勢，客觀上要求台灣人做出一個主流選擇，不管這個選擇是什麼，嚴重的割裂都將存在，因此爭取政治光譜的中間派比以往任何時候都更為重要，就不能迴避各種可能的選項。宇程先生的新書從家庭人、事業人的視角出發，直面探討了從「不戰獻頭」接受中共統治，到為保衛台灣而戰等各種選擇的後果，以及影響戰爭結果的種種變量，視野全面、循序漸進，說服力強，尤其有助於中間派民眾判明形勢。

　　我非常贊成宇程先生關於民主議程對於監督備戰重要性的論述。歸根到底台灣是精準備戰，還是消極擺爛，或流於形式，每個選民的聲音和手中的選票都發揮著作用。成功守護台灣的過程勢必也是台灣民主走向成熟的過程。

—— YouTube 百萬訂閱級頻道「文昭談古論今」頻道主 文昭

　　中共侵吞台灣的野心日益膨脹，台海上空的戰爭陰影，台灣普通民眾怎麼辦？《我們如何守住台灣》直面這個生死攸關的問題，給出了有視野、有深度、更有切實可行性的回答。可以把這本書看作「台灣公民戰前教戰手冊」；這樣的「教戰」成功一分，「止戰」的可能性就增加一分。

——美國史丹佛大學中國經濟與制度研究中心高級研究員 吳國光

　　世局詭譎多變，要在台灣安身立命，須理解國際處境，並對戰爭預做準備。作者從常民的角度出發，以流暢、淺白、故事化的文字，提供

豐富多元的觀點。只要重視自己與家人的生命、財產、安全，以及關心下一代的未來，這本書就值得閱讀！

——台北市立大學社會暨公共事務學系副教授 李天申

自由有代價，而失去自由的代價往往更高。

《我們如何守住台灣》一書採訪了多位專家學者，探討面對軍事威脅，台灣要如何選擇，更重要的是，我們作為常民要如何選擇。作者守衛台灣的拳拳之心，筆墨間點滴可見。台灣究竟如何才能阻戰勝守？這本書很值得一讀。

——軍事 YouTuber 周子定

2024 年的總統大選與立委選舉，無疑是台灣重要的一戰，因為其所反映出來的，不僅是對台灣執政者的評價，更是台灣人民面對台灣未來可能性的選擇。

台灣作為一個多年來飽受中共文攻武嚇、外交打壓的主權國家，我們從早期的八二三砲戰、近年來動輒軍事演習中走來，面對中共經濟起飛後，對台灣的滲透和侵略，更加的複雜而多面。從商業的併購到科技核心競爭力的竊取，台灣能屹立不搖、守護民主法治，並成為世界科技供應鏈中的關鍵，不但該自豪，但也必須時時警惕。

讀宇程的書，就像自己在跟未來的台灣對話，這個我們深愛的國家，面臨怎樣的挑戰？而身處其中的我們，又該如何面對？如果我們選擇守護國家，我們要具備哪些能力？如何充實這些能力，讓台灣能繼續目前的穩定和繁榮？

簡單來說，維護台灣的獨立自主，我們需要有硬實力和軟實力。硬實力需要外交國防金融科技和經濟，而軟實力則為我們的民主法治與人權，這兩種實力的兼具，就可以拉開台灣和中國的距離。

謝謝宇程寫出一本很多人必須直面而無法逃避的問題，認識宇程多年，他用一枝史筆，記載屬於我們這一代的歷史，也用他的政治專業和敏銳的觀察，指引我們可行的方向。天助自助者，我相信台灣為天所庇佑，但更相信台灣人民能靠著自己，守護我們的家園。

——陽明交通大學科技法律學院特聘教授 林志潔

守護家園不分男女老少、各行各業都可以積極行動。本書以民眾的視角切入，理性分析及梳理台灣現況，與讀者一起思考，在面臨威脅、局勢動盪的關鍵時刻，我們身為台灣人，可以如何採取行動、做足準備。

——立法委員、創作歌手 林昶佐

我們必須守住的是自由民主與開放的生活方式、一起建立的國家各項發展，更是守住後代未來選擇的權力。

——立法委員、醫師 林靜儀

這是一本360度解析「如何守住台灣」＋行動方案的手冊，我強力推薦！

——前哨預策創辦人、中國課題觀察家 范疇

我向大家推薦《我們如何守住台灣》這本書，是因為台灣的命運實

際掌握在大家自己手中。大家保衛自己的生活方式，追求幸福和自由的權利是天經地義的，不是哪個國家和政黨賜予的。大家都堅定了，其他國家才會伸出援手。

——軍事頻道「馬克時空」主持人 馬克

面對台灣當前最嚴厲的挑戰！本書提供最嚴肅的解構與選擇。

——淡江大學兩岸關係研究中心主任 張五岳

國家認同、社會共識、教育問題、職業生涯，一切的立場，先要有主體性，立場才有根基。

立場帶來覺知，覺知帶來參與，參與帶來實踐，實踐後才有使命感。雖然使命感不見得都是正能量，但是存在就有合理性。台灣社會力十分分歧，常常說理不明。

作者謝宇程珍惜台灣這美麗島上親友能夠相愛的自由生活，理智地剖析陳述島民為何面對海峽兩邊應該勇敢且自信地護守我們僅有的家園，開創永續的未來。這本書能令人靈台清明。

——台灣大學名譽教授 陳竹亭

要「守住台灣」，台灣人有許多自己都不知道的利基，當然也有許多不足。如果你珍惜現在擁有的生活方式，卻又對戰爭的迫近感到悲觀，本書用各種切身的情境式對話告訴讀者：要認知到危機，但別被謠言牽著鼻子走，現在的你怎麼做可以「守住台灣」！

——《上報》總主筆 陳嘉宏

　　這是一本真正「庶民」自發思考「我們如何守住台灣」的書，不是從政黨或學者角度出發，而是從個人、家庭、產業出發。畢竟，這是關係台灣每一個人的事，值得每一個人都來關注，相信愈多人關注，我們愈守得住。一個很樸實的動機，但是很專業的結果，值得推薦閱讀。

——台灣大學政治系副教授 陶儀芬

　　作者用常民視角和利害關係，將當前兩岸問題回歸到普世價值的根本。揭露中共當局民族主義包裝的戰略企圖與外來性，並深入淺出我國公民在此特別時代背景下，當如何自處和抉擇。振聾發聵、引人思考。

——「中國人民解放軍基地及設施」互動地圖創建人、
東吳大學音樂系畢業（主修作曲）溫約瑟

　　面對當前台灣的戰爭威脅，謝宇程《我們如何守住台灣》一書，從專家多面向的分析到常民多角度心聲的投注，包括戰爭威脅下台灣人民的選項、守住台灣及台灣的四個結局，是目前相關著作中，最完整及最具啟發性的大作。

——台灣大學政治系名譽教授、前台灣大學社會科學院院長 趙永茂

　　我沒有別的地方可以去。我的家人、朋友、過去、現在、未來，所有的記憶都連著這片土地，想斷也斷不掉。

　　我沒有別的地方想要去。自由早已是我靈魂的一部分，我無法放棄種種生而為人的基本權益。想捨也捨不得。

　　守護台灣，沒有人是局外人；守住勝利，不能只是願望。為了守護

家園，我會做任何事來守護我所愛的一切，除了放棄。

翻開書，就是守護的開始……

——前屏東縣長 潘孟安

面對前所未見的台海與國際情勢，需要理性的分析、清楚的資訊收集、有建設性的推論，協助我們找到最適合台灣的方向。

——陪你看國際新聞創辦人 蔡依橙

宇程的新書，是一本台灣面對安全生存關頭的解惑書，也是給所有台灣人的及時雨。從日常人民所關注自己與下一代生命財產的視角，宇程剖析了每一位台灣人在我們的日常生活中，可以如何投入備戰體系，或分析政府政策的具體大小事。一本值得推薦給各領域與年齡層的書。

——台灣大學政治系副教授 蔡季廷

面對潛在的戰爭威脅，未戰即降是極端的應對方式，而智取則提供了另一種可能的選擇。這本書成為尋求智取途徑的重要參考指南，我們可以團結一致，運用智慧、策略和外交手段，以避免或減少戰爭的發生。藉此實現和平與穩定，同時守護每個人的家園和利益。

——台灣師範大學科技應用與人力資源發展學系助理教授 蔡芸瑝

台灣最有溫度的是人，這溫度背後的關鍵在於民主自由的思想，值得我們用一生為我們的兒女後代好好保護。

——閱讀人社群創辦人 鄭俊德

本書以非凡無畏的行動力，清晰具體剖析家庭與企業的戰爭風險。在政治人物視為票房毒藥集體逃避的備戰議題上，作者以吳祥輝家庭喜劇穿插嚴肅評論的幽默風格撫慰人心；用務實分解難題的企管思維，勇敢拆彈。

本書呼籲國軍備戰、企業與媒體實現監督備戰，人民才有力量保衛台灣。這是台灣民主化的一大步，正值歷史時刻，願諸君一起跨出這一步。

——作家 盧郁佳

我一直認為台灣要能夠保持繁榮、持續進步，並且在詭譎的世局中化險為夷，平穩地走向未來所需要的就是厚植社會的韌性，探索更多樣化的方向，並且在守護珍惜民主與開放社會的同時，也展現謹慎與寬容。守住台灣並不只靠軍備、外交、少數產業與個人的意志，而需要我們所有人共同思考如何在各方面變成一個更好、更值得珍惜的社會。

——國立中山大學生物科學系副教授 顏聖紘

面對可能爆發的台海戰爭，沒有人是局外人。宇程善於以平易近人的風格探討重要議題，他的新作邏輯清晰，從普通人角度出發，以問答方式引導讀者理解台海議題。這本書是幫助每位公民思考當前挑戰不可或缺的必讀之選。

——菜市場政治學共同創辦人 顏維婷

資深出版編輯 王家軒

作家並主持粉絲團「Zen 大的時事點評」 王乾任

時事評論員、日本《產經新聞》台北支局長 矢板明夫

創作人 吳子雲

國際政經專家 汪浩

政治評論家 胡忠信

百靈果共同創辦人 凱莉

公民教師 黃益中

財信傳媒集團董事長 謝金河

——掛名推薦

〈給讀者〉

關於我們面前的命運岔路

在我們面前，出現了岔路；

一步踏下，人生將會不同。

命運的岔路在我們面前——戰爭、和平；勝利、戰敗；自主、征服。

台灣人做為一個集體將做選擇，而在集體選擇的背景下，我們每一個人、每一個家庭，要做我們各別的選擇。

這本書，是我身為台灣一個普通常民的命運計畫。

成年人的生活，我們每天都要做選擇——連假的旅遊計畫、買家人的保單、在哪家醫院做健檢、孩子要學什麼才藝、讀哪所學校。

但我們的有生之年，可能不會有任何一個選擇，如本書探討的課題，將如此徹底地影響我們數千萬人未來的命運。

在生與死、尊嚴與卑屈、慶幸與痛悔之間，我們必會做出選擇，也得要承受選擇後的結果。我們，包括家人、同事以及我們最希望保護的人。

朋友知道我在寫這本書，驚訝：「你工作、照顧家庭之外有這麼多餘裕？」

其實，正好相反。我寫這本書正是出於毫無餘裕的緊繃，看向未來

時的憂懼。

我今年四十歲，揹著房貸，創辦一間小公司，已婚，一個幼兒，在家中的地位是丈夫部屬。我父母相信民進黨比共產黨更壞，而我知道新疆有集中營，提供著上百萬間個人住房，強制人民「免費」使用。

我對父母有責任，對家裡的妻子主管有責任，更對那個每天抗拒換尿布、吃飯還拿不穩湯匙的幼兒有責任。有當前的責任，也有未來的責任。在每天工作與生活的負荷之下，已經連滾帶爬，時時都在責任的催逼下全速奔跑，常常覺得力量透支、喘不過氣。

現在，我們處於和平，受民主與法治的保護，享有高度的自由。在這樣的情況下，我尚且感覺生活很不容易，心力已被各種事務攤得稀薄，感覺提供給家人的遠遠不到心中的期望，想要確保全家老小的健康已經相當耗神。

如果，未來發生轉變，我身處的社會，出現不顧忌蹂躪人民的政府呢？如果開始需要每天擔心網路被封、社區被封、城市被封、帳戶被封⋯⋯？如果開始有砲彈落在住的社區大樓，如果有子彈射進家中玻璃，如果自己或家人在戰爭中傷亡⋯⋯

當生活賴以維繫的穩定秩序、基本安全崩坍，努力半生所掙得、所珍愛的一切都會破碎。

我知道生活是多麼脆弱，絕不能做錯選擇，把得之不易的生活砸向火坑。

我們千萬不能砸了台灣。但如果有人砸了台灣，我不能讓災難砸向家人。

這本書，是我身為台灣一個普通常民的命運計畫。

寫這本書，是為了命運自保，希望和台灣所有讀者們一起商談我們共同面對的命運——我們面前，其實有最妥當的一條路。

是的，有代價，但我們的社會、生活不會崩壞。

寫這本書，是為了命運自保，如果台灣整體做錯了選擇，我們必須能安排保護家人。

在思索未來的命運過程中，我發現台灣有軍事專家給國防部進策；政黨裡、政治人物身邊，有幕僚針對他們的需求提出方案。

但是，台灣兩千萬的常民沒有幕僚為我們規劃獻策。我沒有看到專家基於常民情境，依常民的需求、在意的重點，將軍事專家的見解，轉譯成我們能理解的分析、能執行的方案。

我有時候甚至感覺，當某些官員、專家、意見領袖熱忱地討論「如何保衛台灣」時，並不很認真考慮「如何保護台灣人」。

民主、自由、法治的制度，我們都知道很重要，但對於常民來說，意義是相當間接的。常民最關心的，說白了就是：

家人、事業、財產

無論是評估中共統治的衝擊影響，或是備戰與避戰的爭論，對常民而言，都需要折算成對於家人、事業、財產的影響，才有直觀可感的意義。

基於我在社會科學的學歷背景、曾在政策領域的工作經驗、在撰述創業上的歷練，我逐漸認為：「我可以做這件事。如果我寫成這本書，也許有不少人需要。」

很感謝商周出版，認同我一年多前的評估。各位讀者面前的這本書，就是當時共識的成果。

　　如果你要找一本軍事專著、國際關係專著、中共研究專著……市面上大有寫得非常深刻的書籍，學術界也有充棟的論文。

　　但如果你也想要明白更應用面的問題：

　　對常民的利益而言，哪一條是台灣整體該走的路？

　　我如何得知台灣整體有沒有走上那條路？

　　如果台灣整體走上了錯誤的岔路，我要怎麼保全家人？

　　要確保台灣走上對的路，我能／該做什麼事？

　　這本書，是我構思這些問題的架構、歷程與思維結論，相信能對你深刻思考、完整規劃有幫助。

　　願我們一起做出不需後悔的決定。

〈作者的話〉

本書架構，閱讀與運用建議

本書篇幅與份量確實不少。為求完整回答每一個我覺得必須探討的課題，並納入佐證資料、多方見解，本書有一定的文字量。

建議在閱讀本書之前，可以先參考本文。

關於全書架構：能直接跳讀、為疑惑找答案嗎？

本書從頭到尾各章之間，有非常明確的承繼關係。前一部與前一章的結論，是下一部與下一章開展討論的基礎，層層推進。

本書各章標題採提問形式，以引發閱讀興趣。但在此我樂意將各章結論直接攤在各位面前，一目了然。如果某一章的結論，您已經全面認同、了然於心，也許那章是比較可以跳過的。如果某一章的結論，您發現不完全認同、不十分理解，那麼可以優先閱讀這一章。

建議每閱讀完某一章後，可以回來閱讀一下各章節大意主旨，更深刻連結各課題、知識點之間的呼應關係。

各章大意主旨

序章：中共計畫武力攻台以達成統一，是我們不該繼續輕忽的真實危險。

第一部回答：棄守台灣，可接受嗎？

第一章：若中共統治台灣，我們的家人、事業、財產將蒙受嚴重的風險與損害。

第二章：即使一國兩制或和平條約，也不可能確保我們的安全與尊嚴。

第三章：對我們而言，移民的代價極高，是萬不得已的選項。守住台灣，才是上策。

第二部回答：台灣守得住嗎？

第四章：基於台灣的地理形勢與軍備積累，抗擊共軍入侵守住台灣，極可能辦到。

第五章：但當政府、國軍忽略針對關鍵的四環節積極備戰，仍可能慘敗，生靈塗炭。

第六章：當台灣擺爛、錯失備戰方向，中共嗅到戰勝的機會，將是發動戰爭之時。

第三部回答：如何守住台灣和我們的命運？

第七章：我們要全力避免「慘敗失守」，但若不幸無法阻止，則要萬全準備保全家人。

第八章：中共全力脅迫誘使台灣「不戰獻頭」，需要在「無可逆轉」之前防範阻擋。

第九章：積極精準備戰之下，「成功守禦」大有可能，但仍需務實評估與預防損害。

第十章：「阻戰勝守」直到中共垮台，有具體的達成方案，但要有付出代價的準備。

第四部回答：我們該怎麼做？

第十一章：台灣安全有賴國軍，國軍是否針對關鍵的四環節積極備戰？我們都要盯著看。

第十二章：總統、政黨、國會、縣市政府，在備戰上各有責任，都不能怠惰。怠惰即殺人。

第十三章：任何產業都要思考在戰爭中自保，更該想如何參與備戰，賺正義的「國難財」。

第十四章：國軍、政治領袖是否積極備戰？人人要投入心力督促與監督。

未結之語：守住不易的勝利，不能只是願望，我們該要有行動了。

關於各章架構：內容區塊的功能

在本書各章中，除了內文之外，還規劃了一些內容區塊。這些內容區塊的功能說明如下，以便閱讀時更有效地理解運用：

「專家見解」：在撰寫本書過程中，採訪了多位各領域專家的見解，並擷取要點納入本書。這些見解，有些是本書論點形成的基礎，有些是與書中論點呼應的佐證；其中也納入不同的觀點，作為讀者的參考補充。

「守住台灣探討筆記」：實質上是該章重點摘要，可供速讀以理解該章內容的要旨，也可以在讀完該章後對照自己的理解。

生活對話：在主題的討論段落之間，我安插了一些和家人生活對話的場景。段落中的對話，展示了各主題之間的連貫關係；此外，也是不斷回扣我們真正關切的核心事物：家人、事業、財產。

本書運用方法：與家人及同事討論、交流、規劃方案

這本書最好的用法，並不是獨自默默閱讀。

建議可將此書帶給家人，帶給同事，提給上級。不用為此書中的內容辯護背書，甚至可以和他們一起批評不認同的觀點。最好抱持開放的心態，了解親友與同事認同什麼、不接受什麼、願意做什麼。

這些不見得是結論，而是搭建共識的開始。

我們面對的危機，是真實而迫切的。在這場危機中，守住台灣與守住我們的生活，是一體的兩面。因應的第一步，就是與身旁重要的人、生活與事業的夥伴，開啟對話。

這本書不是文學創作、不是學術論著，而是純粹基於現實的謀算。請讓這本書，作為您與家人與同事探討此課題的藍本、基礎。從對話開始，找尋共識，逐步擬定屬於您們自己的方案吧。

|目錄|CONTENTS

第一部　我們有什麼選項？怎麼選？　　037

錯誤：共軍可能大規模偷襲，台灣隨時處於危險中
　　　　→共軍無法大規模偷襲，而是慢刀緩刺、世界盯看
錯誤：可能突然大量共軍同時攻入台灣
　　　　→不是人海衝殺，有限運力讓運兵船成為水上浮靶
共軍是否會採用極端攻擊，造成極大傷亡損失？
其實，中共壓倒性的優勢戰力，只在我們的誤解中

第四部　守住台灣，我們能做什麼？

確認國軍、政府、企業機構負起職責，是我們的權利與責任

序　章

需要正視戰爭了嗎？

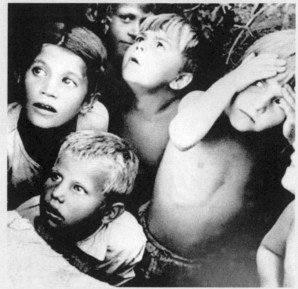

從小以為戰爭屬於歷史。

現今，這成了一個問題：戰爭真的可能在身旁再次發生嗎？

左：韓戰之中，南韓部隊反攻進入共軍佔領的城鎮，發現一位小女
孩坐村街土路上哭泣，找不到她的家人。Photo credit: Ronald L.
Hancock. (Army) - U.S. Army, Public Domain

右：二戰時，德軍轟炸蘇聯，小孩躲進地洞藏身，忍不住探頭觀看
外界情況。Photo credit: Yaroslavtsev / CC-BY-SA 3.0

　　趕開會、趕結案、趕高鐵、趕飯局、趕著接小孩、趕著陪家人看病⋯⋯我們為了肩負的責任，匆忙奔走。日復一日，年復一年，我們得專注於發生在身邊、眼前的事務，通常瑣碎，有時嚴重，卻從來不會是「世界大事」。

　　絕大部分的世界大事發生在遠方，身為平民，只在新聞中看個熱鬧。

　　絕大部分的世界大事，天塌下來由高個兒頂著，身為平民受影響不大。

各方密集警告：日益迫近的危局

　　許多年來，只有這一件世界大事，從遙遠的遠方、不確知的未來，向我們投下巨大的陰影，每天都發出威脅聲響，逐漸逼近。

　　在繁忙的日常生活中，我們每天都可能得數次停下腳步，望向遠方，憂慮地嘆氣。縱然這些事，與我們個人當前的家庭、事業、健康似乎無關，卻無法將它從心頭揮去。

　　你只要看中共軍事現代化的速度，以及有些兵器的能力，就不會認為他們只是在嚇唬人。⋯⋯我認為，中共已經準備好了。中共政治和軍事領導人愈來愈相信，美國不會捲入，因為西方混亂而虛弱，還缺乏意願。[1]（2020/8/19）

——戴雅門（Larry Diamond），美國知名政治社會學者，
史丹佛大學胡佛研究所資深研究員

　　北京確實是正在考慮軍事選擇，原因是北京已經失去了所有的跟台灣和平統一的希望。北京當局看到台灣的民意調查顯示了台灣人自我認

同的增強，看到了台灣跟美國的外交和軍事紐帶的增強。

　　我認為他們將來發動入侵開始的時候會假裝進行軍事演習，然後突然變成強行的攻擊台灣登陸行動。中國艦船在台灣海峽經常性的游弋，就可以讓中國軍方獲得一些額外的時間，可以對台灣進行跨海峽突然襲擊，讓台灣和美國猝不及防。[2]（2021/7/13）

　　——貝克利（Michael Beckley），美國塔夫茨大學（Tufts University）政治科學副教授

　　中華人民共和國國家安全部部長陳文清為了進一步制定對台策略，已展開海外情資蒐集工作。中國國家主席習近平幾天前要求國安部長陳文清負責動員海外調查人員蒐集外國情資，任務就是評估各國政府對於中國人民解放軍企圖以武力控制台灣的反應。

　　國安部想要知道如果美國軍事協防台灣，美國盟友是否真的有意願支持美國。且國安部近日傳閱一份俄羅斯制裁中程影響分析報告，認為國際社會不可能長時間對中國祭出相似行動，這個結論也讓北京更確定派出解放軍進犯台灣的想法。[3,4]（2022/3/8）

　　——法國情資新聞網站「情報在線」

　　在烏克蘭受到入侵之後，下一個會是台灣。……看到美國在阿富汗的倉惶徹軍，他（習近平）認為這是處理這件大事的時機。他一直想這麼做。中國一直想這麼做，已經數十年了。[5]（2022/3/2）

　　——川普，美國前總統

　　習近平主席已決定要奪取台灣。他目前正在從俄國發起的烏克蘭戰爭中學取……但其武力統一控制台灣的決心不容低估。

未來十年間，戰爭風險將愈來愈高。[6]（2022/7/20）

——伯恩斯（William Burns），美國中央情報局（CIA）局長，
發言於亞斯本安全論壇（Aspen Security Forum）

我們確實無法完全確定中國必會在未來十年間攻打台灣。然而我們可以認定：只要中國認為其進攻會取勝，就極有可能發動侵略。而且，各種重要因素都指向了，中國認定未來十年是對它最有利的時機……。

即使中國方面將開戰時間點推遲到 2030 年之後，情況仍然是急迫的。國防策略從來無法立竿見影，重大決策往往需要數年、數十年，才能發揮效果。（2022/8/10）

——寇比（Elbridge Colby），美國國防部前任高階官員，
在 2018 年時深度參與當時國防策略形塑

中國可能會陷入一個惡性循環：即習近平採取更大膽的行動來對被意識到的威脅做出反應，而這導致更多的反擊。被困在這種惡性循環中絕望地尋求救贖，他甚至可能會採納災難性的鋌而走險建議，如攻擊台灣。[7]（2022/9/6）

——蔡霞，前中國共產黨中央黨校教授，因公開反對習近平而流亡美國

習近平已經聲明得極為清楚：統一台灣是他執政的目標課題，他勢必要在任內達成；用政治施壓、經濟引誘，或者在必要的時候，動用軍事力量。……

習近平很有可能正在籌劃，在未來五年內，以武力奪下台灣。尤其當他認為，非武力的手段都告失敗，而且軍事優勢未來可能縮小，他更可能決定出手。

在 2030 年之前，美國用以護衛台灣的軍事力量難以完全到位、完成

整合。2024-2027 這段時間，台灣最為脆弱。[8]（2022/9/14）

——佛洛諾伊（Michèle Flournoy），美國安全智庫共同創辦人及顧問，
曾任美國國防部高階政策官員；布朗（Michael Brown），
史丹佛大學胡佛研究所訪問學者，曾於五角大廈擔任創新部門主任

中國國家主席習近平指示軍方，在 2027 年時，需完成奪下台灣的戰爭準備。習近平目前尚未決定發動戰爭，但他要求軍方，屆時如果有需要開戰，就要能取勝。[9]（2022/9/17）

——美國中央情報局副局長柯恩（David Cohen）向美國有線電視新聞網（CNN）記者李利斯（Katie Bo Lillis）透露，後者公開引述後，得到全世界主要媒體報導

中國對台灣的脅迫壓力加劇，包括加強軍事活動，導向嚴重的兩岸危機，將會讓美國以及鄰近區域國家受到波及。[10]（2023/1/5）

——美國外交關係協會（Council on Foreign Relations）

希望我是錯的，但我的直覺是：我們會在 2025 年上戰場。請準備好在第一島鏈作戰，並要能在作戰中給敵方迎頭痛擊。

——米尼漢將軍（Michael Minihan），任職於美國空軍

（當中國成為）一個資金短缺的專制政權，它會挑釁和威脅對手，以取得讓步、炫耀自己的驕傲並分散公眾的注意力。當然，最大的危險是對台灣採取軍事行動。這與俄羅斯總統普京展開對烏克蘭的災難性戰爭的相似之處，令人不寒而慄。[11]（2022/12/19）

——迪波曼（Jonathan Tepperman）《外交政策》（Foreign Policy）雜誌總編輯

可能將我們砸碎的世界大事，迴避直視

　　來自美國、歐洲、日本，以及中國內部的學者專家、國家領袖、軍隊將領、情報部門，對於台海戰爭的討論與警示，這幾年來愈加頻繁，語句也愈來愈迫切。類似的警示，近兩年密集出現，以上只節錄其中一小部分。

　　許多世界大事，在新聞中出現、熱議，然後冷卻，逐漸淡出公眾視野，對生活幾乎沒有影響。

　　但這件事不同——如果台灣發生戰爭，我們的人生必定就此轉彎。我們所編織、構想、打造的未來，可能都將崩解、粉碎。

　　深夜睡前，我和主管總會伏在孩子床邊，摸摸他的頭髮，親親圓圓的小臉，和他說晚安。心中常常響起不祥的聲音。

　　「我們把孩子帶來一個什麼樣的世界，什麼樣的未來呢？」我常常捫心自問。

　　我們可以繼續眼看著事態發展，但當作沒看見；耳聽著各方警告，卻當作沒聽見，告訴自己：「威脅不存在，危險落不到我們頭上」，然後當作沒事一般生活嗎？

　　最近一次家族聚餐，三代同堂，菜肴豐盛美味，閒聊家常，育幼趣談，往事回憶，笑語不斷。一位長輩有感而發，脫口而出：「真不知道，我們能否平平安安，一年一年看著孩子長大耶。」

　　此語一出，全部人安靜怔住，不知怎麼接話。

　　「呸呸呸，沒有的事。自己嚇自己。說什麼呢！喝一杯，喝一杯才行！」在尷尬中，這個話題立刻掃進了垃圾桶。大家回歸正軌，繼續談

日常瑣事、雞毛蒜皮的紛擾。

這樣的對話，在我的家人、朋友圈中經歷了數次。劇本與台詞不太一樣，但基本情節一樣：

我們都感覺到危機，但我們都不正視、不談論、不思考、不準備。

我很可以理解大家為什麼迴避這個話題。當我們看向巨大的威脅，正視它的存在，同時意識到自己根本無法因應準備，那個時候，我們將發現自己被驚惶困住，甚至生活癱瘓。

令人恐懼的怪物，今天決定看個清楚

「你好像有在看這類消息？」某天晚間，主管倒了杯熱水遞給我：「我是指，共軍可能攻台的事情？」

「一陣子了。」我接過熱水：「我會說是研讀吧，長期、有系統地深入理解。」

「那你現在是怎麼想的呢？可以用十分鐘說說看嗎？」

主管發話了，於是我用十分鐘，說了我當時理解的、還不理解的事。聽完，她沉默半晌。

「希望這樣的討論，之後能繼續進行。我們需要搞清楚這件事，我覺得不能再拖，因為如果要有什麼行動與安排，現在就得開始。」主管說。

「完全同意。」我回答，啜了一口溫水。

主管一邊手機上做筆記，一邊下達任務指令：「我們需要弄清楚一些事，對於日後選擇與安排最重要的那些問題。

首先，真的不能接受統一嗎？我有好些朋友在中國工作，幾年前，

我也有計畫到中國工作。和中國統一,真的是我們不能接受的選項嗎?如果和中國統一,被中共統治,也沒有那麼糟,那也許,早點統一,讓戰禍消失於無形,也是個選項?」

「沒錯,確實要有個共識:中共統治不好,有多差?我們要付出多少代價避免與抗拒?」我從冰箱拿出個蘋果,一邊削皮:「很多人也都說,如果兩岸統一,幾千億的軍費都可以用於教育、醫療、福利,豈不是能大大改善我們的生活嗎?」

主管接著提出:「第二,我們該研究,是否存在某種可協商的方案,既讓對岸達到統一的期望,同時讓台灣仍保有某種自治地位?例如自治區?一國兩治?

第三,如果我們確定,被中共統一真的是完全不可接受;一國兩治也完全不可靠,也許我們要討論:能否接受移民?有沒有合適的移民國、移民管道,在能付出的代價以內,移民他國,避免戰端?」

「很合理,還有別的嗎?」我將切片蘋果盤遞給主管。

「最後一項吧,這部分應該會很複雜。如果要對抗共軍侵略,台灣到底有沒有勝算呢?畢竟,兩岸體量差這麼多。我們面對的是一個可以勝的局,還是一個必敗的局?對我們接下來的決定而言,這一定要搞清楚。」主管說完,咬一口蘋果:「有點沙。放久囉。」

「是啊,大題目呢!要花不少心力。」我長吁一口氣,搔後腦。

「你工作上不就是每天在搞懂你先前不懂的東西,然後為你的客戶寫成專書、專業等級的報告嗎?把這個當作一項專案吧?我委託的。」主管一邊將塊蘋果餵到我口中。

這天晚上,我們決定停止迴避,必須和心中的恐懼直球對決。

　　我們決定看清楚這頭令人恐懼的怪物，到底有多兇猛，多巨大；看清楚我們有哪些路線可以逃躲，或是用什麼方式可以反殺！更重要的是，無論想逃躲或反殺，我們究竟需要做些什麼準備？

　　在這個歷史的當口，每個在乎自身命運的人，都該做些能力範圍內的事。我們決定，這就是我們能為自己、為台灣、為家人做的事。

✍ 守住台灣探討筆記

我們需要徹底檢視，什麼是我們人生能接受的選項？

1. 與中國統一，接受中共統治。

2. 與中共談判，統一卻保有自治地位。

3. 找到合適管道，付出代價移民。

4. 為戰爭做準備，被侵略時守住台灣。

註釋

1　參見雨舟，2020，〈著名學者戴蒙德警告：中共武力攻台威脅絕不是虛張聲勢〉，美國之音，8月19日，https://www.voachinese.com/a/larry-diamond-on-china-challenge/5548782.html。

2　參見金哲，2021，〈專訪貝克利：北京攻打台灣勝算有多大？〉，美國之音，7月13日，https://www.voachinese.com/a/interview-with-Michael-Beckley-on-Beijing-s-possible-attack-on-Taiwan-20210713/5963763.html。

3　參見 Intelligence Online, 2022, "Beijing puts out feelers to gauge potential foreign reaction to Taiwan attack," Intelligence Online, August 30, https://www.intelligenceonline.com/government-intelligence/2022/08/30/beijing-puts-out-feelers-to-gauge-potential-foreign-reaction-to-taiwan-attack,109807826-art.

4　兩段譯文參見小山，2022，〈法國「情報在線」稱中國打探武統台灣時各國是否參加美國干預情報〉，法國國際廣播電台，8月30日，https://www.rfi.fr/tw/%E4%B8%AD%E5%9C%8B/20220830-%E6%B3%95%E5%9C%8B-%E6%83%85%E5%

5%A0%B1%E5%9C%A8%E7%B7%9A-%E7%A8%B1%E4%B8%AD%E5%9C%8B%E6%8
9%93%E6%8E%A2%E6%AD%A6%E7%B5%B1%E5%8F%B0%E7%81%A3%E6%99%82
%E5%90%84%E5%9C%8B%E6%98%AF%E5%90%A6%E5%8F%83%E5%8A%A0%E7%
BE%8E%E5%9C%8B%E5%B9%B2%E9%A0%90%E6%83%85%E5%A0%B1。

5   在 2018 年時，川普曾預料俄羅斯對歐洲和平的威脅，並明確建議德國減少依賴俄羅
     斯進口的天然氣作為其主要能源。參見 Cheryl Teh, 2022, "Trump said he believes China
     may invade Taiwan sooner rather than later because 'they're seeing how stupid the United
     States is run'," Insider, March 3, https://www.businessinsider.com/trump-thinks-china-will-
     invade-taiwan-sooner-rather-than-later-2022-3.

6   參見 Bill Gertz, 2022, "CIA chief: China set for takeover of Taiwan in next few years," *The
     Washington Times*, July 20, https://www.washingtontimes.com/news/2022/jul/20/william-
     burns-cia-chief-says-china-plans-taiwan-ta/.

7   參見蔡霞，2022，〈習近平的弱點：狂妄與偏執如何威脅中國的未來〉，*Foreign
     Affairs*，9 月 6 日，https://www.foreignaffairs.com/china/xijinpingderuodian。

8   參見 Michèle Flournoy and Michael Brown, 2022, "Time Is Running Out to Defend Taiwan:
     Why the Pentagon Must Focus on Near-Term Deterrence," *Foreign Affairs*, September 14,
     https://www.washingtontimes.com/news/2022/jul/20/william-burns-cia-chief-says-china-
     plans-taiwan-ta/.

9   此為該記者原文意譯。參見小山，2022，〈CIA 副局長：習近平要軍隊 2027 前
     具武統台灣能力〉，法國國際廣播電台，9 月 17 日，https://www.rfi.fr/tw/%E4%
     B8%AD%E5%9C%8B/20220917-cia%E5%89%AF%E5%B1%80%E9%95%B7-%E7%BF%
     92%E8%BF%91%E5%B9%B3%E8%A6%81%E8%BB%8D%E9%9A%8A2027%E5%89%8
     D%E5%85%B7%E6%AD%A6%E7%B5%B1%E5%8F%B0%E7%81%A3%E8%83%BD%E5
     %8A%9B。

10   美國關係協會《預防優先次序調查》2023 年版報告。參見 American Relations
     Association. 2023. "Preventive Priorities Survey 2023." https://cdn.cfr.org/sites/default/
     files/report_pdf/CFR_CPA_PPS23.pdf.

11   參見 Jonathan Tepperman, 2022, "China's Dangerous Decline:Washington Must Adjust
     as Beijing's Troubles Mount," *Foreign Affairs*, December 19, https://www.foreignaffairs.
     com/china/chinas-dangerous-decline.

第一部

我們有什麼選項？怎麼選？

沒有發生戰爭，是否就是和平呢？

歷史告訴我們，和平不是沒有戰爭，而是每個人得以安全、尊嚴地生活。

左：1941 年，德國佔領波蘭後，開始清查與抓捕猶太人。圖中猶
　　太婦女哭泣逃躲，納粹少年追趕包圍，以武器擊打，撕扯其衣
　　衫。拍攝者不明， Public Domain

右：1943 年，在納粹佔領的華沙，黨衛軍將猶太家庭從聚居的猶
　　太隔離區清除出來，無論男女老少。圖中婦女與孩童驚恐地舉
　　起雙手表示服從。他們隨即被運送至集中營。等候他們的，是
　　漫長的折磨，以及死亡。拍攝者是納粹宣傳隊的攝影師，具體
　　身分不明。Public Domain

徹底避免戰爭的代價，哪個可以接受？

人到中年，前半生的選擇、判斷、規劃、努力，逐漸構築成我們今天的生活：一份踏實的工作，家人互相照應（偶爾小爭執）的生活，薪水付得起日用與房貸，還可以有些儲蓄留給老後使用。給可愛的小逗點把屎把尿，辛苦中也自有甘甜。

但每天照顧幼兒的日常，卻無法停止憂慮：戰爭的威脅在迫近，可能打碎我們所珍視的一切。我和身旁的親友，許多人都這樣認為：

戰爭是人類所能遭遇最恐怖的事情。沒有人能預料，在戰爭中，我們會遭受什麼樣的命運。是受傷？毀容？截肢？或是死亡？

我們絕對不願意這些事發生在所深愛的人身上，如果可以，絕對想要避免戰爭。

當中共對台灣威嚇日益明顯，軍備費用不斷提升，頒佈各種新制度直接與間接地準備軍事動員，我們不由得思考：

相較於戰爭帶來的苦難，即使避免戰爭有些代價，也許還是可以接受的？

如果接受中共的統治，成為中國的一省，此生就能避免戰爭，徹底免除風險，這件事的代價有多高？可不可以接受？

是否有可能，採行一國兩治，不再有戰爭威脅，同時台灣維持對內自主，不受中共影響？

　　移民，有哪些主要路徑，有什麼門檻？適合什麼樣的人？如何為移民選項進行準備？

　　站在家人、工作、資產的角度規劃與選擇，哪些是能接受的選項？

　　在本部分的章節中，感謝以下學者、專家接受訪談，提供見解指導：

- 史丹佛大學中國經濟與制度中心高級研究員許成鋼
- 政治大學國家發展研究所助理教授黃兆年
- 睿智教育 Wisdom IEC 教育總顧問陳珊貝
- 資深留學業者（因法規所限不能具名）

第 一 章

中共統治下的幸福與成功，我們接不接受？

——迎向「階級、耗用、活該」的世界

這幾年來，運用各種資訊管道，試圖盡量不帶偏見地拼湊與理解，如果「台灣成為中國一省」，將是什麼樣的生活狀態。

看到對岸有許多令人難以接受的事件，但好像多數人也過著正常生活，甚至有人過著相當好的生活。如同有些人告訴我們：

「北上廣深的豪宅，比全台灣多，而且更奢華，更先進。中國大企業的高管，和台灣企業高管拿相同數值的薪水，不過是人民幣。」

我們需要決絕肯定地排斥中共統治嗎？一定要走上移民之路，或是堅決抵抗嗎？是否，接受中共統治也是個可以接受的選項？

這個問題，我放在心上很久。看了許多資料，也問了許多人。

「尹城，久不見，近來好嗎？有些事情想請問一下你的經驗。如果在線傳訊或通話詢問，討論一些可能敏感的話題，會不會讓您困擾或陷入麻煩？」

我傳訊給趙尹城，我多年不見但多少還有聯繫的朋友。他為人非常幹練，在中國居住與工作多年，因為工作的關係，在香港、新加坡、美國，都有廣泛的經驗與人脈。他不常發表對中國的見解，但通常都一針見血

而深刻。

「那還是當面說吧。」不久後收到他的回訊：「下次回台灣時約一下。」

兩個多月後依約見面了，在他住的飯店。簡單寒暄後，我們切入正題。

「中國的生活嘛，這是很複雜的問題。好些人把中共統治的中國，說成一片人間煉獄，每個人都生不如死，這當然相當可笑。」他邊說邊咯咯地笑了：「有什麼想問的就問吧。」

資產不保？賺得夠多、聰明謹慎，就不會需要政府負責消除風險

「先從最基本的談起吧，對我們來說，辛苦工作的每分收入都得來不易。但中共統治下，似乎自己的財產可能無法保全？」

我詢問：「房地產公司、投資公司，甚至銀行，這些應該負責維護民眾資產安全的企業，在中國，不但可能侵吞財產，而且血本無歸的民眾要追究禍首，伸張權利，竟然是中共政府帶頭阻撓？」

中共統治下資產權利侵害危險

金融產品暴雷，投資化為烏有

本應受政府監理的投資業，在中共統治下，卻可能發生經營者捲款逃逸情事，而投資人追索無門，身家泡湯、血本無歸。

例如 2014 年發生的中國 P2P 網貸平台暴雷事件，至今已經有超過

200 家平台業者倒閉，涉及金額高達上兆元，受害民眾超過百萬人。[1,2,3]

其中一位受害者王倩為了追討損失的血汗錢，而遠至杭州、上海，卻遭警方拖曳至地鐵站毒打。王倩嚥不下這一口氣，在留下遺書後選擇上吊自殺，其經歷激起大批受害者的憤怒，卻無能為力。[4]

買預售屋成爛尾樓，畢生最大資產成廢墟

在世界許多國家對預售屋已有完善的管理制度，但在中國卻漏洞百出。購屋者繳交頭期款、長期交付分期款，大樓施工卻長期停頓，無法交屋。爛尾樓受害者揹負沉重經濟壓力，卻無房可住。

許多民眾被迫住進無水、無電的毛胚屋；許多人停止支付房貸，嚴重損及本身的信用評級。

發生爛尾樓的城市遍佈中國，據估計，光是停付房貸的買主至少 240 萬個家庭。[5]

銀行凍結儲戶存款，帳戶有錢卻無法取用

將錢存入銀行帳戶，應該是現代人保存財產最保守、最萬無一失的作法了。但在中國，這仍不安全。

2022 年，河南省數間銀行，接連凍結存款。經查，該銀行集團負責人掏空儲戶資金高達數百億人民幣，捲款國外，而使受害者求償無門。[6]

自發生以來，受害者多次集結，要求公平賠償，卻被警方壓制打擊；許多積極訴求權益的受害者，行蹤被政府控管、被禁止購買高鐵票，無法接近河南省政府所在地。[7]

尹城回答：「確實，這些事情是有的。但事實上，你可以學習怎麼避免。在中共統治之下，面對這些風險，確實有些特別的技巧與心態。說給你參考：

要將所有人都視為潛在的騙子、將所有商業方案都視為可能跳票。這麼想，你自然會用更保守、更分散風險的方式進行資產安排。如此，即使真的發生損失，也不會太嚴重。

如果你夠有錢，也就不會因為一些資產損失而危及身家；如果你夠有權力位階，自然有方法找到相關人士，損失得到彌補。

如果沒有在這個前提下進行商業決策，那就是笨。如果不但笨，而且又不夠有錢、有權，受到很大損失，最好就自認活該。

摸摸鼻子認命，快點把握時間去賺錢，這才是正道，別為自己招惹別的麻煩。」

行業毀滅？理解黨的利害考量，不妨礙統治，是人民的責任

我再提出：「在中共的統治下，除了自己的財產，營生事業也很沒有保障。許多原本經營好好的事業，中共政府一紙公文，立刻變成違法，無法繼續營業。對於各行各業的工作者，或企業投資人，中共的統治豈不是極高的風險？」

中共統治下企業、產業受到侵害打擊

各別企業（家）受到無端針對打擊，人囚財散

中共政府針對配合度不夠高、對政府有所批評的企業，可能祭出針對企業與企業家的打擊手段。

例如中國知名良心企業家孫大午，公開表達對政策方向的憂慮後，被

中共當局認定為「嚴重損害國家形像」，自此之後多次被加諸罪名，被罰金、判刑。

2020 年，當孫大午的企業資產被國有企業強拆，孫大午率領員工抗議阻止後，其全家及企業高管被控以衝擊國家機關罪、妨害公務罪、尋釁滋事罪等重罪。

孫大午最後被判 18 年重刑，其公司所有資產被強制拍賣，估計損失 44 億人民幣。[8]

全產業「整治」，經營前景全然暗淡

中共當局可以任意打著「打擊資本無序擴張」、「打擊產業亂象」名義，對產業進行「整治」。

其整治包括對出版產業（書籍、報紙、雜誌、電影電視等）的內容控管、對遊戲產業接近封禁的嚴厲審查，更包括對網路產業的重拳打擊。

滴滴、阿里、美團、拼多多等一眾網路公司，被中共政府嚴厲打擊之後，市值大跌，經營活力嚴重減退，而且更謹慎以配合政策為經營方針。[9]

一紙政策，全產業傾覆，千萬人失業

中共可以用一紙公文幾乎覆滅整個產業，最好例子是 2021 年時，以「減輕學生負擔」為名，提出一系列名稱為「意見」的政策，實質上封禁所有的校外教學活動，並且要求任何義務教育階段的私立教育機構均改為「非營利」。[10]

此政策頒佈後，大量補教事業倒閉，員工失業，股東蒙受重大損失。許多私校教師與學生處境艱難；由於私校不能收學費，得以「捐款」為名向學生收錢。[11]

此政策效果為何？手段是否正確？是否必要？代價是否太高？一切不需論證，民間無法抗衡。

「經營風險這件事，每個國家都有。在歐美，你如果沒有把客戶、市場伺候好，你的事業也會覆滅，對吧？這個簡單道理，你一定明白。」尹城邊啜茶邊說：

「在中國經營事業，必定要有的心態是：黨是你唯一的客戶。你把黨伺候好了，就能吃香喝辣；你的事業對黨沒有價值，甚至造成威脅，當然會被歸零。中共統治下，事業經營上有幾個心法：

絕對不要妨礙黨的統治，你讓黨不開心了，必定會受到打擊。這就是前面所有案例的通則。

要有助益於中共的統治，你給黨利益，黨就讓你分杯羹；你給黨巨大貢獻，黨會給你一鍋湯。所有在中國營商的人，都知道要追求對黨有貢獻、有羹湯喝的人上人。當然，肉是留給黨吃的。

若是黨告訴你，或你自己發現，妨礙了黨的利益，就趕快立刻滾一邊，絕不留戀。因此不開心？那叫「精神內耗」，只帶來自我損害。中國很大，轉個行，總有你可以為黨做貢獻的機會。這樣的心態叫『正能量』。」

憂慮健康？成為富商、高幹，就擁有最優質食品與醫療

主管滑著手機，瀏覽近日給小逗點拍攝的照片，這是她這兩年來最大的嗜好。她發話：「我們看到中國多年來暴發大量食品安全事件，以及眾多嚴重的醫療瀆職事件，一直並沒有顯著改善。若中共統治台灣，我們能確保幼兒的健康嗎？」

中共統治下，整體的食品安全控管與醫療可靠度，將遠遠低於台灣現狀。網上隨便一搜，就有大批案件資料，例如：

中共統治下惡劣的醫療與食安管理

化工造假、過期腐敗、摻入毒物的食物全社會流竄

毒奶粉、毒奶、毒飼料、假酒、假雞蛋、假醬油、餿水油、病死豬等，是近二十年來中國逐步被爆料出的黑心食品。

2003 年開始，中國安徽省出現一系列劣質奶粉，導致新生嬰幼兒出現造血功能障礙、內臟功能衰竭、免疫力低下等症狀。最明顯症狀是嬰兒頭部變大。

2007 年，美國食品藥物管理局發現，中國產製的寵物食品含有有毒工業物質，導致美國、加拿大數萬隻寵物死亡。

2010 年，中國不法商人將餐廳排放的廢油撈出提煉，製成地溝油。其毒性為砒霜 100 倍，含有大量致癌物質、細菌、病毒。

2019 年，廣東一間肉類廠商屠宰病死豬後，蓋上檢疫合格章販售至市面。估計當時每日流入數千斤病死豬肉。

在網路上還看到的，都是能被爆出來、沒有被「和諧掉」的事件。[12]中共不見得擅長處理問題，但極善長處理「提出問題的人」。例如 2022年 10 月，受到近千萬人關注的中國網紅辛吉飛，在網路上公開展示如何用工業原料的「科技與狠活」製造出各種食品，因為受到高層施壓，關停帳號，影片全刪。

假劣疫苗橫行，保護效力不足，甚至有害健康

2013 年，中國南方地區出現多起嬰兒注射 B 肝疫苗後，引發受傷與致死案例。其製作廠商先前就曾有相關事例，當地主管機關仍首肯放行。

2016 年中國發生一起山東疫苗案，涉及中國十八個省市，起因於疫苗運輸、儲存未達冷鏈標準，引起疫苗變質，有關人員卻仍變造銷售。

2017-18 年，有數家生技公司被披露疫苗效力不足、生產記錄造假、

發生不良反應等情況，確認品質不良疫苗至少三百萬支，而涉事企業曾行賄官員，以避監管。

這些醫療失能行為，使民眾健康處於高度危害狀態，導致受傷甚至死亡的結果。[13]

普遍存在醫師為利益惡意醫療，並受體制包庇

中國每年多達 40 萬人因爭議性醫療、不當醫療而死，其中包括吃錯藥和亂吃藥而死亡的人。[14] 許多事例顯示大量醫療人員對病患缺乏關切，甚至惡劣地以醫療手段騙取病患醫藥費，例如假開刀、動不必要的手術。

最具代表性的個案包括：

2016 年 22 歲青年魏則西，患晚期滑膜肉瘤，死前在網路上痛陳，因為醫師、藥廠、網路平台聯合提供假資訊，使用昂貴高價療法，卻是美國沒有通過，且已捨棄的藥物。因採用無效醫療，魏則西錯失治療時機，因病身亡。[15]

湖南公立湘雅第二醫院副主任劉翔峰，被許多患者、家屬，甚至醫院同事檢舉，為增加收費長期嚴重殘害患者，包括：

手術中刻意切除健康器官、以食鹽水為化療藥物賣給患者、將非癌症患者以癌症方式治療（與收費）、做假手術後以其他病患的血衣與切除物請款、濫用昂貴器械進行非必要手術……。

劉翔峰造成許多病患與家屬經濟負擔、身體痛苦、健康損壞，卻被長期包庇。[16]

尹城指出：「在中共統治下的生活邏輯，可以這樣想，事實上，如果你夠有錢，一定可以吃到夠健康的東西，你會知道在哪裡買得到。在北上廣深等大都會，只要夠有錢，你也能獲得非常優質的醫療。

更不用說，如果是中共官員、國營企業高層，還有食品與醫療的『特

供系統』，由國家力量確保你的健康。[17, 18]

　　無論在哪個社會，富有、有權力的人吃得更安全健康、有更好的醫療；貧窮與弱勢的人在食安與醫療上只能得到次等選項，這不也很正常嗎？

　　在中共統治下的中國人，如果沒有得到最優質的食安與醫療，不會去責怪黨的統治不好，而會責怪自己太窮、太失敗，沒有資格享用優質的食品與醫療。」

洗腦教育？打從心底敬愛黨領袖，是孩子在體制內成功最佳保障

　　就像許多的父母一樣，我們關心孩子教育的話題，「中國現今的教育重點，不是培養孩子的獨立思考能力，也不是為他預備未來生活與專業能力。從幼教到高教，中國教育的核心是宣傳中共的黨文化，甚至是對習近平個人的崇拜與服從。我們不敢想像，這樣的洗腦教育要將孩子帶向什麼樣的人生？」

中共統治下，媒體與教育系統成為共產黨洗腦機器

小學與幼兒教育以「習近平思想」為核心

　　2019 年 6 月 11 日，江西省九江市教育局以正式公文要求幼兒園加強「紅色文化」課程[19]：

　　認真落實習近平關於紅色文化的系列講話精神，充分利用社會資源，引導幼兒在生活與遊戲活動中感知、體驗紅色文化，在幼小心靈中播下紅

色基因的種子。在全省幼兒園課程中，增加「紅色文化」課程內容，做好
3 至 6 歲的學齡前兒童紅色精神啟蒙，激發紅色情感，為培養社會主義接
班人奠定基礎。

2019 年 7 月，河南省某戶人家中，收到小學傳來的暑假作業，老師
要求在《把一切獻給黨》《紅岩》《紅星閃閃》等 13 本中共政權有關書
籍中選讀兩本書，讀完後還要全本手抄。顯然，中國各省均對學校提出與
上述相似的命令與指示。

2022 年 1 月，中共中央辦公廳印發《關於建立中小學校黨組織領導
的校長負責制的意見》明確指出，「習近平思想」是中國教育的核心宗旨，
並由校長作為各校總負責人。[20]

中學嚴格限制教育內容，「習近平思想」成為課程必修

中國教育部 2021 年 12 月宣佈，每所中小學至少要設置一名「法治副
校長」[21]，此職位將負責推動「習近平思想」之學習與宣傳，並且負責校
園的「教育懲戒」、「法治教育」。「法治副校長」制度於 1998 年開始
於廣東試行，至此全國鋪開。

2022 年 1 月，中國教育部網站刊登「全國教材建設規劃」和四個「教
材管理辦法」，全面以共產黨意識形態為核心教育內容，並且嚴禁在義務
教育階段使用境外教材。[22]

2022 年 8 月，中國教育部等十部門下發《全面推進「大思政課」建
設的工作方案》，要求全國教育部門以「習近平思想」為核心，深入執行
思想政治課程。[23] 上海市公開宣佈「習近平思想」讀本成為該市中小學必
修內容。[24]

大學對教師上課內容嚴格限制，鼓勵舉報、動輒開除

中共政府要求所有大學教師不得有任何與中共立場不同的言論，並鼓

勵學生錄音舉報。被舉報者往往受到開除的嚴厲處分，並且極可能終身與教學職業絕緣。

2021 年 12 月上海震旦職業學院女教師宋庚一，在講課時質疑南京大屠殺死亡數據缺乏史料支撐，遭到學生舉報，並被《人民日報》點名批評。校方旋即將宋庚一老師開除。

宋庚一事件發生後，一位深圳大學老師吳遠卿對此不滿，在朋友圈批評舉報宋庚一的學生是小人。發文後，隨即遭深圳大學學生舉報，而遭學校約談。[25]

另一名湖南中學教師李田田在微博公開聲援宋庚一，遭當地教育局和派出所警告，並被「強制帶至精神病醫院治療」。隔年李田田在微信宣佈離開家鄉湘西，不知所蹤。[26]

缺乏可靠統計，因言論被中共開除職位的教師難以估計，但個案極多。大學教師往往被迫「自衛式教學」：只讀課本，學生受教權也因而受到極大損害。

尹城：「換個方式想，你也許不會覺得這麼無法接受。

首先，中共相信，將人民團結在一個指揮體系之下，內部不會亂，並且能凝聚最大力量對外競爭／鬥爭。這是中共在教育中『統一核心思想』的原因。

中國多數人都沒有反抗政府透過教育統一思想，因為當你的小孩思想被國家統一之後，他在中共統治下就安全了，他不會質疑中共，不會說中共壞話。他會依循中共設計的社會規則努力奮鬥，為服務當權者努力。

你的小孩成年之後，愈是全心全意服務中共權力核心，他愈安全，他愈容易在事業上成功。這樣的教育，不也是對孩子的一種保障嗎？」

侵凌拐賣？視為命運天災，不夠小心成為受害者，只能認命

我不免有疑問：「你剛才說到『小孩未來的成功』，前提得是他能平安長大。從很多案例可以看到，在中共統治下，許多小孩根本無法平安長大。在成長過程中，許多人可能被欺壓，甚至拐賣；而犯罪者常常與高層勾結得到包庇。這樣的生活環境，我們能放心讓孩子生活與成長嗎？」

中共統治下，有權勢者侵凌弱者、婦女、兒童而受包庇

在中共對言論管制較為寬鬆的 1980 年代，曾有記者與學者對中國人口販運進行調查與發表。

中國人口販運嚴重，超過 640 萬人被綁架販運

根據 1989 年 5 月出版的《古老的罪惡——全國婦女大拐賣紀實》，僅調查徐州市一地，1986-89 年，人口販子從全國各地拐賣到該區域的婦女共 48100 名。[27]

在此之後，中共對言論與出版日益收緊，全國性的統計資料難以取得。中國協尋失蹤人口的網站「寶貝回家」並不公佈該平台上的案件總數。[28]

2022 年 1 月，中國自媒體誤打誤撞，揭發了江蘇豐縣地區一位女性被家人囚禁、鐵鏈繞頸，寒冬之中在不保暖的破屋中吃酸臭的剩飯。在受到輿論關注後，官方認定該女是人口販運受害者。而在此過程中，官方明顯阻止公眾報導，並且限縮司法與政治究責的範圍。[29] 此案本身，以及相關的公眾議論、經驗交流，均顯示綁架、販賣、奴役人口，在中共統治下仍然是現在進行式。

美國國務院每年公佈的「人口販運報告」，將中國列為人口販運情況最惡劣的國家。並且估計受害人數在 640 萬人以上；在被綁架販賣後，受害者可能成為被剝削勞工、被強迫乞討。[30]

被犯罪集團綁架，奴役囚禁，犯罪者卻有官方保護傘

中共的統治下，對脆弱人群（婦女、兒童）侵凌事件極多。最震驚社會的是「上海小紅樓案」。[31]

自 2000 年代開始，流氓趙富強所組織的團夥，就開始從事暴力犯罪。為了得到警方的協同庇護，趙富強開始透過欺騙、暴力等方式，強押女性提供政治官員性服務，也從中獲取賣淫利益。

趙富強於 2014 年買下上海市中心的黃浦江北側許昌路 632 號共七層樓的私人會所，作為關押女性、提供性招待的場所。該樓距楊浦區政府僅 200 米。

多年來，趙富強集團性服務對象包括政府官員、國企人士，獲利至少高達 9.7 億人民幣。受其綁架關押的女性數量愈來愈多，超過上百人。[32]

報導指出，許多受害人逃出監控，向警方求助與告發時，警方拒絕受理，並將受害人送回給趙富強集團。[33] 因此，該犯罪集團雖受到多次舉報，卻始終不受懲處。

直至 2019 年，其上層保護傘失去權勢，趙富強集團才被治罪。

這樣的案件，未來很可能愈來愈少見諸公眾視野，因為中共對媒體監管愈來愈嚴格。

成為高層官員工具、玩物，求訴無門

可能成為受害者的，不僅是社會與經濟地位最低落的人們，甚至包括社會上相當成功的群體。

2021 年 11 月，中國知名女性網球運動員彭帥，在其微博刊出長文，

指出自青少年時期開始，就受高官（最高擔任中共中央政治局常委、中國國務副總理）張高麗憑藉權勢性侵，直到 2021 年仍然發生。

該文章被快速刪除後，彭帥無法任意出現在媒體、不再透過私人社交平台發言。彭帥日後的出現，都是在官方媒體的安排與管控之下。[34]

彭帥事件是一個縮影。中共治理下，即使是主流社會中的成功人士，面對更有權位的人，仍可能受到脅迫、侵害。無論是機構中的上司侵害部屬、教授侵害學生，或是導演侵害資淺演員，不但經常發生，而且有權勢者往往受到包庇。

「有一句話說：讓貧窮限制了你的想像。我覺得你們現在也有點類似，讓『身處基層』限制了你的想像。」尹城顯得稍有不耐：

「在中共統治之下，是否活得好，端看你要做社會哪個階級的人。如果整天想的是身為基層可能遭受什麼樣的風險，我可以說，那確實是存在的。但那也不是中共統治下的唯一面貌。

何不想像自己可能努力成為統治階級的一份子呢？在現今的中國，成為統治階級，你可以擁有最多的特權，可以剝削、耗用階級比你低下的人們，而這是受體制保護的，只要不給你的高層帶來麻煩困擾就好。

為什麼中國菁英大學生這麼努力讀書？為什麼中國人全力以赴成為黨員、公務員、要和領導結交關係？就是因為要站上高層，成為社會的主宰者，讓他更能掠食他人，而別人不敢動彈、無法抵抗、無法報復。」

專家見解

史丹佛大學中國經濟與制度中心高級研究員◎許成鋼

上述這些確實都在中共統治下發生，但比起中共數十年以來的暴行，恐怕還算是輕微。若要理解中共統治的惡行，務必了解過去中共發展的歷史。

中共歷史上有多次的暴力運動，包含殘殺地主富農的土地改革、大規模屠殺的鎮壓反革命、鎮壓知識份子的反右運動等，以及眾所周知的大躍進、文化大革命等暴行，總共有數千萬人喪生。即便改革開放後，仍發生六四天安門事件，近年暴行不斷。

中共統治強調維持整個社會的穩定。而它的穩定是基於強迫人民主動地順從，若不願意順從，就會透過暴力來實現穩定。

不要認為血腥的歷史已經過去，因為中共仍以同樣的邏輯執行統治。2019 年的香港，就是眾人誤判了中共的作為，再次使中共展現殘暴的本性。台灣人必須意識到，不要被中共的表面所欺騙。

中共統治下，即便不談論政治，生活也會受到巨大的影響。包含暴力執行計畫生育、逮捕同性戀及其團體、動態清零時對基本權利的壓迫、對夜市地攤的暴力對待、寒冬中清除低端人口，種種行徑引爆了後來的白紙運動。

政治大學國家發展研究所助理教授◎黃兆年

書中提到這五點確實都存在，不過我認為除了物質面的事業、財產之外，更大的重點恐怕會是失去自由的生活方式。

因為被中共統治，是涉及到整個政治體制轉變的問題，不同的

政治制度，會讓執政者、當權者有不同的誘因結構。

目前台灣是民主的體制。在民主之下的治理，有選舉、需要人民的授權，以及人民由下而上的制衡，以人民為中心。因此，掌權者有誘因重視人民的生命、自由、財產與人性尊嚴。

而在威權之下是另外一套誘因結構。當權者不用對人民負責，他只要對上層指定的特定任務負責。為了達到上層的指示，個體人民是可以被犧牲的。

台灣民主社會與中共統治最大的差異在於，我們能免於不確定性的風險，尤其是來自政府的干預與國家的暴力。我們之所以能夠安心生活，是源於國家權力受到一定程度的節制，人民的自由、權利、財產等，都能受到較好的保障。

幾年疫情的生活，對照台灣與中國人民在不同的政治體制之下如何度過，就能有深刻的感受。中共高強度限制人民自由的許多事例，在民主的制度之下，是很難想像的。

打不過就加入，迎向「階級、耗用、活該」的世界

看我和主管的表情詫異，尹城含了一大口茶，鼓震腮頰漱了漱後吞下，咂了咂嘴，準備深入地開導一下我們：「其實，在中共治理下生活，也可以過得很好。只需要換一個眼光，思考一下用什麼方式理解中國的社會規則，理解之後，你就可以心態平衡地在中國規則下生活，甚至過上很好的生活。」

於是，尹城很坦誠、無私地分享了他十餘年在中國的見聞思索，以

及在中國暢快生活的心法。我將他精采的見地，總結整理如下：

「受害者偏差」，看不到中共統治下的成功模式

「我知道你們常常看到一些報導、評論，將目光引向中共統治下處於劣勢的人。這些媒體我都看過，有人吃下黑心食品、注射到假疫苗……是的，這些人都存在。

但我想提醒，不要只看這些，這叫做『受害者偏差』──專從受害者眼光看世界。這也是一種誤導。

事實是，有十四億人活在中國啊。你去看看北京上海的豪宅、高級辦公樓，裡面的人們每天刀山油鍋、身受酷刑嗎？沒有啊。他們每天悲痛萬分，生不如死嗎？不會啊。

我坦白和你說，他們的身家，你一輩子賺不到；中共權貴的氣派，你想像不到，整個台灣也沒幾個人體驗得到。從資產與權力的觀點來看，你沒什麼資格同情他們的命運；他們反而要可憐你。

你怎麼不想想，如果中共統治台灣，你和你的孩子小逗點，還有你們的後代，其實有一條明確的道路，可以活成社會中的勝利者？」

明確權位階級，對上級有用就能在社會中成功

「台灣，或是歐美國家，社會上的每個人基本是平等的。你要成功，就要取悅社會上的多數人。無論地位多高的人，從總統、院長、校長、企業高管，隨時要鞭策自己，有沒有造福所有人：包括客戶、部屬、社會大眾……這多難呀？

中共所打造的國度，規則就簡單清楚得多，整個社會有明確的階級，而且只要你證明為上階級帶來利益，你就走上成功之路。

對總書紀帶來最大利益的人成為高層；為高層帶來最大利益的人成為國企高管、各級官員、各種機構負責人。[35, 36]

依此層層遞進，黨官高於公務員，公務員高於企業，公企高於民企，大公司高於小公司，高層高於下層，資深高於資淺，有資源高於無資源，有關係高於無關係⋯⋯你永遠知道自己該服務誰、該服從誰。

下階級為領導帶來利益，就得到提拔；不帶來利益，就被踢掉；帶來麻煩，就被拔掉。規則很明確，效益很直接。

當服務了對的人，當高層上級對你肯定有加，就可以在權位階梯上晉升；將有更多的人屬於你的下階級，成為要向你效勞、屈服、畢恭畢敬的群體。

在中共統治環境下，成為高位者，將得到多少利益與特權，很多人可能一輩子都不敢想像。要拒絕、否定這樣的機會嗎？」

上階級利益受保護，可任意耗用下階級

「台灣，或是歐美國家，社會機制保障每個人的基本權益，每個人的生命尊嚴得到同等重視；換句話說，無論有多高的權位，都無法任意耗用別人，傷害了他人，都需要負責任。

中共體制的特殊之處在於，當你攀上更高的權位，你就獲得更多『耗用』下階級的資格。全社會都化為可耗用的物品，成就上階級的尊榮。

只要你成為一方領導，中共的體制就自動維護你的利益，壓制下階級的挑戰，並且迫使下階層用盡方法滿足你的需求，或幫助你實現你的領導的需求。

當成為統治階級，前面說的那些中共統治的現象，非但不會帶來困擾，還將成為駕御下級的工具。」

被上階級耗用，就應該……

「如果有一天，自己、孩子、父母或好友成為那個因為領導、因為體制受害的人，成為被犧牲的人，怎麼辦？這確實是在中共體制之下生活得順心與否的重要問題，但答案其實也很簡單——自認活該。

如果被領導傷害，要反抗領導，整個社會體制都會壓制你，不會成功。如果因為牴觸中共而受傷害，不要掙扎，以免受到更嚴重的摧毀。

如果孩子被體制銷毀，被更有權勢的人耗用，最好忘掉他，當作沒生這個孩子。千萬不要想為他申冤。在中國，與高層作對，就毀了自己，甚至毀了整個家庭。

台灣與歐美西方社會中，人與人為了彼此的權利、福祉、苦痛，彼此聯合，互相保護。一個人受侵害，不僅家人朋友協助，全社會、司法公權力也介入尋求救濟。這對於高位者的權力極為不便，所以，中共體制並不如此運作。

在中共體制下的優勢人群都明白，每個人價值的高低比較。一個人的財產、尊嚴、時間、心力，甚至人生，因為高權位者的利益被耗用，是理所應當的，位階較低者不值得被保護。這是中共當權者與社會的默契。」

有正能量，靠轉念，在中共體制下可以活得很好

「每天早上醒來，我都看著鏡子中的自己說：『都活該。』

我太知道，每天會遇到多少騎臉式的凌辱，會遇到多少（完全不合理的）磨難，我會得知多少人遭遇慘案與辛酸。我要告訴自己：『都活該。』

在中共統治下，每個人最好相信，人被視為塵土，被時代輾過，成
為礦渣，被視為耗材，是因為對黨沒用處、不懂得正確的社會規則，不
是中共的問題。這種『正能量』的信念才是正確的生存原則。

真的，中共的統治並不是刀山油鍋。百分之九十以上的中國人，也
都能正常生活。要相信自己：他們可以，你們也可以，你們沒有比較差。

我沒有在和你說，中國的體制是好的。只是想要告訴你：中國的體
制有它運作有效的道理，十幾億人也買它的帳，絕大多數的人都服從，
沒有抵抗。很多人都配合中共政府的施政模式，許多人也得到了他們被
承諾的幸福與快樂。

如果有一天被中共統治了，看看窗外，世界沒有不同，生老病死如
舊，人生還是工作與競爭──規則不同而已。而你，一定可以適應的。

人可以靠轉念適應全然不一樣的生活，程度比想像的大得多。放心
好了，當有一天，中共統治台灣，你能轉念，大多數台灣人也都能轉念。
轉念最快、最多的人，將成為中共統治後得利的一群。不轉念的人，他
們將會受害。」

中國特色社會主義，認清天理，保你命

「在每個社會中，都有它成文規定，或潛在默認的規則。中共體制
也有它的規則，不是人類最好的，也不會是最惡劣的，卻是目前仍然正
在穩定運作的。如果有一天統治台灣，你不能期待它改變，要改變的是
你。

『階級、耗用、活該』就是中共所發展的『中國特色社會主義』，
也是中共統治下的天理。只要適應、應順這項天理，就能好好活著，甚
至有可能相當成功，成為上階級的人。

你會想要從二十樓往地面跳嗎？你會想要在雷雨天放風箏嗎？不會嘛！你會放棄這麼做的自由對吧？為什麼？因為你是聰明人，不會逆天而行。

兩位，為你們好，請認清中共建立的秩序格局，看懂活在中共秩序格局下的命運，理解自己的渺小，真誠地這樣相信：

『我是黨的奴僕，這就是我的身份、我的命。』

有這樣的信念，如果有一天台灣真的納入了中共統治之下，可以不瘋狂，可以平心靜氣。

有一句話：『打不過，就加入。』可不是嗎？怕加入競爭後成為失敗者嗎？那是自己沒用，好嗎？

抱持正確的心態，更可以成為對高層有用的人，找到上升通道，然後成為把他人踏在腳下蹂躪的人。到時候，你也可以活得很幸福美好。[37]」

我明白尹城是誠懇的，這一席話是他在中國居住與觀察的心得，他想給我們心理準備，指示一條明路。但道別之後，並沒有削減我們的不安。

自由、善良、天真，會適合囚牢與枷鎖嗎？

將小逗點哄睡後，我們輕手輕腳走出臥房，悄悄掩上門，留條縫，以便在小逗點醒來呼喚媽媽的時候能立刻聽見。

「你覺得可以嗎？」我先發問：「當中共統治台灣，我們照中共的規則走，把頭壓低，不出聲過日子，我們應該不致於成為劉曉波，不致於像人權律師那樣被拘禁，也不會像意見人士那樣被判刑。也許我們也還能活到小逗點長大。」

「只這樣想，會不會太自私了？」想了半晌，主管回答：「我們是否更該問：我們要給小逗點什麼樣的生活？什麼樣的成長經驗？以及什麼樣的人生發展環境？」

現在，他對世界充滿好奇，相信世界

這幾個月，小逗點正在學習各種生活技能。

他開始學會用湯匙將一杓飯放入口中——偶爾甚至一顆米粒都沒掉！他能脫掉魔鬼氈的鞋子，脫襪子，將玩具放回紙箱——當我假裝要和他比賽。每當小逗點做到了，他會開心得意地喊：「我是第一名！冠軍！」

我們也笑著陪他喊：「第一名！冠軍！」我們好喜歡小逗點自在、開心的表情。他的世界，沒有壓抑，沒有迫使，沒有惡念。

幼兒班的老師和我們說：「在一班小朋友之中，小逗點總是最主動回應老師問題的小孩。」每當老師說：「好不好？」「要不要？」小逗點總是熱烈回答：「好！我要！」小手臂舉高高。

也許沒有能力給小逗點最富裕的生活環境，他以後也許不會是全世界的首富、總統……，但我們希望能一直守護他自在的笑容。

小逗點幾乎每天都要我們帶他到戶外散步。晚餐後，他總拉著媽媽的手央求：「出去走走！」他很乖巧懂事，但他所堅持的事，總是極難妥協。我們知道，他天生不是個適合待在囚牢中、掛上枷鎖的孩子。

在全家人的愛護之下，小逗點信任這個世界，他開懷的笑中沒有一點陰影。看著他，我們多希望保護他的善良與天真，多希望他的聰慧與才能，未來成為讓這個世界更美好的力量。

當台灣被中共統治，即使我們不被關進物理的囚牢，頸上不掛著物

理的枷鎖，小逗點的心靈是否會被鎖入囚牢、套上枷鎖？

而這是我們將他帶來世界，所希望帶給他的人生景象嗎？

難道有一天，要教孩子奴性與殘忍？

當我們誠實面對眼前的證據、未來的人生前景，答案沉重，但也很明顯。那不是我們要給孩子的人生。

中共統治下，當然不是地獄圖景。草葉仍綠，沒有變成焦碳；田野間仍有芬芳花葉，並不會變成刀山火海。不會看到隨時有人在路旁被拔舌、斬首、槍決、凌遲……。當然不會。

那個時候，城鎮中仍有人努力工作、賺錢養家，都市中仍會興建道路橋樑，研究單位中仍有人發展科學。仍有人從事科技與商業致富，股票上市後，他們也可以住豪宅，開名車。許多事，表面上看起來都正常；不再正常的，都被掩蓋在表面下的心底深處。

我們明白，生活在中共統治下的社會中，需要教孩子對一切不再信任：

不再信任商店，因為難防貨架上有黑心商品、偽劣食品。

不再信任醫師，因為假藥、假疫苗、惡意醫療在扭曲的制度下必然泛濫。

不再相信銀行，不相信證券公司，不相信地產商，因為在沒有合理監管的社會中，一切金融機構都可能吃人不吐骨頭。

生活在中共統治下的社會，我們需要教孩子盲從與封閉：

不能懷疑教科書，不能懷疑習近平思想，不能提出自己的見解。

不能問六四，不能談封城，不能討論政府革新，不能妄議政策失職。

要心甘情願成為高層者可以耗用的材料，成為服務中共政權的奴僕。

生活在中共統治下的社會，我們需要教孩子膽怯與殘忍：

我是否該從小教他漠視身旁的人受到的傷害，為了保全自己；對高層所犯的罪惡視而不見，以免惹禍上身？

我是否該從小教他可以耗用別人、踩踏在別人的背上取得利益，因為社會上成功的人都是這麼做？

是否有一天我要告訴他，如果爸爸被抓走，他要忘記我，以免受到牽連？

在想像中，我也會陷入掙扎，當他被政府抓走，我是否應該放棄他，漠視他的痛苦與絕望？因為，當我奔走營救他，訴求正義，我也正在招致打擊與毀滅。

在中共的體制下，奮鬥一輩子的財產可能被侵佔騙取，無法反擊，只能咬牙再賺。胼手胝足打下的事業可能在一紙命令下灰飛煙滅，無法抵擋，只能從谷底沼池中重新向上攀爬。

即使這一切都可能忍受，我們無法忍受的，是一個打壓正義的體制。中共長期殘忍地打擊每一個為正義挺身而出的人，而當任何一個人遭受慘痛的打擊時，不會有別人為他發聲維護。這樣的社會中，即使富裕，也毫無意義。

並不是對人生要求太多，我們太知道自己的脆弱、人生的艱辛不易。思及中共體制為人生增加的磨難，對孩子殘忍的限制與剝奪，我們實在無法確定，還能保有完整的家庭、還能撐持一個健全的自我。

「不為了什麼政治理念，不為了哪個政府的存續；為了自己僅有的、珍惜的家人，我們不能接受中共的體制。」這是我們共同的結論。

「如果這樣，我們面前有哪些選項？」

我在筆記本上寫下：

1. 自願、主動、不發生戰爭地併入中國，可以是個選項嗎？

2. 是否可能，透過某種「一國兩治」，既讓中共滿足「統一」的表象需求，同時台灣仍實質自治，得以阻隔中共實質統治？

3. 移民對我們是否是可行選項？有多高的代價？

4. 若中共進攻，能否守住台灣？

　　必定不能？必定可以？或是，有前提的可行？

專家見解

史丹佛大學中國經濟與制度中心高級研究員◎許成鋼

　　有些人認為北上廣人生活過得很好，其實只是殘暴鎮壓下的表象。

　　我親身的直接感受，包括我的親友、從老人到年輕人，他們的生活完全不是人們誤認為過得很好的樣子。即便是共產黨內部的人，都遭到了非常殘酷的鎮壓。

　　如果人們誤認為中國人都活得很好，那麼實際上就如同人們認為當年的蘇聯人都活得很好、誤認為當年的納粹德國的德國人都生活得很好，是一模一樣的。

　　香港人只不過是擔心他們的言論自由受到破壞，就受到中共打擊；而這個擔心已經真實發生了，香港人實質上已被中共綁架。

　　如果中共統治台灣，那麼台灣人得在所有的事情上，服從極權統治。它可以擴張到什麼程度呢？就是連你家裡生孩子都在它的極權統治範圍內，這都是改革開放以來發生的事。

極權統治需要幫凶的協助，才得以穩定統治社會。

然而，從歷史來看，這些幫凶實際上連自身的安全也沒有保障。終究有一天，他們逃不掉自己種下的惡果。

在體系中的人們，作為極權統治的幫凶，本身已經失去了基本的道德；失去道德的群體，必然內部互相鬥爭殘害。

任何幻想成為中共幫凶的人，自己需要學習一點歷史，就是理解共產黨極權統治是怎麼殘害自己人的。

以 2013 年以來展開的反腐敗運動為例，有多少人被非法關押、致命，光是將軍就有 200 多位。這個數字從來不太清楚，有各種統計估算，甚至有一說迫害高達上百萬的官員。

此時為什麼會有這麼多人自殺？因為被抓後是要用刑的，只要抓了你，無論你有沒有證據在他手裡，最後一定要給你治罪，以用刑的方式來讓你承認，自己沒做過的事情。

殘暴的權力鬥爭是共產政權下必然發生的事情，要為中共效勞，要知道它內部的權力鬥爭會導致這樣子的事情，不斷發生。至今也沒有停止，還在進行，還在不斷抓人。

政治大學國家發展研究所助理教授◎黃兆年

也許有人認為台灣將被中國統一，於是認為對中共效忠有利可圖，想去攀附贏家。然而，必須認知到那樣的利益是建立在中共統治者善意的基礎上。長久以往，並不會是足以安身立命的穩定基礎。

或許在短期之內，因為與中共統治者短暫利益一致，而能在威權體制之下享受好處。中共可以任意給你，也就能隨時將給你的好

處全數收回。

只要有利於黨的最高指導方針，他確實會給你利益。可是如果不利於他，就會翻臉不認人。人民得到多少權益，總取決於政治制度的誘因結構；威權統治者沒有動機要討好任何人，一時的利益恩惠都僅僅是為了把人當作可使用的工具。

中共的治理邏輯，就是避免人民受不了、把他推翻，或者是被他的政敵推翻。其統治正當性，不是來自人民選舉授權，而是來自於政治穩定、經濟成長、民族主義等。

在重視經濟發展的時代，允許農民工進城；但政策一改變，就「掃除低端人口」，將農民工粗暴地逐出城市。

台商的情況也是如此，需要你時，招商條件優厚，把你奉為上賓；不需要你時，完全不跟你客氣，用各種嚴格的裁罰手段，達成「騰籠換鳥」。

人民在中共統治之下，都是可犧牲的工具，而非目標本身。

這是民主精神所反對的──人不是生產要素，不是鬥爭工具，也不是一個數據，人應該是施政該維護的目標主體。

守住台灣探討筆記

關於中共統治下的幸福與成功，你該知道的事：

- 資產權利侵害危險？賺得夠多、聰明謹慎，就不會需要政府負責消除風險
- 企業、產業受到侵害打擊？理解黨的利害考量，不妨礙統治，

是人民的責任

- 惡劣的醫療與食安管理？成為富商、高幹，就擁有最優質食品與醫療

- 媒體與教育系統成為共產黨洗腦機器？打從心底敬愛黨領袖，是孩子在體制內成功最佳保障

- 有權勢者侵凌弱者、婦女、兒童而受包庇？不夠小心成為受害者，視為命運天災

「打不過就加入」，以下信念有助於在中共統治下存活：

- 明確權位階級，對上級有用就能在社會中成功

- 上階級利益受保護，可任意耗用下階級

- 被上階級耗用，應該認命

- 「正能量」是人生指引

　　說明：多數讀者應該看得出來，本章中的「趙尹城」並不是真實存在的人物，上述對話也未曾發生在現實生活中。「趙尹城」所說的話，是我基於觀察事件、聆聽訪談、閱讀資料與理解之後，總結的心得。

註釋

1　參見夏安，2018，〈P2P 爆雷啟示錄：悲劇的永劫回歸〉，端傳媒，11 月 6 日，https://theinitium.com/article/20181107-mainland-p2p/。

2　參見魏嘉瑀，2018，〈「人生全毀，我成了金融難民」中國網路貸款平台一個月倒掉 221 家 百萬人血本無歸、抗議無門〉，風傳媒，8 月 10 日，https://web.archive.org/web/20200827223618/https://www.storm.mg/article/475079。

3　參見王劍，2019，〈中國 P2P 網貸大幕徐徐落下，留下一地雞毛萬億爛攤子〉

影片，王劍每日財經觀察 Youtube 頻道，12 月 1 日，https://www.youtube.com/watch?v=vhRHC_S8jDE。

4 參見羊正鈺，2018，〈「被噤聲」的中國 P2P 受害者：抗議遭毆打、回家被監控，只好自殺留下遺書〉，The News Lens 關鍵評論網，9 月 9 日，https://www.thenewslens.com/article/103750。

5 參見楊智傑，2022，〈中國房市慘！爛尾樓苦主達 240 萬戶〉，Nownews 今日新聞網，8 月 14 日，https://tw.news.yahoo.com/news/%E4%B8%AD%E5%9C%8B%E6%88%BF%E5%B8%82%E6%85%98-%E7%88%9B%E5%B0%BE%E6%A8%93%E8%8B%A6%E4%B8%BB%E9%81%94240%E8%90%AC%E6%88%B6-061518362.html。

6 參見維基百科條目，〈2022 年河南多家村鎮銀行弊案〉，維基百科，https://zh.wikipedia.org/zh-tw/2022%E5%B9%B4%E6%B2%B3%E5%8D%97%E5%A4%9A%E5%AE%B6%E6%9D%91%E9%95%87%E9%93%B6%E8%A1%8C%E5%8F%96%E6%AC%BE%E9%9A%BE%E4%BA%8B%E4%BB%B6。

7 參見柳金財，2022，〈河南村鎮銀行儲戶抗爭被「紅標」禁足，證明中國健康碼已變成濫權監控的「維穩碼」〉，The News Lens 關鍵評論網，7 月 1 日，https://www.thenewslens.com/article/168956。

8 參見維基百科條目，〈孫大午〉，維基百科，https://zh.wikipedia.org/zh-tw/%E5%AD%99%E5%A4%A7%E5%8D%88。

9 參見李立心編譯《經濟學人》，2021，〈中國整肅科技業，恐怕整到自己？〉，天下雜誌，8 月 19 日，https://www.cw.com.tw/article/5117773。

10 參見維基百科條目，〈雙減政策〉，維基百科，https://zh.wikipedia.org/wiki/%E5%8F%8C%E5%87%8F%E6%94%BF%E7%AD%96。

11 參見曹宇帆、唐佩君，2023，〈中國私立學校經營難 學生得捐款給老師發薪水〉，中央社，3 月 17 日，https://www.cna.com.tw/news/acn/202303170088.aspx。

12 參見維基百科條目，〈中國大陸食品安全事件列表〉，維基百科，https://zh.wikipedia.org/zh-tw/%E4%B8%AD%E5%9B%BD%E5%A4%A7%E9%99%86%E9%A3%9F%E5%93%81%E5%AE%89%E5%85%A8%E4%BA%8B%E4%BB%B6%E5%88%97%E8%A1%A8。

13 參見維基百科條目，〈中國大陸疫苗亂象〉，維基百科，https://zh.wikipedia.org/zh-tw/%E4%B8%AD%E5%9B%BD%E5%A4%A7%E9%99%86%E7%96%AB%E8%8B%97%E4%B9%B1%E8%B1%A1。

14 參見小山，2014，〈中國每年 40 萬人死於醫療和醫藥事故〉，法國國際廣播電台，9 月 3 日，https://www.rfi.fr/tw/%E4%B8%AD%E5%9C%8B/20140903-%E4%B8%AD%E5%9C%8B%E6%AF%8F%E5%B9%B440%E8%90%AC%E4%BA%BA%E6%AD%BB%E6%96%BC%E9%86%AB%E7%99%82%E5%92%8C%E9%86%AB%E8%97%A5%E4%BA%8B%E6%95%85。

15 參見維基百科條目，〈魏則西事件〉，維基百科，https://zh.wikipedia.org/zh-hk/%E9%AD%8F%E5%88%99%E8%A5%BF%E4%BA%8B%E4%BB%B6。

16 參見網友酸菜，2022，〈醫師節前一天，湘雅二院一醫師被免職！爆料真偽被質疑！可深扒之後醫院⋯⋯〉，知乎，8 月 20 日，https://zhuanlan.zhihu.com/p/555882405。

17 參見 Wang Sir's News Talk，2022，〈Uncovering the Communist Party's special food supply system〉影片，王志安 Youtube 頻道，10 月 9 日，https://www.youtube.com/watch?v=9Kpd308CxLA。王局拍案｜揭祕中共食品特供體系。

18 參見 Wang Sir's News Talk，2022，〈Unveiling the secrets of the CCP's special health service〉影片，王志安 Youtube 頻道，11 月 17 日，https://www.youtube.com/watch?v=LvlTv3FlljE。王局拍案｜揭祕中共特供醫療。

19 參見唐哲，2019，〈紅色洗腦教育從 3 歲開始　中共設多項措施欲完全管控兒童〉，Bitter Winter，8 月 31 日，https://zh.bitterwinter.org/ccps-ideological-education-erodes-childrens-minds/。

20 參見新華社，2022，〈關於建立中小學校黨組織領導的校長負責制的意見（試行）〉，人民網，1 月 27 日，http://politics.people.com.cn/BIG5/n1/2022/0127/c1001-32340776.html。

21 文件原檔參見中華人民共和國教育部，2021，〈中小學法治副校長聘任與管理辦法〉，12 月 27 日，http://www.moe.gov.cn/srcsite/A02/s5911/moe_621/202202/t20220217_599920.html。

22 參見北京青年報，2020，〈教育部：義務教育學校不得使用境外教材〉，中華人民共和國教育部，1 月 8 日，http://www.moe.gov.cn/jyb_xwfb/xw_zt/moe_357/jyzt_2020n/2020_zt04/baodao/202004/t20200409_441846.html。

23 參見中華人民共和國教育部，2022，〈教育部等十部門關於印發《全面推進「大思政課」建設的工作方案》的通知〉，8 月 10 日，http://www.moe.gov.cn/srcsite/A13/moe_772/202208/t20220818_653672.html。

24 參見吳亦桐、程文，2021，〈上海官宣小學棄英語考試　「習近平思想」讀本卻成中小學必修內容〉，自由亞洲電台，8 月 6 日，https://www.rfa.org/cantonese/news/xi-08062021094026.html。

25 參見安德烈，2021，〈大學女老師質疑南京大屠殺人數遭開除〉，法國國際廣播電台，12 月 17 日，https://www.rfi.fr/tw/%E4%B8%AD%E5%9C%8B/20211216-%E5%A4%A7%E5%AD%B8%E5%A5%B3%E8%80%81%E5%B8%AB%E8%B3%AA%E7%96%91%E5%8D%97%E4%BA%AC%E5%A4%A7%E5%B1%A0%E6%AE%BA%E4%BA%BA%E6%95%B8%E9%81%AD%E9%96%8B%E9%99%A4。

26 參見喬龍、沈彥恒，2021，〈【學生篤灰】深大講師轉官媒報道遭學生舉報　網民聲援「被精神病」的李田田老師〉，自由亞洲電台，12 月 22 日，https://www.rfa.org/cantonese/news/report-12222021064314.html。

27 參見何清漣，2022，〈評論：徐州八孩母只是中國人口拐賣的悲慘片段〉，上報，2 月 9 日，https://www.upmedia.mg/news_info.php?Type=2&SerialNo=137072l。

28 參見寶貝回家 官網：https://baobeihuijia.com/bbhj/。

29 參見維基百科條目，〈豐縣生育八孩女子事件〉，維基百科，https://zh.wikipedia.org/zh-tw/%E4%B8%B0%E5%8E%BF%E7%94%9F%E8%82%B2%E5%85%AB%E5%AD%A9%E5%A5%B3%E5%AD%90%E4%BA%8B%E4%BB%B6。

30 參見 U.S. Department of State. 2022. "2022 Trafficking in Persons Report: China." https://www.state.gov/wp-content/uploads/2022/10/20221020-2022-TIP-Report.pdf.

31 參見維基百科條目，〈趙富強案〉，維基百科，https://zh.wikipedia.org/zh-tw/%E8%B6%99%E5%AF%8C%E5%BC%B7%E6%A1%88。

32 參見唐愛琳，2021，〈滬上「小紅樓」往事｜特稿精選〉，財新周刊，1 月 18 日，https://weekly.caixin.com/m/2021-01-16/101651527.html。

33 參見鄭中原，2021，〈紅朝禁錮：從彭帥、張高麗到上海小紅樓〉，上報，12 月 11 日，https://www.upmedia.mg/news_info.php?Type=2&SerialNo=131912。

34 參見維基百科條目，〈彭帥指控張高麗性醜聞事件〉，維基百科，https://zh.wikipedia.org/zh-tw/%E5%BD%AD%E5%B8%A5%E6%8C%87%E6%8E%A7%E5%BC%B5%E9%AB%98%E9%BA%97%E6%80%A7%E9%86%9C%E8%81%9E%E4%BA%8B%E4%BB%B6。

35 參見吳國光，2023，〈國事光析：中共外交戰狼撒野的內在邏輯〉，美國之音，4 月 27 日，https://www.voachinese.com/a/internal-logic-of-the-ccps-wolf-warrior-diplomats-20230426/7067791.htmll。

36 參見吳國光，2023，〈國事光析：再論中共外交戰狼撒野的內在邏輯〉，美國之音，5 月 9 日，https://www.voachinese.com/a/wu-guoguang-china-wolf-warrior-diplomat-part-2-20230508/7084616.html。

37 中國旅外知名新聞人王劍曾指出：中國人的幸福感來源於四個方面：對世界的無知、對他人的壓迫、對權力的崇拜、對金錢的渴望。參見王劍，2023，〈中國經濟正在發生一些深刻的改變〉影片，王劍每日觀察 Youtube 頻道，5 月 25 日，https://www.youtube.com/watch?v=N46YF4rnHXY。

第 二 章

一國兩制可行嗎？

──前提：必須確保承諾堅定不毀

能不能同時達成這兩件事呢？

1. 滿足中共統一的訴求，讓武力攻台沒有必要發生。

2. 維持生活的保障與尊嚴，統一後台灣人熟悉與樂見的生活方式不變。

有人認為：「有！如果和中共簽署某種形式的一國兩制和平協議，就可以達到。」

是這樣的嗎？其實，我曾經認為可能。

如果在十年前問這個問題，我的答案可能都傾向正面──未來無人能完全預料，看不出為何必然不能相信與北京當局維持、增進友善的關係。

在今日，我能夠維持十年前的看法嗎？

要回答這個問題，且看看目前中國的「自治區」以及一國兩制的香港，「自治」情況都如何呢？

這幾年之間，我一直關注這幾個地方的情況與趨勢，因為他們的命運，就預示了台灣若有朝一日統一，我們會遭遇的命運。

內蒙古自治區：在人命與中央指令之間，永遠選後者

「我媽媽是不是要沒有了！求求你們快點把門打開！」

　　我的人生看過幾萬則新聞，也忘了幾萬則新聞，但是呼和浩特市嚴厲封控下，母親在女兒眼前自殺，女兒被困在焊死的鐵門後心碎的哭喊，我很難忘。[1]

　　這件事，發生在哪裡？呼和浩特市，正位於內蒙古自治區。

　　每個人都知道，2022 年嚴格封控、新冠清零政策，是出於中共最高層的命令。而這項指示，從習近平的決策，各省各市一竿子桶到基層，成為呼和浩特市居民大門焊上的鐵條。

　　這樣的政策，是經過內蒙古人民同意的嗎？是人民支持的嗎？人民能夠透過他們選舉出來、足以代表他們的民意代表阻止這項政策嗎？

　　顯然不行。這還是哪門子的自治區？

　　數十年來，中國政府不斷弱化內蒙古的母語教育，掩蓋批評與抗議聲浪。甚至有人在抗議之中被捕、死亡。[2]內蒙古人民能選舉自己的政治領袖嗎？可以由人民決定誰是行政首長，依內蒙古人民的意願施行政策嗎？

　　其實並不行。這還是哪門子的自治區？

　　如果有一天成為中國的自治區，我們還能寫正體中文字嗎？教授與傳播正體中文字可能要受到什麼樣的懲罰？

西藏自治區：信佛成為罪大惡極

　　1950 年，共軍挾人數與武器的強大優勢進攻藏區；在藏軍主力被殲滅 5700 人的情況下，藏人代表與中共簽訂了《十七條和平協議》[3]，自此被迫接受中共的統治。

　　雖然該協議中多項條文，承諾藏民族自治、尊重藏民族文化發展[4]，

然而只要稍加查閱西藏的相關資料，就極難忽略自從中共「和平解放」西藏之後，對此地的嚴厲鎮壓、極盡文化摧毀之能事。

數十年來，中共政府以溫水煮青蛙的策略，運用暴力機制逐漸地破壞、消滅西藏的文化傳統，包括了藏語、藏文、藏傳佛教。中共持續威脅利誘學校與寺院停止教藏語與藏文，禁止傳播中共所不樂見的教義，要求僧侶將效忠中共領導人置於佛教信仰之上，並且隨時間日趨嚴厲。

所有試圖違反中共政策，傳播西藏文化與佛教的人，常被中共抓捕、判刑，許多人甚至失蹤，再無下落。舉幾個例子：

2021 年 7 月 8 日，中共勒令關閉青海一所教授西藏文化的民辦中學，該校的女教師仁欽吉（Rinchen Kyi）被冠以「煽動分裂國家」罪名逮捕，警方拒絕公佈她的下落和健康情況。[5]

2022 年 2 月 13 日，原於四川成都市西南民族大學就讀研究所的女藏人曲卓（Choedon），在寒假返鄉期間，向鄰近的學童教授藏文而遭中共當局拘捕，而後下落不明。[6]

2022 年 7 月，兩位藏人姊妹被發現私藏達賴喇嘛畫像，被當局抓捕。其中姊姊已婚，育有兩子；妹妹仍未婚，家人均無法聯繫這對姊妹。[7]

在西藏「自治區」，教授多數人使用的母語、文字，就會被抓捕；家中私藏達賴喇嘛照片，就足以判刑，寺院與學校沒有表示效忠中共領袖，就會被打壓。

在 2022 年，西藏境內發生了三起自焚事件，其中一人是極有才華、前途光明的年輕歌手；他多次在歌曲中表達對西藏文化的喜愛與眷戀。[8]西藏自焚者走上絕路的原因，在中國完全禁止談論與報導。難以想像，要以這麼痛苦方式結束自己生命的人是多麼絕望。

這是自治嗎？如果台灣享有西藏一樣的自治，台灣所有信仰耶穌、

上帝、佛祖、關公、媽祖的人們，將受到什麼樣的迫害？

新疆維族自治區：在這所大監獄裡，絕對沒有「集中營」

　　過去近十年，中共當局以「防止宗教極端主義」為名義，將新疆變成了一個處處鐵絲網、管制哨、監視器的國度。據曾經在新疆長住的歐美人士這樣描述他們的生活經驗：[9, 10, 11]

1. 維吾爾傳統社區被強制拆毀，居民被迫搬遷。
2. 在大量路口加設檢查站、攝像機，進雜貨店都要接受近似機場的安檢。
3. 帶有傳統色彩的食品、服裝、活動被禁止。
4. 未經官方審核刪改的《古蘭經》，以及大量維吾爾語的書籍被查禁。
5. 宗教活動與內容被嚴格審查，只有同時宣傳愛國、愛黨、愛國家領袖的寺院得以合法存在。
6. 在崗哨處，只要是維吾爾人或外國人，會受到特別嚴格的盤問與蒐查，甚至包括檢查手機中是否有違禁的程式。

　　任何人只要對中共的管理有所不服、不滿、不依從、和西方有溝通聯繫、表現出對伊斯蘭信仰與維吾爾文化的堅持，或者僅僅是因為身為維吾爾人，都可能某一天莫名其妙被警察押走，關押在「再教育中心」。

　　目前，新疆總人口不到 2600 萬人，其中 850 萬左右為漢人，維吾爾族人口約 1000 萬，其餘人口為許多少數民族所構成。目前據信，有 100 萬成年人口被關押於「再教育中心」，主要為維吾爾人與少數民族。中國官方堅持，這些是學校，而不是監獄，更不是集中營。

　　這些「再教育中心」平時外人無法進入，BBC 記者歷經千辛萬難，終於獲得允許。在官員的安排與監視下，記者採訪、觀察到以下這些實情：[12]

1. 中心裡有許多成年人，甚至中年人，都穿著一致款式、類似高中生的服色。

2. 誰進入中心，由官方決定，甚至不經過法院審判流程；待多久、何時能離開，也由官方決定。

3. 在這樣的「學校」裡，學生會大聲朗讀背誦關於愛國愛黨的讀物，以及舞蹈繪畫。

4. 他們每天、每時、每刻都安排集體行動，沒有個人行動自由；當然，晚上不能回家。

　　除了 BBC 之外，許多記者、新聞機構、新疆逃難者、中國良知公民，甚至從體制出走的吹哨人[13,14,15]，都為新疆各地數百個這樣的「學校」描述了極為可怖的面貌：

1. 進入「學校」的時候，執法人員將人們蒙上雙眼，雙手銬在背後，兩兩一組鎖在一起，以巴士、火車成百人一群群押送。

2. 當有人說了反政府的話，就可能受到毆打、將水管插入口中灌水等各種方法「教育」。在這個過程中，有人死亡極為正常。

3. 這樣的教育中心有高聳的圍牆，上方有鐵絲網（可能通高壓電）、監控錄像攝影機，在「牆上」築有瞭望塔。一般人無法靠近，不能拍照攝影，更不能進入。

　　中國官方稱這樣的機構為「學校」。

　　2022 年 8 月底，聯合國人權事務高級專員辦公室，在中國百般阻攔下，公佈了《人權高專辦對中華人民共和國新疆維吾爾自治區人權關切

問題的評估》[16]。這份報告採用了大量中國官方文件檔案，沒有訪問許多知名的倡議團體、受害者，模糊了許多細節，在嚴重度上打了折扣，在這樣的情況下，仍然慘不忍讀：

1. 被拘留的人胳膊和腿被捆綁在「老虎椅」上並遭到毆打，婦女也受到性侵犯，其他人被長期單獨關押，導致持續飢餓，也有些人會被淹死。

2. 有理由得出結論，至少在 2017-19 年，大規模任意拘留的模式發生在職業教育和培訓中心的設施內，他們受到了相當於酷刑或其他虐待。被拘留的理由例如「有太多孩子」、被視為「危險人物」、出生在特定年份、前罪犯、戴著面紗或留鬍鬚，或申請護照。

3. 被拘留者在非自願、沒有提供原因的情況下被迫服藥或注射液體。有可靠的跡象表明，通過強制執行計畫生育政策侵犯了生殖權利，包括強迫墮胎、避孕和絕育的指控。

如果台灣被中國「一國兩制」，劃定為特別行政區，會在台灣設立多少「培訓學校」？多少人被關進去？我能不能確定，自己、家人和孩子不會被關進去？如果被關進去，會遭遇什麼樣的對待？

我沒辦法想像。

香港：我們只能示範一次！百萬人將離台求生

我還沒去過香港，但一直想去。從小看港片，認識許多港星，也有親戚在香港工作，當然希望某一天能去香港吃點心、聽演唱會。

如果有一天，台灣與中國協商「一國兩制」的具體方案，也許最接近的參照點就是香港。

自從香港從英國統治，轉為中國的一個「特別行政區」之後，我們看到了什麼樣的變化呢？

蝸居劏房，政府要負主要責任

香港不是全世界收入最高的城市，卻有全世界最貴的平均房價。許多老舊公寓中，房間被隔成十幾個單位，供十幾個人（家庭）居住。每個單位可能只有單人床大小，有時還上下兩層分租。這樣住房被稱為「劏房」，國際公認是不符合健康與尊嚴的居住狀態，而全港有 12.75 萬戶住在這樣的住房之中。[17]

自香港回歸之後，大量熱錢湧入香港，尤其是房地產領域；香港人口也快速增加，30 年內從 575 萬（1991）增加至 741 萬（2021）[18]。而在此同時，香港特區政府並沒有同步釋出住房用地與建築許可，導致房價瘋狂上漲，成為全世界房價／收入比最為嚴峻的地區。[19] 平均而言，香港房價是年薪的 45 倍；台灣是 22 倍。

我們這輩台灣人已經因為房價太貴而苦不堪言。「一國兩制」政府統治後，遠在天邊的中央政府，難道會更在意房價造成人民的負擔？「香港經驗」已經給了答案。

政府不再聆聽民意，成為壓迫者

在英國治理香港的百年間，雖然形式上是殖民地，但香港總是享有相當健全的議會民主體制。民間的聲音可以透過議會反應給港府，港督往往會尊重港人的意見，做出符合港人權益的安排。

反而，在「回歸祖國」之後，政府的面目與運作形態逐漸改變。

最明顯的例子是 2019 年，香港政府配合北京當局的要求，要將違反

《國安法》的案件送往中國審理，此舉引發港人幾乎全面的反對。港人舉辦一連串示威抗議，最多時超過兩百萬人（超過全港人口的 1/4）上街表達抗議。此過程自始至終，港府與港警都站在人民的對立面，阻止人民表達意見，甚至採取極端暴力的手段攻擊遊行者。

在抗議過程中，發生許多年輕抗議者離奇死亡案例。例如一位積極參與抗爭的 22 歲科大生周梓樂，無原因無前兆墜樓。送周梓樂就醫的同伴指稱，員警守在醫院門口，阻止他們入院尋求救治。這場極不可能是自殺的案件，警方以自殺方向偵辦，並以「死因存疑」結案。[20]

據民間統計，在反送中抗爭的整個期間，類似周梓樂發生無故失蹤、失聯、可疑的自殺，超過 100 件。警方偵辦態度均十分消極。[21, 22]

「反送中」的抗議事件，最終在 Covid-19 疫情之中無法持續。而在此事件後，香港政府愈來愈放棄守護公民福祉的義務，成為壓制公民的機器。

當政府拿起屠刀，人們機場灑淚別

2020 年 6 月 30 日，中國當局通過《香港國安法》[23]，同日直接以全國性法律形式納入《香港特別行政區基本法》附件中，在香港公佈實施。

當時，Covid-19 疫情襲捲全球。全球關注度集中於疫情，且無法大規模集會抗議，港府對香港公民社會、民主體制的打擊隨即一波波展開：[24]

● **大規模拘捕、提告民主派政治人物，迫使解散政黨，退出選舉：**
2021 年初開始，香港警方以「顛覆國家政權罪」拘捕 54 位民主派初選發起人與參選人，其中 47 位被起訴。[25] 在此明顯的打壓迫害之下，

幾乎所有候選人皆退出選舉，香港眾志、民主動力、新民主同盟等政黨被迫解散，有影響力的政治人物被迫辭去政黨領袖職位。[26]

在 2021 年底的立法會議員選舉之中，建制派在 90 個議席中拿下了 89 席；中間與民主派只取得一席。香港的議會民主，至此名亡實亡。[27]

● **大規模拘捕、提告獨立媒體高層，迫使媒體解散：**

隨著香港政府日趨專制，香港原本自由多元的媒體環境出現巨大變化。大部分的報紙配合政府的宣傳口徑，成為「黨國喉舌」。少部分拒絕採取此路線的媒體，在《香港國安法》施行後，受到嚴厲打擊。

拒絕向港府低頭的壹傳媒（包括《蘋果日報》與《壹週刊》）、《立場新聞》營運總部先後受到大規模蒐查，高層被拘捕，資產存款被凍結，此二媒體最終被迫停刊解散。[28, 29]

● **大規模拘捕、提告社會組織高層，使民間機構解散：**

在英國的治理下，香港曾有亞洲最活躍的公民社會；民眾能自由結社維護群體權益、推進社會進步。然而，《香港國安法》施行後，不受政府控管、有社會影響力的組織，都不再有生存的空間。

曾經是香港最大當地組織的「香港職工會聯盟」祕書長李卓人因非法集會罪，而被判入獄服刑；組織前任主席吳敏兒則被指控顛覆罪，「香港職工會聯盟」在眾多壓力下，已經被迫解散。職工盟、教師協會、金融專業人員工會，都被迫解散。[30, 31]

由於對香港絕望，大量港人舉家遷離香港。據統計，從 2020 年 7 月 1 日至 2022 年 9 月 25 日期間，機場的香港居民淨出境人數為 361,112 人。[32]

若從 2019 年計至撰寫本書的今日，應該超過 40 萬。台灣人數超過香港的三倍，換算成台灣，大約是移出了 130 萬人口，相當於半個台北市的人口，或超過整個彰化縣人口。

如果台灣是比照香港的「特別行政區」地位，可以預期，中共將逐步強化其專制統治，眾多公民組織將可能被迫解散，包含工會、政黨、媒體、民權組織，甚至連國外非營利組織，也可能被迫撤離台灣。屆時民主政治、獨立傳媒、公民組織工作者失去工作，能為各種議題捍衛發聲的人，將愈來愈少。

每一個珍視自由、正義與獨立尊嚴的人，都將被迫離開台灣，與親人生離死別──如果還能離開的話。

是否有可以接受的和平協議？

所以，是否存在任何形式的「和平協議」，可以讓台灣與中共達成某種形式的共識，既確保和平，又確保台灣明確的自治地位，讓台灣不受中共集權統治所害？

詳細看了內蒙、西藏、新疆、香港的例子，結論是：

如果這樣的可能性存在，為什麼中共沒有用既確保和平，又確保自治地位的方式，對待內蒙、西藏、新疆、香港？

如果這些名義上的自治區、特別行政區，得到中共承諾的「自治」、「（香港）五十年不變」都無法兌現，為什麼我們認為台灣可以得到中共誠信相待？

如果這些地區目前被統治服服貼貼的狀態，中共都還沒有放心，要死死鎖住他們的喉管，台灣憑什麼認為，日後可以順暢地呼吸？

　　以為台灣可以得到特殊待遇，成為「例外」，中共只殘害新疆、香港，而不殘害台灣，是否有點天真？

　　一紙「和平協議」，無論號稱特別行政區、聯邦、邦聯……，將為中共換到無價的「名正言順」——名正言順地排除他國介入，強化對台灣經濟、貿易的滲透，以商逼政，鞏固親中共的執政者。然後，發生在香港的事，就可以在台灣原樣照搬。在那之後，新疆人所經歷的苦難，離台灣還有多遠？

　　一紙「和平協議」，將是台灣對世界的錯誤表態：台海和平了，沒有戰爭了，我們不會積極備戰了，台灣和中國將愈靠愈近了，我們相信中共的承諾。原本想要站在我們背後的盟國，會不會就在疑慮、灰心中日漸遠離？

　　和平協議，將是包著糖衣的毒藥，是圈套，是陷阱。當台灣放棄積極準備，而對方每天霍霍磨刀。在中共撕毀協議的那天，台灣將會既喪失和平，也失去勝算，還喪失一切保衛人民的能力。

專家見解

史丹佛大學中國經濟與制度中心高級研究員◎許成鋼

　　內蒙和新疆是沒有協議用暴力佔領的，而西藏是起初與達賴喇嘛有協議，但很快就撕毀攻入的。香港則是有協議，內容比較可能接近台灣的情形。

　　原本中共和達賴喇嘛是有協議的，中共以和平改造西藏為由，讓軍隊進入西藏，爆發衝突，最後逼得達賴喇嘛流亡海外。

　　香港原為英國殖民地，英國政府和中華人民共和國政府有正式

的協議，主權移交給中華人民共和國。於中英聯合聲明中強調，香港資本主義制度保持 50 年不變。

　　然而，在 2019 年之後，中共撕毀條約，單方面表示中英聯合聲明為歷史文件，沒有法律上的約束力。此舉表示，中共告訴全世界，它正式和英國簽署的條約是不算數的。

　　即便是面對聯合國常任理事國之一的英國，中共簽署的協議，都可以說作廢就作廢，那麼任何與中共簽的協議，當然都不必相信其有效性了。

　　因此，沒有理由相信中共的一國兩制能夠確保台灣當前的民主法治。如果真的簽署了，中共也一定會藉故撕毀，並加以否認。那時台灣人民後悔就來不及了。

政治大學國家發展研究所助理教授◎黃兆年

　　香港經驗對於台灣的參考價值比較大，因為各種結構因素都比較接近，包括台灣跟香港在東亞的地緣政治結構裡，都是中共宣稱所謂一國兩制的對象。

　　從香港的經驗可見，威權政體的任何承諾不值得相信，因為沒有一個制衡的機制。本來承諾香港的民主體制 50 年不變，結果大概 20 年就變了，一國兩制也在香港變成「全面管治」。

　　除了參考香港之外，1945 年之後的台灣也值得借鏡。兩者都是從地緣政治結構中的一個政權，移交到另外一個政權。

　　在二戰戰敗之後，台灣的管轄權從日本移交到代表盟軍對台實施軍事佔領的中華民國政府手上。當外來政權進入當地社會時，第

一步就是要建立能夠貫徹執政者權力意志的統治機構，也就是學術界稱的「國家興建」（State-building）。

從陳儀當局對台灣的處理、二二八事件等，就可以知道外來政府要在短時間內完成國家興建，常會訴諸非常粗暴的強制性手段。

在中共併吞台灣後，為達成國家興建，發生類似二二八事件的暴力鎮壓可能性相當高。

未來如果台灣被中共統治，那些好像存在的好處都是短期且不穩定的。整個社會運作基礎不再是自由民主的制度與價值，台灣人民將生活在恐懼之下。

註釋

1　參見轉角 24 小時，2022，〈呼和浩特的悲鳴：墜樓母親與中國防疫的「焊死封控」〉，轉角國際，11 月 7 日，https://global.udn.com/global_vision/story/8662/6746186。

2　參見〈2020 年內蒙古雙語教育新政策爭議〉，維基百科條目，檢索日期：2023 年 6 月 16 日。https://zh.wikipedia.org/wiki/2020%E5%B9%B4%E5%85%A7%E8%92%99%E5%8F%A4%E9%9B%99%E8%AA%9E%E6%95%99%E8%82%B2%E6%96%B0%E6%94%BF%E7%AD%96%E7%88%AD%E8%AD%B0

3　此為簡稱。全稱參見〈中央人民政府和西藏地方政府關於和平解放西藏辦法的協議〉，維基文庫，檢索日期：2023 年 6 月 16 日。https://zh.wikisource.org/zh-hant/%E4%B8%AD%E5%A4%AE%E4%BA%BA%E6%B0%91%E6%94%BF%E5%BA%9C%E5%92%8C%E8%A5%BF%E8%97%8F%E5%9C%B0%E6%96%B9%E6%94%BF%E5%BA%9C%E9%97%9C%E6%96%BC%E5%92%8C%E5%B9%B3%E8%A7%A3%E6%94%BE%E8%A5%BF%E8%97%8F%E8%BE%A6%E6%B3%95%E7%9A%84%E5%8D%94%E8%AD%B0

4　例如協議中第四條：對於西藏的現行政治制度，中央不予變更。達賴喇嘛的固有地位及職權，中央亦不予變更。各級官員照常供職。

第九條：依據西藏的實際情況，逐步發展西藏民族的語言、文字和學校教育。

第十一條：有關西藏的各項改革事宜，中央不加強迫。西藏地方政府應自動進行改革，

人民提出改革要求時，得採取與西藏領導人員協商的方法解決之。

5　參見夏小華，2021，〈習近平訪視西藏後 藏語教師便遭控煽動分裂國家被捕〉，自由亞洲電台，8 月 11 日，https://www.rfa.org/mandarin/yataibaodao/shaoshuminzu/hx0811a-08112021064741.html。

6　參見西藏時報，2022，〈藏人女大學生因在寒假期間向家鄉學童教授藏文而遭拘捕〉，達賴喇嘛西藏宗教基金會，2 月 22 日，https://www.tibet.org.tw/news_ndetail.php?id=12723&type=N。

7　參見格桑堅參，2022，〈共產黨正在進行種族與文化滅絕 西藏人還在努力反抗〉，上報評論，9 月 2 日，https://www.upmedia.mg/news_info.php?Type=2&SerialNo=153184。

8　參見蔡　嫣，2022，〈「中國好聲音」藏人歌手自焚之謎：北京當局、粉絲與藏人眼中不同的才旺羅布〉，風傳媒，4 月 5 日，https://www.storm.mg/article/4272846?page=1。

9　參見古莉，2021，〈新疆 10 年 加拿大夫婦：那裡像個巨大監獄〉，法國國際廣播電台，4 月 25 日，https://www.rfi.fr/tw/%E4%B8%AD%E5%9C%8B/20210425-%E6%96%B0%E7%96%8610%E5%B9%B4-%E5%8A%A0%E6%8B%BF%E5%A4%A7%E5%A4%AB%E5%A9%A6-%E9%82%A3%E8%A3%A1%E5%83%8F%E5%80%8B%E5%B7%A8%E5%A4%A7%E7%9B%A3%E7%8D%84。

10　參見莫雨，2021，〈「壓迫每天都發生」：新疆生活多年的西方人士訴說親歷見聞〉，美國之音，5 月 21 日，https://www.voacantonese.com/a/josh-summers-lived-in-xinjiang-for-10-yrs-20210521/5899374.html。

11　參見張淑伶，2022，〈新疆觀察3／信仰必須愛國 中共力推伊斯蘭教中國化〉，中央社，7 月 18 日，https://www.cna.com.tw/news/acn/202207180059.aspx。

12　參見 BBC News, 2019, "Inside China's 'thought transformation' camps," BBC News Youtube Channel, Jun 18, https://www.youtube.com/watch?v=WmId2ZP3h0c.

13　參見 Sky News, 2021, "Chinese whistleblower describes torture in Uyghur 're-education' camps," Sky News Youtube Channel, Oct 11, https://www.youtube.com/watch?v=olQdsnDoFHw&t=128s.

14　參見 Vox, 2019, "China's secret internment camps," Vox Youtube Channel, May 7, https://youtu.be/cMkHcZ5IwjU.

15　參見 Guanguan, 2021, "In Search of Concentration Camps in XinJiang - A Documentary on Urban/Rural China [5/8]," Guanguan Youtube Channel, Oct 6, https://youtu.be/cI8bJO-to8I.

16　參見 Office of the United Nations High Commissioner for Human Rights. 2022. "OHCHR Assessment of human rights concerns in the Xinjiang Uyghur Autonomous Region, People's Republic of China." https://www.ohchr.org/sites/default/files/documents/countries/2022-08-31/22-08-31-final-assesment.pdf.

17　參見王潔恩，2022，〈全港逾 12.75 萬戶居不適切居所　逾 10 萬戶蝸居劏房再

創新高〉，香港 01，10 月 31 日，https://www.hk01.com/article/831227?utm_source=01articlecopy&utm_medium=referral。

18 參見 Hong Kong Government. 2022. "Demographic Trends in Hong Kong 1991-2021," https://www.info.gov.hk/gia/general/202212/29/P2022122900259.htm#:~:text=The%20population%20of%20Hong%20Kong,showed%20a%20continuing%20ageing%20trend.

19 參見 NUMBEO. 2023. "Property Prices Index by Country 2023," https://www.numbeo.com/property-investment/rankings_by_country.jsp.

20 參見〈周梓樂墜樓事件〉，維基百科條目，檢索日期：2023 年 6 月 16 日。https://zh.m.wikipedia.org/zh-hant/%E5%91%A8%E6%A2%93%E6%A8%82%E5%A2%AE%E6%A8%93%E4%BA%8B%E4%BB%B6

21 參見自由時報編輯部，2019，〈轉貼「至今自殺人士紀錄」 洪慈庸悲：香港每天上演的痛苦〉，自由時報，10 月 12 日，https://news.ltn.com.tw/news/politics/breakingnews/2944364。

22 參見自由亞洲電台編輯部，2019，〈年輕示威者懷疑「被失蹤」 特區政府公信力低人人自危〉，自由亞洲電台，11 月 27 日，https://www.rfa.org/cantonese/features/hottopic/hk-missing-1172019083505.html。

23 全稱為《中華人民共和國香港特別行政區維護國家安全法》。

24 參見〈中華人民共和國香港特別行政區維護國家安全法〉，維基百科條目，檢索日期：2023 年 6 月 16 日。https://zh.wikipedia.org/wiki/%E4%B8%AD%E8%8F%AF%E4%BA%BA%E6%B0%91%E5%85%B1%E5%92%8C%E5%9C%8B%E9%A6%99%E6%B8%AF%E7%89%B9%E5%88%A5%E8%A1%8C%E6%94%BF%E5%8D%80%E7%B6%AD%E8%AD%B7%E5%9C%8B%E5%AE%B6%E5%AE%89%E5%85%A8%E6%B3%95#%E6%89%A7%E6%B3%95%E6%99%82%E9%96%93%E8%BB%B8%EF%BC%88%E6%8B%98%E6%8D%95%E6%97%A5%E6%9C%9F%EF%BC%89

25 參見〈香港民主派初選大搜捕〉，維基百科條目，檢索日期：2023 年 6 月 16 日。https://zh.wikipedia.org/wiki/%E9%A6%99%E6%B8%AF%E6%B0%91%E4%B8%BB%E6%B4%BE%E5%88%9D%E9%81%B8%E5%A4%A7%E6%90%9C%E6%8D%95

26 參見〈香港民主派列表〉，維基百科條目，檢索日期：2023 年 6 月 16 日。https://zh.m.wikipedia.org/zh-tw/%E9%A6%99%E6%B8%AF%E6%B0%91%E4%B8%BB%E6%B4%BE%E5%88%97%E8%A1%A8

27 參見〈2021 年香港立法會選舉〉，維基百科條目，檢索日期：2023 年 6 月 16 日。https://zh.m.wikipedia.org/zh-tw/2021%E5%B9%B4%E9%A6%99%E6%B8%AF%E7%AB%8B%E6%B3%95%E6%9C%83%E9%81%B8%E8%88%89#%E9%81%B8%E8%88%89%E7%B5%90%E6%9E%9C%E5%8F%8A%E7%B8%BD%E7%B5%90

28 參見〈立場新聞高層大搜捕〉，維基百科條目，檢索日期：2023 年 6 月 16 日。https://zh.wikipedia.org/wiki/%E7%AB%8B%E5%A0%B4%E6%96%B0%E8%81%9E%E9%AB%98%E5%B1%A4%E5%A4%A7%E6%90%9C%E6%8D%95

29 參見〈壹傳媒高層大搜捕〉，維基百科條目，檢索日期：2023 年 6 月 16 日。https://

zh.wikipedia.org/wiki/%E5%A3%B9%E5%82%B3%E5%AA%92%E9%AB%98%E5%B1%A4%E5%A4%A7%E6%90%9C%E6%8D%95

[30] 參見鍾錦隆，2021，〈畏國安法伺候！香港今年近 50 個公民團體解散〉，中央廣播電台，9 月 27 日，https://www.rti.org.tw/news/view/id/2112400。

[31] 參見王霜舟，2021，〈數十個組織相繼解散，香港公民社會走向「終結」？〉，紐約時報中文網，10 月 25 日，https://cn.nytimes.com/china/20211025/hong-kong-civil-society/zh-hant/。

[32] 參見梁啟智，2022，〈香港移民潮推算之埋單計數〉，關鍵評論網，10 月 4 日，https://www.thenewslens.com/article/174281。

第 三 章

移民，有沒有路？
代價是多少？

——算一下，答案和你想的不一樣

「我也不想要被中共統治，但我能做什麼？如果看情況不對，就進行移民，這是我目前的想法。」在咖啡館甫坐定不久，好友艾倫就聊到我們都關心的話題：「宇程，據說你最近和移民業者請教後，要把重要的想法寫在書中。好不好先透露一下？」

在開始關切與研究共軍攻台問題之後，三不五時在臉書上發文，也會和朋友談起。我發現，在討論戰爭風險時，「移民」這個詞就常常出現，許多人都提起，但沒有想到細節。

趁著剛才訪談完專家業者，記憶溫熱，要把重點和主管匯報；好友艾倫與詹寧夫妻，也聞訊而來加入討論。

「我發現，如果下決心要進行移民，也不能說是沒機會；但仔細衡量代價與複雜度，我先前還是低估了。」我從背包中拿出平板，展示我的筆記與試算表。

各國接受移民的管道與門檻，何者適合自己？

首先，要移民發達國家，第一步通常需要先取得該國的移民簽證。

進入該國居住並達到申請國籍的要求，進而申請入籍；入籍後才能申請該國護照。對於台灣多數人想去的歐美國家，作為第一步的簽證可能包括：

1. 留學：先以學生簽證進入目標國留學；在學期間另案申請移民（例如投資移民），或畢業後找到合格雇主，依法申請移民。
2. 就業移民：屬於目標國稀缺人才者，在目標國內找到雇主申請移民。
3. 傑出人才：有機會不須雇主，便申請移民。
4. 投資移民：依移民法在目標國進行投資或捐款，以便申請移民。

　　我們四人各自尋思：哪個簽證方式適合我們呢？我是否有特殊專業？有資金可以投資嗎？找得到當地雇主嗎？還是，再讀個學位？仔細想，都面露難色。

主要移民路徑選擇

專家見解

睿智教育 Wisdom IEC 教育總顧問◎陳珊貝

台灣人赴英國移民主要路徑：

- 讀博士班，全家前往：英國的學生家屬簽證要求，必須要是念博士班，才能帶家庭前去。實例：一家五口，太太英文比較好去念博士班，先生和三個孩子就可以一起過去。

- 畢業生工作簽：英國碩士修業時間短，主要是一年，簽證效期內完成課程，取得畢業證明，即便還沒取得畢業證書，就可以申請兩年的畢業生工作簽，其家屬也可取得簽證。但要注意，畢業生工作簽無法計算入移民時數。

- 家中有企業的，可以直接到英國設立公司後，派人到英國公司任職，或是與當地企業合作，讓他們來聘雇你。

- 成本更低的方式，就是透過打工度假簽證，最多兩年。之後如果未能順利找到工作，有的人就會再去念一年研究所，配合畢業生工作簽，給自己五年的機會。

資深留學業者

台灣人移民美國的主流管道：

- 各類簽證類型相當廣泛，高達數十種，但需申請適合本身目的及條件的簽證種類，才會獲批。

- 傑出人才（extraordinary ability）或能證明將對美國產生貢獻者（national interest waiver）：有機會不需美國雇主，便自行提出申請移民，但能符合資格者不多。

● 就業移民：通常須先找到適格的美國雇主提供適格的職位後，才能申請移民。申請者多半是仍住在美國的外籍留學畢業生。

● 投資移民：最低投資金額為 80 萬美金，再加上管理費、律師費等，約略要準備 88 萬美元才有機會提出申請。80 萬美元必須投資於目標就業地區（TEA）（否則最少須投資 105 萬美元），並為美國創造 10 個就業機會。

● 商業非移民簽證轉移民：例如先以 E1、E2、L1 等非移民簽證，進入美國後，再轉申請移民。

移民過程與生活的財務成本，如何估算？

先從比較單純的財務代價看起，移民過程本身有不少費用消耗。我們一項一項討論與估計：

● 要找移民代辦公司嗎？有費用。

● 要請外國不動產公司協助購房嗎？有費用。

● 如果全家搬到國外，在台灣的家具與用品大多會丟棄、送人，到國外找到定居，會要重新購買家具與日用品，都是一筆費用，東加西加也絕對不少。

● 全家赴外國（如果是歐美）的機票，總金額也十幾萬。

● 在外國期間先租房一段時間再買房，同時台灣的房子也在繳貸款與管理費用，這筆重複的支出也計入。

● 就假設賣房與買房，賣車與買車，在外國設立公司，都是資本項目的轉移，沒有損失與費用吧。

● 如果先留學再移民，則需要另加多年的留學支出（除非有優渥的獎
　學金）。

　　移民之後，需要負擔當地的生活開支，整體而言物價水準可能高於
台灣，包括：

● 教育費用：艾倫與詹寧的小孩目前才上幼兒園，很可能需提供到大
　學畢業的學費。

● 住房費用：全世界各大都會區的房價，整體上與台北在伯仲之間；
　但房租價格會明顯高於台北。

● 其他日常支出：估計移民國的食物、電力、交通較台灣更貴，並要
　增加每年一到二次回台灣探視父母、處理財產與手續的費用。

　　艾倫與詹寧粗略估計了一下，若他們家三人，初期以留學方式前往
英國，第一年就會花 400 萬台幣，而且這一年很可能沒有工作，純吃存
款。

　　存款不是沒有，但這個階段減少四百萬存款，對他們而言是相當大
的壓力，也打亂了生涯投資計畫。

專家見解

睿智教育 Wisdom IEC 教育總顧問◎陳珊貝

英國學費估算：

● 以移民為主的幼兒園，大約是 3800 英鎊一學期，一年以三個
　學期計算。費用會根據品質、地點有所調整，較貴幼兒園每學
　期 8000 英鎊以上。

● 以倫敦私立學校為例，5800-8800 英鎊一學期（三個月），一

年（實際九個月）粗估三萬英鎊，台幣將近一百萬。

- 若有機會讀公立學校，不用學費，費用會降低不少，主要是在 16-18 歲的費用，可能四五百萬（台幣）即可。差不多與台灣私校的費用相當。

英國生活費用：

依照英國官方簽證申請的數據顯示，2023-2024 年含房租、生活費、水電，一個小家庭兩大一小，一年至少準備台幣 100 萬（倫敦以外的地區）。但是經驗上這樣的預算，是生活得非常辛苦，會建議至少準備 150 萬以上。

資深留學業者

美國住宿費用：

- 美國幅員遼闊，生活開銷差異極大。

- 一線大城市的房價甚至比台北市高（如紐約、洛杉磯、舊金山、矽谷等）。全國租金也普遍比台灣高，分租房間有機會每月 500 美元起，一線大城通常 1500 美元以上才能租到 1 房公寓，2000 美元以上才能租到 2 房公寓。。

- 住在距離大城市約一小時車程的周邊城市，區域不錯，別墅房價可能只有市區內的一半，公寓房價大約再減半。也可分租，可節省大筆居住開銷。

美國教育費用：

- 若是國際留學生到美國讀書，一年至少要準備台幣 300 萬（包含教育＋生活費），從國中念到碩士至少十年，至少花費台幣

3000 萬。

● 若先移民再留學，則公立高中以下學費全免，將來較容易進入頂尖大學，而且就讀公立大學可享學費優待。

美國交通費用：

在美生活需要開車才方便，因此開銷會比台灣高。但學生時代，可暫時住在宿舍或學校附近，不必開車；另外在紐約及波士頓等地，由於地鐵發達，很多人不開車。

移民美國後，總體生活費用還是端看個人與家庭如何規劃。若是四口之家在大城市，過較簡單的正常生活，該花的才花，同時盡量在家煮飯，偶爾才上餐廳，一個月 20 萬台幣應該夠用。

移民的職涯轉換代價，需要評估與準備

即使一開始能夠踏上移民國的土地，能否長期留下，還是要看在當地工作與收入的情況。

對多數人而言，移民都會涉及職涯轉換。在職涯轉換初期，通常收入會減低；長期而言，到新國家之後，收入的爬升，能不能比在台灣更快，則是因人而異。

詹寧與艾倫夫婦的情況是這樣：

艾倫：經過幾年的努力，他開創的事業終於穩步茁壯，預期未來將會有較穩定的營利成長。但如果移民英國，過去幾年的努力很高比例是無法跟著轉移。他目前處在三十多歲下半段，如果到新國度，他相信自己仍能找到新的職涯方向，但初期收入、長期的成長潛力，很可能都低

於現在。

　　詹寧：擔任台灣銀行業的中階主管，因為其技能與經驗高程度只適用於台灣的環境，因此移民到英國後，發展職涯的空間並不大。很可能需要重新摸索職涯，在初期二到三年先專注照顧家庭。

　　我們粗略估計了兩人未來三十年在台灣發展的每年預期收入，以及兩人移民到英國後的收入數額。

　　兩個情境的現金流，折算淨現值相減之後，相差竟然將近五千萬元。夫妻二人看到數字，都驚嚇了。即使將估計數值都用更保守的方式估計，也就是大幅減少在台灣的收入預估值，也略增在英國收入的預估值，差距也高達三千餘萬。

　　將所有數額相加，他們意識到，如果夫妻二人，都結束在台灣的事業，移民到英國，未來三十年他們增加的支出，加上收入的減少，也就是人生的資產積累減損，很可能多於：

五千五百萬台幣

　　這是這對夫妻第一次真正針對移民這個人生選項，進行的財務試算。算出來的結果，讓他們吃了一驚，而這還不是唯一代價，移民還有許多無法以金錢估算的層面。

專家見解

睿智教育 Wisdom IEC 教育總顧問◎陳珊貝

移民英國後的收入與工作改變預期：

1. 帳面上的收入會上升，但生活品質會與你的預期有些不同。

2. 與過往工作類型、過往經驗有關，若是本身具有專業能力，當然容易找到較佳的工作，其餘低階基礎工作薪資就不高。

資深留學業者

移民美國後的收入與工作改變預期：

1. 新移民在美國要找到工作並不難，但建議保持彈性，先找到工作跨出第一步，再求進步。若有機會，可在美國再讀些專業課程或英文，很有幫助。

2. 類似的工作，薪水通常比台灣高。新移民即使初期收入減少，但只要努力，將來收入會比台灣高。

3. 近年台灣新移民普遍受過良好的教育，在美收入列各族裔前茅。沒工作經驗的大專畢業生年薪 6 萬美元起跳者比比皆是，矽谷工程師常 10-15 萬美元起跳。如果有技術或不怕吃苦者，即使從事勞力工作收入也不差（例如水電工、卡車司機等），努力工作，年薪可望超過 10 萬美元。

4. 近年由於美中對抗，台灣移民在美國職場相對有利。美國社會，普遍認為台灣人較可靠、是美國的好朋友，因此比較願意雇用台灣人。

移民最重的代價：親情與人際聯繫

對許多人而言，錢少了，還可以再賺；工作上不那麼順利、遇到難關與困境，都願意拚搏克服。然而，最無可替代的，錯過就不能回復的，是我們在台灣重要的人與情感聯繫。

例如，說到結束在台灣的事業，除了放棄目前的營利成績、未來的成長潛力，艾倫最放不下的是他那些事業同伴：「我們都從原本的公司跳出來，一起打拚四年多，這段時間，彼此幫助，互相補位，爭執吵架，但仍為彼此著想、互相敬佩……這些夥伴真的很難得，同甘共苦培養出的默契更珍貴。無法和他們一起繼續努力，我想起來，還真的很遺憾。」

詹寧難以割捨的，則是她高中到現在的五個最要好朋友；她們將近二十年來一直緊密聯繫，雖然現今其中三位都結婚，而且分居北、桃、竹、中等地，她們仍然每年都聚會一兩次。「我們多年彼此陪伴，每次失戀、工作挫折、家人亡故……都是彼此的支援與依靠。人生的喜悅與秘密，都和彼此分享。如果要離開她們，到地球的另一邊生活，未來的相聚只能視訊參加（還有時差），真的會很傷心。」

「還有我的牙醫！」主管討論兼閒聊：「十六年前，我常有嚴重蛀牙、齒齦發炎，甚至到可能需要植牙的地步，另一個牙醫已經給我報了十五萬的價位。那時我遇到現在這位牙醫，她花了四十分鐘重新教我刷牙、用牙線，並幫我把蛀到快要無藥可救的牙保住。而我那幾次看牙，都只花健保掛號費！

在那之後，我一直找這位牙醫看牙，已經十六年了。在她的指導與診療之下，我的牙齒幾乎沒蛀了，每年兩次檢查與洗牙，就能確保牙齒健康。這樣的牙醫，我到英國，還遇得到嗎？」

主管的經驗，我完全認同：「台灣的健保、醫生的素質、醫療普及度，是世界第一等的。在世界上任何其他國家，要得到同樣的醫療品質，恐怕我們的收入都要再翻個三、五倍才行！」

望向窗外，我們看著台灣的街景，想著台灣這座島嶼，過去經歷威權政府，現今走向繁榮富足與自由，是我們成長與生活的地方，若要離開這裡，坐視它受被更惡質的極權所併吞，都心有不甘。

然而，諸般的不捨或牽掛，都比不上父母這一個難題。

「如果移民，你們的父母會一起去嗎？」我問。他們面有難色：「我們兩人帶孩子去，就已經要耗這麼多錢了，帶上父母的話……」

他們兩人的父母都健在，相當健康，但都已經退休。靠存款、投資、租金、月退俸，平常和老友遛狗、爬山、打太極拳、喝茶聚會，日子也還過得不錯。若要帶父母一起移民，他們有好幾層的憂心：

1. 移民後的生活成本顯著上升，咬咬牙不見得負擔不起，但生活品質將非常低落。

2. 要帶父母一起移民（尤其愈是希望一起走），會讓他們移民國家、可行管道選項更少，也減少了幾個他們優先希望能移民的目標地。

3. 父母英文根柢很弱，幾乎沒有口說能力，到海外後語言要重新適應，對老人家相當困難，出門就成了半文盲與半啞巴。

4. 移民之後，原有的生活環境、友群連結全部切斷，人際關係都要重新培養。這對年輕人都不容易，何況語言不通的老年人。

父母如果願意移民他國，或許全家一起努力，克服難關。如果他們不願意，能強迫他們走嗎？

一邊討論，我忍不住分心，在線上相冊上翻看家人的相片：

小逗點從出生開始，每週上班時間，都由我和主管的父母分工照顧。

　　在嬰兒時期，小逗點喝奶胃口比同月寶寶小很多，爺爺卻最擅長餵奶，由他來餵，小逗點喝得總比別人餵喝得多。究竟為何？至今未解。

　　有時小逗點不好入睡，奶奶在他背上溫柔拍揉，總讓他睡得很香。學會走路後，小逗點不耐老待在室內，無論天熱天寒，奶奶都牽他出門散步。

　　小逗點對洗澡特別恐懼，只要有水淋到頭上，就哭得世界末日。婆婆卻可以讓他鎮靜下來，一次次完成洗澡的艱難壯舉。

　　「如果我們任何一邊的父母，不能或不願移民，那都是我們終生的遺憾。而我們也相信，父母即使和我們一起離開台灣，到世界的另一端和我們彼此陪伴，他們也將承受許多遺憾與割捨。」詹寧說出了我們共同的感受。

　　細思之前，可以隨意就說出「若中共要打，大不了移民。」但愈是仔細想，愈能感到「移民」二字的千鈞之重。

專家見解

資深留學業者

移民的家庭規劃：

1. 結婚移民：與外國國民結婚辦移民，最經濟實惠，但需靠緣分。

2. 三代同時移民（夫妻、父母、小孩），通常不可能。准予同時移民的家屬，通常只包含配偶及未滿 21 歲的未婚子女。

3. 主申請人的父母或超齡子女，如果要同時移民：可考慮另案申請美國投資移民，但總金額會高很多。

4. 如果能接受兩階段移民：可考慮美國移民，因為美國親屬移民

的涵蓋面最廣，只要大家庭中有一人為美國公民甚至綠卡持有者，便有機會幫多位家人申請移民（包含年邁父母、超齡子女、甚至兄弟姊妹），資格及等待期，請詳洽專家。第二階段的申請者，蠻適合非必要不移民的年邁父母及兄弟姊妹。

5. 常見兩階段移民：夫或妻先帶著孩子移民，有必要時再幫父母或其他親人移民。實務而言，父母移民的意願通常也不高，但必要時可申請，仍是頗令人放心。

6. 另外，未成年子女也可經由父母贊助，獨自申請美國投資移民，先到美國讀書，將來再幫父母辦親屬移民。

7. 長輩能否適應移民呢？其實這是習慣問題。美國各大城市不乏華人聚集的地區，住在這種地區，即使只會講華語，生活也完全沒問題，和住在台北相當接近。

不立刻啟動移民，可為此做什麼樣的準備？

向主管與兩位好友總結匯報了上述訪談與調查結果，聽後都陷入深思。移民的門檻與代價，對每個人、每個家庭會構成不一樣的阻力。有人可能立刻可以啟動，但對很多人而言，移民仍並非積極尋求的選項，而是不得已的時候才走上的路。

而我們都覺得，目前似乎還沒走到那一步，事情並沒有徹底悲觀，或需抱定破釜沉舟的心態，割捨一切，在最短的時間內決絕遠走。

「但我們也不能假定，不會有被迫逃離的那天。」詹寧邊思考邊發問：「在這樣的狀態之下，我們能做、該做什麼準備呢？」

綜合對專家的請教，以及一番討論評估，也許有些事是可以做的。

找尋移民目標國以及合適路徑

世界各國都設有移民門檻，每個人財力、專長背景，都會限制移民的選項。在真正需要移民之前，會需要研讀資料、請益專業的顧問公司，協助做最適當的安排與決策：

- 移民國找尋：希望能前往的國家，其移民法規提供了哪些路徑？哪些條件與限制？哪些國家是自己可能移民的目標地？要透過什麼樣的路徑流程？
- 構想職涯銜接發展：移民的重要課題是要有工作、有收入，才能支撐家庭。所以，需要構想自己或家人在哪些國家可能找到工作，又該做哪些事情讓自己更有謀職優勢？（例如考某種國際證照、進入跨國公司，或申請留學。）
- 生活與教育：如果在資格與工作因素考量後，幸運地能有多個地點可以選擇，這時候可以考量孩子的教育，或是未來生活形態是否適合。

與家人溝通，取得共識、理解、祝福

移民不是一個人的事，而是一家人的事。不僅事涉離開台灣的人，更涉及還留在台灣的家人。有許多事情，可能要及早與家人溝通。

✍ 因應戰爭風險，家人的移民溝通事項

1. 在什麼時候需要移民？
2. 要移民到哪個國家？

3. 長輩接受移民嗎？或是接受並祝福兒女的選擇？

4. 誰離開、誰先走、誰後走、誰留下？

5. 若職涯有要調整，優先配合誰？

6. 若移民，誰是主要的工作者？誰以照顧家人為主要職責？

7. 移民可能需要多少投資、花費、學費？如何建構相應的財務計畫？

8. 家人親友之中，有沒有人是住在海外，可以提供一些意見、建議、協助，或作為跳板？

「這些問題，實在很難和我爸媽開口啊。」艾倫小聲低語。

我們也都認同，這將是一場很艱難的對話，不僅是對父母，甚至是在夫妻之間。因為，必定有人會比較辛苦，必定有人會犧牲更多，需要彼此牽就與成全。

正因如此，家人之間最好及早溝通，以期達成共識，互相理解與祝福，盡量減少對彼此的埋怨與遺憾。

逐步讓各種條件得以齊備

移民是一件複雜的工程。雖然台灣並不一定會發生戰爭，領導人也不見得必然會走向「擺爛」，但只要這個風險還在，認為有「被迫遠離」的可能性，就需要及早準備，以免時局倉促起變化時，來不及對應。需要準備的事項包括：

● 財產積累：移民將需要相當不少的金錢，包括：

── 移民過程中的花費

— 移民初期沒有收入時的生活費

— 如果要走投資移民，則有門檻的資產數額

除了要儲備資產之外，也需要注意其儲存形式。在移民過程中需要用到的資產，必須是高流動性、高穩定度，甚至以外幣形式保存在境外。以免因為局勢動盪而貶值、無法變現，並便於在國外運用。

● 資格與程序：針對自己偏好的移民地，備齊其移民的相關資格。一些耗時較長，或是不容易通過的程序，可以及早進行。

● 工作與尋職：開始籌劃到海外生活之後的工作方式，包括構想求職的產業或是自行開發營利方式。

● 語言與能力：強化自己的語言能力，讓自己能在移民目標國生活、工作、辦理事務；也讓孩子能較快速地轉移至海外受教育。

專家見解

睿智教育 Wisdom IEC 教育總顧問◎陳珊貝

如何為移民英國作準備，因應未來戰爭爆發的可能性？

1. 專業能力為首要考量。你的專業能力，是否符合這個國家所需要的？對移民後展開新的職涯，是否已經做足準備？要找到工作，才能夠落地生根。

2. 動身進行移民前，在目前工作上，接受或爭取外派機會，累積在國外的經驗。

3. 最好能用半年到一年外派的時間，讓家庭、小孩和自己到那個國家試試水溫、考量能否適應。若發現不行，就及時設下停損點。最可怕的是，有些人想移民但從來沒去過那個國家。

資深留學業者

如何為移民美國作準備？

1. 如果只想拿張「保單」，繼續住在台灣，等發生戰亂才緊急移居者，建議考慮歐洲或中南美洲等小國。但這些國家的移民法較易改變；移居後，語言、適應、教育及發展機會等，都更不容易。

2. 世界越來越小，把格局放大，對自己和子女都更有利。建議以更積極的心態考慮移民，而不只是為了逃難。

3. 以台灣人的聰明才智和勤奮努力的特點，只要有綠卡及正確的「心理建設」和「決心」，在哪另起爐灶，都沒問題。

4. 除了心理建設外，建議移民前可作如下準備：

● 移民前多加強外語；移居後臉皮厚一點，盡量找機會使用英語，才能生活愉快，路越走越寬。

● 手巧者，可學習手工或水電技術，將來赴美從事該行業。

● 經由網路、顧問及美國親友，事先廣泛了解美國各地房價、生活費、學校及人口組成等。移民前先決定到美國後的定居處。

● 取得移民簽證後，可開始尋找美國工作機會，可能性包括：目前台灣雇主外調美國分公司上班、介紹、上網向美國雇主求職等。

● 美加兩國對新移民的居住要求都有合理的彈性，申請移民後，等幾年才批准是常有的事，等待期間住在台灣就可以了；移民獲批准後，開始的幾年暫時不去長住，通常還是可以的。家庭做好規劃，先後分批移居也可以。

> ● 移居前，先做好財務規劃。在台無房產者，剛好出國放手一搏；小資族可先出售台灣原有房屋，以支付移居後開銷或置產。財務較寬裕者，可考慮暫時保留台灣房屋。畢竟移居後，台灣不一定要有房屋徒增開銷。另外，美國房地產漲幅和租金收益，一般而言比台灣高。

出國與移民，在什麼情況下趨向必要、緊急？

「今天討論後，有些事情更明確了，但也有些方面似乎比想像更複雜。」主管拿著筆，一邊思考一邊敲桌子：「移民有相當高的花費、門檻，也有各方面的代價。不是現在就決定好要啟動，那麼……什麼時候得啟動？」

「對啊，我們得避免一直以為還不必啟動，不知道形勢惡化緊急，錯過需要離開的時間，最後走不了，被困在台灣被中共統治，或是讓孩子承受無情炮火。」詹寧接著抱怨：「別敲桌子了，讓我好煩躁啊。」

她兩相視一笑。主管轉向我：「這個問題，你有什麼想法？」

主管真了解我。這段時間的調查訪談，確實讓我有些想法。

一、當台灣政府備戰策略明顯錯誤、落後時，要更積極認真

如果台灣的國防形勢良好，可以預期能夠擊退來犯共軍時，移民的緊迫度就不高。

但是，當我們發現，台灣的防禦懈怠、備戰工作遲疑停滯，甚至盟軍支援台灣的意願都低落的時候，共軍將更有可能攻台，而且獲勝的機

率也相應提高。

若此時發生戰爭，且台灣戰敗，我們一般人民將要承擔戰爭的摧殘，危及生命、減損財產；而且戰後將受到中共以征服的姿態統治，讓我們失去生活中所珍視的一切。

因此，當台灣政府不再以積極精準的方式備戰，讓盟友國家失望與背離的時候，我們很可能需要更積極地開啟移民準備工作。

二、當台灣領導者與中共統治接軌，民主機制崩壞已不可逆時

在戰爭之外，台灣失陷顯然也有另一條路徑，就是中共操控某個政黨，扶持其政治人物在掌握中央執政權之後，挾立法與行政的權限，主動削減台灣在經濟、金融、貿易等方面的防護，讓台灣高度曝露於中共的影響。最終，這個親中共的政黨，甚至讓台灣的法律與統治模式與中共同步化，台灣成為類似於香港的「特別行政區」（或是別的稱呼方式）。

在這條路徑之下，雖然不必經歷殘酷的戰爭，但台灣逐漸「香港化」也將讓家園面目全非，不再適合生活、養育兒女，勢必得離開。

但這個路徑將是一種相當漸進的過程，各種法條制定與規則修改，一點一滴改變台灣的體制，正類似香港過去二十餘年經歷的過程。

即便台灣在某個時間段，由親善中共的人物執政，推動體制改變，也不意謂著無法扭轉，我們不必太早絕望。在政黨輪替後，對抗中共意志更堅決的領導者，也有可能逆轉局勢。

但是，當台灣已被中共穩穩控制、民主機制死機，局勢徹底無法逆轉時，我們就可能需要下定離開的決心。

三、雖有充份準備，但戰爭可能性極大時，至少安排孩童避戰

如果台灣積極備戰，也與盟國維持合作的關係，中共若開戰，將極難取勝。[1] 但在這個情況下，就不可能開啟戰端嗎？其實仍有可能。也許出於中共領導人被蒙蔽，或是在政爭中為了維持地位，被迫孤注一擲。這樣的狀況下，共軍幾乎沒有可能透過正常的軍事手段取得勝利。

但這並不表示，共軍的攻擊不會造成人民的傷亡，而且如果共軍竟然採取了「不正常的軍事手段」，人民受的傷害就更大。[2] 此可能性沒人說得準。

為了避免孩子在這樣的情境中受到傷害，即便不必永久的移民，也可能得選擇讓孩子短期離開台灣，躲避風險。

因應戰爭風險，家人移民的局勢守望

對於原本並沒有移民願望，而只是希望避免戰爭與中共統治的人而言，需要守望形勢，依局勢的變化開啟與加速移民工作，或暫停與放慢。

我們都需要可靠的資訊蒐集與分析，幫我們回答以下問題：[3]

1. 當前國軍的備戰，足以抵擋中共的進攻嗎？
2. 政府正在積極地以精準的方式備戰嗎？
3. 台灣政府與國軍，和各盟國的協防合作，在對的軌道上前進開展嗎？
4. 共軍在一定時間內侵台的機率，有顯著上升嗎？

若移民代價高昂，守住台灣，有可能嗎？

我將得到的資訊與見解和大家分享，氣氛與情緒明顯低落。

「在還不太清楚的時候，我心中是有七、八成把握。直覺中，以我們現在的收入或專業，要移民應該不會太過困難。」詹寧手肘頂了一下艾倫：「你覺得有幾成把握？三成？」

艾倫拳頭撐著太陽穴：「兩成吧？頗為緊繃耶。宇程，你們呢？」

我看向主管：「一成？還是在下定決心一定要走，全力以赴的情況下吧。我覺得，移民的牆比我原本想得高，而且得面對艱難的割捨。」

主管無精打采地攪著咖啡：「看來，移民並不是買張機票，飛到另一個國家，下飛機，就可以開啟另一段人生，沒有難關，沒有放棄，沒有割捨。」

「打起精神來吧。即使很難，還是得拚一下！」艾倫：「移民很難，但我們有別的選項嗎？當中共吞併台灣，難道不走嗎？」

「中共一定能併吞台灣嗎？」我提出這個問題，另外三張嘴就問得我難以招架：

「中國及其資源這麼龐大，台灣相形之下，資源少得可憐啊。」

「共軍從人數、飛機、戰艦、軍費預算，每項都勝過台灣。」

「這樣的實力差距下，台灣能守得住嗎？」

「若留在台灣，真有一天，中共發兵進攻，我們不是只能陪葬嗎？我們有可能守得住嗎？」

看來，得好好深究這些問題了。

✎ 守住台灣探討筆記

籌劃移民，需要優先思索的課題：

- 各國接受移民的管道與門檻，何者適合自己？
- 移民過程與生活的財務成本，如何估算？
- 移民的職涯轉換代價，需要評估與準備
- 移民最重的代價：親情與人際聯繫

不立刻啟動移民，可為此做什麼樣的準備？

- 找尋移民目標國以及合適路徑
- 與家人溝通，取得共識、理解、祝福
- 逐步讓資產、資格、工作等各種條件得以齊備

出國與移民，在什麼情況下趨向必要？緊急？

- 當台灣政府備戰策略明顯錯誤、落後時，要更積極認真
- 當台灣領導者與中共統治接軌，民主機制崩壞已不可逆時
- 雖有充份準備，但戰爭可能性極大時，至少安排孩童避戰

因應戰爭風險，避免錯失家人移民的時機，需要密切守望局勢。

註釋

1 關於這點，在國際戰略智庫機構 CSIS 所做的戰爭模擬之中，有充份的展現與說明。參見 Center for Strategic and International Studies (CSIS). 2023. "The First Battle of the Next War: Wargaming a Chinese Invasion of Taiwan." https://www.csis.org/events/report-launch-first-battle-next-war-wargaming-chinese-invasion-taiwan.

2 這類手段包括生化武器、核武器；對中共在戰爭中取勝的幫助不大，但對人民的殘害極傷、極廣。

3 這些問題，不但是本書後繼章節的重點，更是本書後續計畫的主要方向。

第二部

台灣勝或敗，由誰決定？

如果台海爆發戰爭，我們是否會經歷相似的慘痛？

左：1945 年，原子彈在長崎爆炸後不久，日本投降，美軍接管政府，並著手清理炸爆後的殘破都市。在美軍設置的屍體焚化爐旁，一個大約十歲的男孩筆直地站著，緊咬下唇，一動也不動。美軍上前關切，才發現他背上看似熟睡的幼兒也已經死亡。Photo credit: Joe O'Donnell, Public Domain

右：1937 年，西班牙內戰之中，佛朗哥政權為打擊共和軍，讓納粹德國與法西斯義大利派出空軍，協助轟炸西班牙的格爾尼卡城。該城受到重大傷亡與毀壞。Photo credit: Bundesarchiv, Bild, CC BY-SA 3.0 de

突如其來？全島轟炸？人海壓岸？

在某個每個人都認為是正常的日子，突然間，數萬枚導彈從天而降。

國防部與總統府幾乎在完全沒有反應的情況下爆炸夷平。一瞬之間，台灣的政治與軍事中樞癱瘓。

導彈的轟炸，使台北、台中、高雄等大城市成為一片火海。街道上，驚嚇的路人閃避爆炸的火光與濃煙，紛紛逃竄。

全台灣從南到北，所有軍事基地、飛彈發射台、戰機跑道與庫房，全都被轟炸粉碎。大量飛機被炸毀、受損，或無法起降。

在此同時，數千大小艦船，載著上百萬解放軍、數千輛坦克與戰車，從台灣各處海灘登陸。完全沒有準備的國軍猝不及防，在各地被上岸的解放軍痛擊。

此時，全台灣陷入混亂，各地的將領與士兵失去鬥志，紛紛放棄抵抗，投降共軍……

在戰爭開啟的兩到三天之間，台灣各大城市、工業區成為廢墟，數十萬、上百萬平民死亡、受傷，家園殘破。

在投入心力研究戰爭相關議題之前，身為極為純粹的「常人」，我對台海戰爭進展形式的猜想，大致上會是上述這樣的情景。

中共攻台，是否守得住？

「幾乎所有兩岸力量對比的數值，都是呈現十餘倍、數十倍的差距。共軍攻台時，我猜必定會處於絕對上風，泰山壓頂，勢如破竹，銳不可擋。」那天，與主管帶小逗點在社區附近的公園遊玩。一邊顧著小逗點溜滑梯、騎搖搖馬。一位有些熟識的鄰居和我們聊起他的憂慮：「我讀過不少二戰書籍，也看過不少電影，德軍轟炸倫敦、盟軍轟炸德勒斯登的歷史在我心中留下很深的陰影。

近期俄羅斯侵略烏克蘭、轟炸基輔，數個交戰區的城市一片焦土，人民受到殘酷的虐殺，都讓我想起兩次世界大戰的慘況。

如果爆發戰爭，二次大戰那樣的密集轟炸、殘殺，也可能發生在我們周圍。眼前的公園、醫院、橋樑、鐵路、高鐵、水庫、都市、工業區……都可能被炸毀。這麼嚴重的傷亡與財產損失之下，我們怎麼對抗？我們連活下去都是大問題。」

「小逗點，先溜下來，不然後面的哥哥在等你哦。」看到小逗點坐在滑梯上遲疑，我出聲鼓勵，牽小逗點的手溜下來，一邊接話：「如果可能造成極大的傷亡與損失，寧可不抵抗算了是嗎？」

「如果兩岸開戰，我看台灣沒有絲毫勝算。極有可能化為一片焦土、斷垣殘壁，高比例的民眾死亡、重傷。我們的孩子，家人都會受苦，試圖反抗有什麼意義？」

午後的陽光下，我看著小逗點紅通通的臉頰，以及鄰居可愛的孩子。我理解他的憂慮，以及要避免發生最糟情況的判斷。

「如果要守護台灣政權的存續，意謂著犧牲家人的安全甚至生命，我其實無法很堅決的選擇前者。」一段時間前，主管也曾和我說過她的心聲。

幾年來，這一直是我全力找資料試圖回答的問題：

如果共軍攻台，台灣到底會在多短的時間內被打得失去防守之力，會受到多嚴重的破壞、會有多大規模的死傷？

直接說我的結論：

傷害與威脅絕非不存在，

但危險性遠沒有我們所擔心的那麼高。

在本部分的章節中，感謝以下學者、專家接受訪談，提供見解指導：

- 政治大學東亞研究所名譽教授丁樹範
- 史丹佛大學中國經濟與制度中心高級研究員許成鋼
- 國家政策研究基金會副研究員揭仲
- 國防安全研究院國家安全所研究員兼所長沈明室
- 軍官退役、台灣大學兼任助理教授、中華亞太安全治理學會

資深研究員廖天威

- 中華亞太安全治理學會祕書長、台灣大學兼任助理教授（主授國防安全）劉鐵軍
- 國立政治大學國家發展研究所助理教授黃兆年
- 國防安全研究院國防戰略與資源研究所所長蘇紫雲
- 王立第二戰研所團隊
- YouTube 軍事頻道主說真話的徐某人

第 四 章

守住台灣，有可能嗎？
要付出多少傷亡？

——台灣的優勢被我們低估

「最近，常在 Line 群組收到、臉書頁面上看到各種警告文，關於台海戰爭多可怕，結果會多慘烈。」主管說著，一邊轉傳了好幾篇文章給我，其中不乏知名政治人物、作家所寫。

台海攻防：我們的想像有極大錯誤

這些文章中的描繪，往往有以下三個元素：

1. 共軍有大量的導彈，一旦開戰，會讓台灣所有城市陷入火海，變成廢墟。

2. 戰爭可能瞬息全面爆發，台灣方面無法預估，無法因應準備。

3. 數百萬的共軍，會立刻出現在台灣海岸向陸地掩殺，台灣所有城鎮、巷弄，將成為戰場、屠殺場。

「小逗點、我們親愛的家人、我們自己，在輾壓式的攻擊中，失去一切、身受重傷，甚至失去生命。這種想像會讓我覺得，當然要盡一切所能，阻止情況發生啊。」主管描述她的心情，我完全能體會。

「其實我也曾這樣想像台海戰爭爆發的情境，讓我憂慮得要死。」

我拿出 iPad 點開一些檔案：「但我在查閱更完整的資料，和專家請教後發現，戰爭並不會這樣發生。」

錯誤：在共軍導彈飽和攻擊下，台灣將夷為廢墟
→對台導彈轟炸的威脅，遠比想像中小

導彈[1]可以對台灣帶來極大的傷亡，摧毀我們的城市與家園嗎？可能癱瘓台灣的防衛能力嗎？

我也曾對於共軍的飛彈威脅感到恐懼，尤其看到中共閱兵式上，導彈體型巨大，似乎十分駭人。但在實際深入理解之後，會發覺共軍的導彈並不值得這麼害怕，對台灣的損害很有限。

真正能打到台灣本土的數量並不多

以 2023 年的估計，共軍手上真正能用來攻擊台灣的導彈，數量並不多，不會超過 1500 枚。[2]由於導彈很貴，並不可能三不五時打幾發試試。共軍武器庫中的導彈，許多製造完成後，都經過了十餘年。試想，1500 輛車，從生產完成那天起，從來沒有跑過路，十餘年後，幾輛還能開？同理，這些導彈，有一天真的拿出來射，多少能真正成功發射、又能成功導引至預設目標？誰都說不準。

即使真的能射到台灣，台灣的天弓、愛國者導彈，就是為攔截中共攻台導彈而設，總數約有 1000 枚，並且持續增加中。[3]

在 2022 年 12 月 16 日，俄羅斯向烏克蘭基輔地區發射了 40 顆導彈，其中 37 顆被防空系統摧毀，這是超過九成的攔截率。[4]基輔周邊的防空導彈系統，在俄烏戰爭發生後進行了相當程度的強化與更新。但據軍事

專家所述，台灣目前的防空系統，還在烏克蘭的水準之上。

最保守估計，真的能打到台灣國土的共軍導彈，也非常可能不到總數一半。

導彈造成的損害，因誤解而被誇大高估

導彈的大塊頭，一方面是極權國家因應閱兵需要所以造得虛胖；另一方面，其中很多空間是載推動導彈飛數百、數千公里所用的燃料，也包括引導飛行的電腦儀器。

以東風-16中程彈道導彈為例（部署用於攻擊台灣的型號之一），其彈頭為1.5噸爆炸當量炸藥。這樣的攻擊程度，用白話說，應該可以摧毀一棟典型的四層公寓。如果炸到一棟十幾層的樓房，其中可能會有3-4戶嚴重受損，並有傷亡。這棟大樓其他住戶不會受到嚴重傷害，該大樓可能因此嚴重損毀，但不會夷為平地。

這是一枚導彈的威力。許多一般民眾，和我曾經一樣，都高估了導彈的殺傷力。

共軍導彈有限，平民住宅與設施並非優先目標

身為一個普通人，我當然最關心中共會不會用導彈炸平民目標，例如：我住的樓房？

專家的意見是：這樣想，太看得起自己的重要性。每顆導彈都是上百萬美金的成本，共軍頂多就只有一千多顆可用於台海戰爭，每用一顆在打擊平民目標，就少一顆打擊政府、軍事設施。

而政府、軍事設施在抗擊共軍作戰中的重要性，是平民住宅、民生設施完全不可能相提並論的。導彈攻擊民用設施並非不可能，但一定是

一個滿小的比例。

共軍導彈攻擊，造成死亡不超過每年車禍身亡的1/2，受傷的1%

就算共軍策略上，用一百枚導彈炸平民區，五十顆能落到地面，會造成多大的傷亡？

「我們來做一下數值估算吧。」聽到此，實事求是的主管拿出紙筆開始計算：「每顆落到地面的導彈，造成 30 人死亡，100 人輕重傷[5]，從烏克蘭戰爭的實況看來，這個數值應該是高估的。即便這麼算，總數是 1500 人死亡，5000 人輕重傷。」

看了這個計算，我一時拿不定自己該是什麼樣的心情，「這樣的傷亡比例是多高或多低呢？我應該要為家人與自己感到多害怕呢？」

「那就需要一個比較基準了。」主管手指在平板上輕巧地滑撥點擊：「我們以交通傷亡數字作為基準的話：在 2021 年，全台灣因車禍死亡人數總數為 2962 人，事故受傷 476304 人。[6]」

這也意謂著，如果中共對台灣開戰，幾乎不留餘力地將導彈全部打出（通常不會這麼做），並用十分之一攻擊平民，作為心理打擊策略。其造成的死亡，滿打滿算，是台灣全年車禍死亡人數的二分之一，是車禍受傷人數的百分之一，不到零頭。也就是說，共軍導彈轟炸能造成平民的死亡，不會超過我們自己造成的車禍。

「如果明年台灣車禍的嚴重程度，因為某種原因，將比 2021 年增加50%，這值得很害怕嗎？」我端詳著這些數字詢問主管的心情。

「如果看到飛彈從空中掉落、爆炸傷人，這樣的畫面確實會令人很恐懼。我們可能難以因為知道總數就不恐懼飛彈。但如果知道總數，我

對於中共攻擊是一個什麼規模的危險，比較有概念了。」主管尋思：「這當然還是會令人不安，卻不是令人睡不著、想著是否明天就該逃離的那種害怕吧。」

專家見解

王立第二戰研所團隊

　　大量飛彈打擊民生及軍事設施，發生機率很低，因為中國的飛彈並沒有那麼多。飛彈數量並不是一直累積的，而是會經過時間（20年），逐步汰舊換新。

　　因此，上萬枚飛彈齊發不太可能。在有限的資源下，不可能同時攻擊所有軍事設施、政府部門、民用設施。

　　中共飛彈數量估計：

- 比較現代化、精準度高的飛彈，約略在 1500 枚的範疇。
- 如果把早期老舊的，如東風 -5 型等充數計入，頂多 3000 枚。

中華亞太安全治理學會祕書長、台灣大學兼任助理教授（主授國防安全）◎劉鐵軍

　　認為問題不在於中共手中導彈數量的多寡，而是在於我國能夠承受幾波的攻擊。

　　尤其中共可以透過衛星對我國進行精準打擊，在幾波的攻擊後，國軍到底還剩下多少戰力，以及還有多少的反擊能力，這才是重點。

　　中共對我國發射導彈，我們當然要有防空導彈去攔截，但以現在我國的防空飛彈，也很難達到一枚就能攔截到一枚的程度，如此

一來，我們的防空飛彈很輕易就在這個部分被損耗掉。

此外，此處戰爭死亡率跟我國的車禍死亡率作對照，本人認為並不恰當。因為車禍是在不預期的狀況下所發生的，可是戰爭的狀態是已知的情況。而且兩者之間所產生的心理作用差距甚大，無法加以類比。

錯誤：共軍可能大規模偷襲，台灣隨時處於危險中
→共軍無法大規模偷襲，而是慢刀緩刺、世界盯看

我們印象中，歷史上許多大戰的開端都是「突然發動」。可能是處於敵對關係的國家，其中一方突然開戰，例如日本進攻中國的七七事變、德國入侵波蘭與法國，甚至原本並非對立關係的國家都可能發動突襲，例如日本空襲珍珠港。

然而，現今大規模戰爭，「偷襲」的可能是零。0。Zero。無可能。

造成這項差異的關鍵在於：人造衛星。二次大戰時，世界上尚無人造衛星。現在，僅算美國，就有 123 顆軍事人造衛星，隨時在世界各地監看。美國一般的間諜衛星解析度是 5 公分，高階的精度為 1 公分。也就是說，只要美國想要看到，地表沒有事物能逃過其掌握。若加上日澳與北約國家，情蒐能力還要再往上提高估計。

以俄羅斯 2022 年 2 月對烏克蘭發動的侵略來看，早在戰爭發動的一年前，美國情報部門就掌握到俄羅斯開始進行部隊動員。最遲在開戰前三個多月，美國的警告已經透過報紙公諸於世；[7] 而且在此之前，拜登就曾親自向烏克蘭總統澤倫斯基提出警告。[8]

　　當中共高層決定攻台，勢必要進行人員、裝備、物資、油料、彈藥……的集結與動員。此計畫規模將會極為浩大，涉及人員極多，甚至要和盟國協調，至少需要運作超過一年，而且愈到開戰時間，愈難隱藏。[9]這樣的動態，台灣與美日歐等國，從其情報體系、衛星空拍，都會發現。美國情報部門掌握後，必然會轉告台灣當局，讓台灣著手準備。

　　也就是說，中共只要決定攻台，開始準備，實質上等於給台灣與盟友相當半年的預告期。有這半年到一年的時間，足夠讓台灣與盟軍進行極多的準備、因應與部署。

　　在戰爭真正打響的那一天，中共的進攻也絕不會「突然發生」，而是會以一定的速度展開。

專家見解

王立第二戰研所團隊

　　現在偵測手段相當多，中共攻台很難不被發現。如衛星更新頻率快、衛星照片精度高，再加上兩岸又相當接近，我們有戰術型偵測飛機，能夠高倍率鏡頭捕捉重要港口和機場的情況。

中華亞太安全治理學會祕書長、台灣大學兼任助理教授（主授國防安全）◎劉鐵軍

　　關於共軍是否對我進行偷襲的可能，本人認為，在軍事現代化的過程中，任何異常的兵力集結（包括人員、武器、裝備）都在衛星的偵察之下，因此偷襲的情況並不易發生。

　　但中共可能利用對台軍演時假戲真做突然發動攻擊，目的不一

定要造成重大的損害，只需造成內部恐慌，內部一旦恐慌，國人就會自亂陣腳，而讓敵人有可趁之機。這是我們應該要加以防範的。

國家政策研究基金會副研究員◎揭 仲

根據中共計算，以每個士兵每日需要消耗的物資為基準，武力犯台作戰期間需要的物資 3000 萬噸，光是油料就接近 600 萬噸，後勤動員的工程其實是非常的大。

在中國國內調集這些物資是沒問題，但光是集結這些物資並及時送到海岸線，就是很大的問題。這牽涉到很多基礎設施，如公路、鐵路、水運、空運等運輸線的重新改良與建設。這之間關連到很多非軍事部門以及地方政府，工程相當浩大。

錯誤：可能突然大量共軍同時攻入台灣
→不是人海衝殺，有限運力讓運兵船成為水上浮靶

在台灣的抗共戰爭中，台灣海峽是極為真實及強大的屏障。在渡海過程中，共軍船艦極可能類似海上浮靶，易受「反艦導彈」打擊，甚至毀壞沉沒。

共軍有五千餘輛坦克、三萬五千輛火砲戰車、兩百萬現役軍人[10]，他們不可能一夕之間突然出現在台灣島上、發動戰爭。他們得搭船。

漁民的小船、舢板，若只能搭載幾（十）名士兵，讓他們揹著槍、泅水上岸，是沒有用的。沒有戰車、坦克等重火力，在台灣上岸後造成的戰果極為有限。他們也許能造成一些緊張與傷亡，但被主場作戰的國

軍全數殲滅與俘虜只是時間問題。

要將坦克、戰車、火砲都運過台灣海峽，必定只能用「登陸艦」或民間的滾裝貨運船載運。[11] 據查找得到的資料估算，共軍一次性能出動運載的大型艦船數量，約在 60-80 艘之間，最多一批次可運載約七至十萬人、上千輛戰車。這是一個相當不小的軍力規模，但絕不是我們在統計上看到的共軍總數。

如果這麼多的軍隊登陸，台灣也將極為危險。但所幸，其中很大一部分軍隊無法在台灣上岸。合理估計，他們相當高可能將成為海中亡魂。

當這些戰車與軍隊在登陸艦、滾裝船中，他們與一般貨物所異，毫無戰力，全賴船艦與整體艦隊的保護。登陸艦越過台灣海峽的時間，極限最少需三小時；滾裝船航速慢，至少五小時。

這些船艦要駛進港口（距中國較遠，非最短距離），或是中途換乘，至少還需要增加兩到三小時以上。

中共艦船渡海，共需要至短三小時，多則十餘小時的時間，60-80 艘巨大、載滿戰車與軍人的登陸艦與滾裝船，在海洋上，以相當慢的速度向台灣行駛，甚至可能需要因換乘而停下。這時，對國軍的反艦飛彈部隊而言，它們無異於是海上浮靶，並不是很難攻擊的目標。

備役少將于北辰曾透露，目前（2023 年初）國軍可用反艦飛彈 600 枚；他評估，在三年內，將增加至 1200 枚飛彈。[12] 以上千枚反艦飛彈攻擊 60-80 艘登陸艦與滾裝船，只要命中率不要低於 1/10，大部分的運兵船將可以擊毀在台灣海峽。

反艦導彈有多大效果呢？在 2022 年 4 月時，幾乎沒有海防武力的烏克蘭，發射了兩枚海王星反艦飛彈[13]，擊沉了俄羅斯黑海艦隊的旗艦「莫斯科號」[14]。期待台灣的反艦火力達成相似的成果，應該不算很過分的樂觀。

專家見解

王立第二戰研所團隊

共軍渡海攻台，其實台灣的防守優勢大，成功防守可能性很高，因為美國販賣大量的反艦飛彈給台灣。

雖然中共有反制方法，包括軟殺（電磁波干擾）與硬殺（直接擊毀），但若能採取飽和攻擊，就很有可能足以對中共登陸艦隊造成嚴重的打擊。

國防安全研究院國防戰略與資源研究所所長◎蘇紫雲

阻敵渡海方面，台灣優勢相當大。

預估 2030 年，中國會有超過 90 艘正規兩棲登陸船艦（071 船務登陸艦、072 戰車登陸艦、075 直升機登陸艦），可進行野戰登陸。

台灣未來將擁有超過 2000 枚反艦飛彈，包含美國魚叉飛彈、台灣國造雄風飛彈系列。相當有機會將共軍的船團、護航艦隊阻絕於海面，無法登陸。

反艦飛彈打擊兩棲登陸艦艇，比打擊一般作戰艦，效果來得好。因為登陸艦艇防護設備也較差，缺乏裝甲、防彈襯墊；而且其上承載許多車輛、彈藥、油料，一受到打擊會引起連環爆炸。

大致而言，可以估計大致用五枚反艦飛彈可以擊沉（重創）一艘兩棲登陸艦。

我們準備到 2000 枚，大致可以對應到共軍 200-300 艘。因為需要考量可能不是百分百命中，或被攔截等。

國家政策研究基金會副研究員◎揭仲

根據中共內部的評估，如果要達到速戰速決的標準，第一波的地面攻擊部隊，要從空中和海上投送 6 至 7 萬人；考慮折損，載運量其實需要更多。

根據 2020 年底的資料，中共如果把所有的海、空軍運輸工具加總，運力還不到此數量的一半。目前（2023 年）尚未看到最新的評估，但應該還無法彌補差距。

若共軍真的渡海攻台，台灣當然是先打大船，然後隨著部隊靠近台灣時，用不同射程的火力一層一層攔截，也就是「重層嚇阻」。

若要進行傳統的登陸作戰，主力從海上來的話。大型運兵船從多個港口出發，到了「換乘區」開始重新編隊。這些船團會進行換乘作業，大船轉小船，小船換小艇等。

理論上，對我國國軍而言，換乘區是一個很大的可打擊目標，且國軍將有相充裕的準備攻擊時間。

✍ 預想台海戰爭中，我們常有的誤解

1. 共軍可能大規模突襲，讓國軍猝不及防

   →其實，共軍備戰是長達半年以上的過程，必能監視及因應準備。

2. 共軍可以發起數十、數百萬軍隊進攻台灣

   →其實，受限於渡海的運力有限，頂多同時數萬人攻台，而且可能多數可在海上殲滅。

3. 共軍可以發射數十萬發的導彈，毀滅台灣大都市
　→其實，上限大約 1500 發，且多數用於軍事打擊。造成平民
　死亡與受傷，應不超過 1500 / 5000 人。

共軍是否會採用極端攻擊，造成極大傷亡損失？

小逗點的玩具小火車，在軌道上賣力奔跑；小逗點聽著馬達聲，就顯得十分安心滿足，專心推著水泥預拌車到處跑。每逮到機會，我們就往他的小嘴裡塞一口水果。

「就算共軍攻台實況上，沒有我們原先以為的那麼鋪天蓋地、挾壓倒性的優勢，就算國軍在正規作戰中能擋住共軍，我還是覺得有很多因素，讓人無法心安。」我一邊幫小逗點蓋房子，一邊分心和主管討論起來。

「例如說？」主管叉起一塊芒果，舉到小逗點嘴邊。見他一口一口吃著水果，這真是一天中最抒壓的時刻。

「例如，共軍如果用導彈炸了翡翠水庫，整個大台北是否會變成水鄉澤國，要淹死多少人？又例如，如果核電廠受攻擊呢？這不可能發生嗎？如果發生，情況多嚴重？」

「好問題耶。」主管再叉起最後一塊芒果，舉到小逗點嘴邊。空碗拿給我：「麻煩你囉。我是指碗，還有這些問題。」

嗯，我又有任務了。要是公司的案子這麼容易爭取，該多好？喝掉碗中的芒果汁，好甜哪！幸虧，我偷偷把芒果核留給自己。

炸毀水庫：導彈轟炸威力，不足以造成潰壩

如果翡翠水庫被炸毀，會不會水淹台北盆地，造成無可估量的損失與死傷，後續失去飲用水也將讓台北地區無法居住？

細查資料並請教專家後，能確定水庫潰壩的風險並沒有那麼大。翡翠水庫壩體是一個巨大的構造，其壩頂厚度為七公尺，愈往底部，厚度可達二十餘公尺。

即使共軍分出幾顆導彈打翡翠水庫，也許能造成損傷，但目前不可能對壩體造成足以導致立刻潰壩的破壞。水漫台北盆地應該不會發生，大台北也不致於無水可用。

核能電廠：可能造成破壞，但動機應該不高

如果共軍以導彈攻擊核電廠，其爆炸力度絕對不足以將電廠徹底擊毀，但可能破壞建築與設備脆弱處，使電廠無法正常運作。如果情況惡化，將導致核反應爐受損，發生核輻射洩漏。在最嚴重的情境中，不能排除發生類似日本福島核災的後果。

共軍會不會這麼做呢？以政治目標而言，共軍若刻意打擊核電廠，讓整個大台北陷入高輻射風險，並汙染西太平洋海水，將會引發人道與環保的災難，並給中共帶來以下惡劣後果：

1. 在戰爭階段，國際社會更同情台灣，於是更積極介入、參與打擊共軍。

2. 若大台北受到嚴重核汙染，將損害這座城市的機能與價值，對中共日後統治不利。

3. 若大台北受到嚴重核汙染，數百萬居民無法繼續居住，將是未來中

共極大的治理難題。

4. 中共統一後，將會派軍人駐守台北，也需要派官員在台北辦公。核汙染也將會對他們造成傷害。

然而，在共軍真的「失心瘋」，不以勝利與佔領為目標，只求洩憤、同歸於盡的思維下，無法排除中共這麼做。

化學、生化、核武器：失心瘋，可能採取的極端攻擊手段

- 化學武器：白磷彈、沙林毒氣……
- 生化武器：天花病毒、炭疽病毒……
- 核武器：髒彈、小型核武器……

共軍是否有這些武器呢？一定有。然而，共軍能否對台灣使用這些武器？

如果共軍攻擊台灣的進程是佔優勢的，就不必要，也不適合使用這些武器。因為會造成未來統治的困難，也可能引發國際更積極合作對抗中共。

如果共軍在攻擊台灣時受到挫敗，這類武器也對改變戰局效果有限，而且甚至表示了共軍已放棄佔領。同樣，在出於洩憤的意圖下，才會用這樣的武器。

雖然這類攻擊手段在文明國家是排除在軍事選項之外的，但很不幸，台灣的對手是中共。考量共軍一直表達尊奉「超限戰」，以及中共對其人民的粗暴野蠻，沒任何理由排除共軍仍遵守此原則。

發電與化工廠區：造成軍事與民生的質實打擊

有一些設施若受到導彈等級的攻擊，可能造成數十、數百人死傷，數萬、數十萬人生活受影響。這些設施包括：

● 中大型火力發電廠：電廠中人員傷亡，以及供電緊缺。

● 大型化學工廠：廠中人員傷亡，化學物質散逸造成周邊汙染。

● 大型儲油槽、天然氣儲存槽：周邊工作人員傷亡，大火造成空氣汙染，以及天然氣供應緊缺。

在俄烏戰爭期間，雙方均攻擊儲油槽等設備；若共軍攻台，也相當有可能攻擊這些設施。除了要造成局部的傷亡、損失，也將破壞油、電的供應。而油與電不僅用於民生，也是戰爭中的重要資源；如果無法供應，將使國軍守台陷入實質困境。

民生設施與樓房：造成恐慌，但對戰爭目標無益

這類目標包括：醫院、商場、學校、公寓、住宅大樓、辦公大樓、政府機構等。

以導彈攻擊這些目標並沒有任何軍事戰略價值，頂多造成數十人傷亡，幾乎完全不會影響攻守的整體局面。考量中共導彈不多，以導彈攻擊這類設置的可能性不很高。

中共如果採用這樣的攻擊手段，主要功能在於打擊台灣民眾的心理，或是成為戰場失利的報復手段。俄羅斯對烏克蘭侵略過程中，就多次攻擊這類目標，我們也無法排除中共攻擊這些地點。

共軍極端攻擊模式發生可能性估計

項目	共軍執行攻擊能力	對軍事目標有無助益	日後統治有無負面影響	整體評估
炸毀水庫造成潰壩	無達成能力	△	有嚴重負面影響	共軍無能力達成
攻擊核電廠	可能	△	有嚴重負面影響	報復、洩憤
化學／生化／核武器	可能	△	有嚴重負面影響	報復、洩憤
民生設施與樓房	可能	無	無	報復、洩憤
發電與化工廠區	可能	有	無	戰爭時相當可能發生

專家見解

王立第二戰研所團隊

關於攻擊水庫等民生設施

中共導彈攻擊水庫等民生設施，可能性低。因為終究要考量：打擊的目的為何？

為了打擊民生、帶來社會損失，導彈攻擊真正造成的傷亡相當有限。且以標準型的飛彈武器而言，打擊很大的水泥構造體（水庫大壩），並不容易造成潰壩等級的損壞。

關於攻擊核電廠

但核電廠可能受到打擊，確實是相當大的風險。核電廠輻射外洩，並不是只有電廠主體受到破壞時才會發生。只要附屬設施無法控制，就會造成爐心溫度過高熔毀，讓輻射外洩。

核電廠外圍設施若被遠程火力攻擊，造成核電廠無法有效管理，確實是難以因應的災難性問題，目前無法排除。

關於運用生化武器、化學武器

使用機率不高，因為如果用了，中共發動戰爭的正當性會受到負面影響，使各國有更好的藉口介入台海戰爭，國際社會更可能集體介入。

戰爭是政治的延伸，戰爭結束後還是得處理政治問題。若在戰爭期間使用化武，會使戰後的政治處理更加複雜和困難。

中華亞太安全治理學會祕書長、台灣大學兼任助理教授（主授國防安全）◎劉鐵軍

我國天然氣的儲量不論夏、冬季均不超過兩週，因此共軍只要圍台超過兩週，台灣自然就會因缺電而陷入一片漆黑。所以根本沒有必要攻打我們的水庫、發電廠。

兩岸一旦發動戰爭，中共最終的目的是要武統台灣。若把台灣主要的民生設施都摧毀了，只會增加民眾對中國的怨恨，無助於其統治權的建立。

其實，中共壓倒性的優勢戰力，只在我們的誤解中

經過這幾年整理資訊、整合專家的意見，我發現情況並不是全然悲觀。如果有朝一日共軍對台灣發動戰爭，台灣絕不是必然一面倒地、無可救藥的失敗。

那些對民眾生命財產打擊極為慘重的極端方式，例如破壞水庫與核電廠，有些是共軍實質上辦不到，有些則是沒有實質效益。沒有實質軍

事效益的攻擊手段，我們無法斷言絕不會發生，但發生的可能性也並不高。

在許多人的想像中，當共軍攻打台灣，將是雷霆之勢，上百萬共軍衝殺上岸，國軍毫無抵抗之力，台灣所有城鎮立刻陷入血戰，民生設施與產業在導彈轟炸中毀滅，數十萬、百萬人死亡……這些都是我們的誤解，也是中共希望我們認知的版本，讓中共只要恐嚇，台灣社會就主動投降、屈從統治。

經過一番調查與研究，我將這階段的結論提給主管。

「令人稍鬆一口氣呢。也怪不得共軍現在並不出兵台灣，因為其實並沒有那麼簡單，不會是秋風掃落葉。但這表示，若爆發戰爭，台灣一定守得住嗎？我們對於台灣的處境，可以多樂觀？」

我用小叉子叉起一小塊西瓜，靠在碗旁邊。小逗點一邊看卡通，一邊拿起叉子吃西瓜。

「確實，接下來應該弄清楚，共軍若要佔領台灣會怎麼打，我們又要如何守禦？」我給自己出好功課：「查清楚，再和你說哦。」

「辛苦了！」主管將留著西瓜殘汁的碗拿給我。

我到廚房，將殘汁一飲而盡。「很甜！」還好，我在西瓜皮上還留了一層肉。

註釋

1 軍事上，導彈與飛彈同意。中文原將 missile 譯為飛彈，強調其自帶長程推進力，中國物理學家錢學森提倡將之譯為導彈。在本書行文中，將兩者混合並用。

2 依據美國國防部《2020 年中國軍力報告》（*2020 China Military Power Report*）中的基礎資料，在《阿共打來怎麼辦：你以為知道但實際一無所知的台海軍事常識》一書中，

沈伯洋與王立兩位作者將共軍可用於攻台的飛彈數量估為 1050 至 1300 枚。算入共軍可能增產，可以再高估一些。

3　新新聞曾報導，台灣各型飛彈總和超過五千枚。參見張延廷，2020，〈擁五千多枚飛彈，台灣卻非火力分配完整嚴謹的刺蝟島〉，新新聞，8 月 24 日，https://new7.storm.mg/article/2960155。

4　參見林蘭，2022，〈烏克蘭遭俄軍導彈大規模攻擊 基輔等多地斷水斷電加劇 歐盟通過對俄新一輪制裁〉，法國國際廣播電台，12 月 16 日，https://rfi.my/8zfq。

5　在 2022 年到 2023 年的侵略戰爭中，俄羅斯運用大量導彈攻擊烏克蘭。一枚導彈命中住宅大樓，造成 5 人死亡，60 人受傷。以單枚導彈造成的傷亡而言，這已算是非常嚴重的一次攻擊。大部分導彈造成的傷亡都小於此事件。參見美國之音編輯部，2023，〈俄羅斯導彈攻擊造成烏克蘭至少 5 人死亡 60 人受傷〉，美國之音，1 月 15 日，https://www.voacantonese.com/a/five-killed-in-russian-attack-20230114/6918943.html。

6　參見交通部道路交通安全督導委員會，〈交通事故統計快覽〉，道安資訊查詢網，檢閱日期：2023 年 6 月 17 日，https://roadsafety.tw/Dashboard/Custom?type=%E7%B5%B1%E8%A8%88%E5%BF%AB%E8%A6%BD。

7　參見 Alberto Nardelli, Jennifer Jacobs and Nick Wadhams, 2021, "U.S. Warns Europe That Russia May Be Planning Ukraine Invasion," *Bloomberg*, November 12, https://www.bloomberg.com/news/articles/2021-11-11/u-s-warns-europe-that-russian-troops-may-plan-ukraine-invasion#xj4y7vzkg.

8　參見 Ellen Francis, Victoria Bisset and Timothy Bella, 2022, "Biden says Zelensky 'didn't want to hear' U.S. warnings of invasion," *The Washington Post*, June 11, https://www.washingtonpost.com/politics/2022/06/11/biden-zelensky-russia-invasion-warnings-putin/.

9　作為對比，2022 年俄國侵略烏克蘭，早在 2021 年 3 月就開始進行具體準備工作，到該年 11 月才達到預期發動攻擊的準備水準。俄烏之間沒有海峽阻隔，事實也證明了俄國這麼久的準備也不足以成功獲勝。參見〈Prelude to the Russian invasion of Ukraine〉，維基百科條目，檢索日期：2023 年 6 月 17 日。https://en.wikipedia.org/wiki/Prelude_to_the_Russian_invasion_of_Ukraine

10　參見 GlobalFirepower. 2023. "2023 China Military Strength." https://www.globalfirepower.com/country-military-strength-detail.php?country_id=china

11　參見胡丞駿、杜建明，2018，〈中共研製兩棲攻擊艦之研究〉，海軍學術雙月刊，52(1):74-88。https://navy.mnd.gov.tw/Files/Paper/6-%E4%B8%AD%E5%85%B1%E7%A0%94%E8%A3%BD%E5%85%A9%E6%A3%B2%E6%94%BB%E6%93%8A%E8%89%A6.pdf。

12　參見三立新聞節目中心，2023，〈94 要客訴／反艦飛彈數量成台海勝負關鍵！于北辰：至少要 1200 枚才夠〉，三立新聞網，1 月 12 日，https://www.setn.com/news.aspx?newsid=1238562。

13 此種導彈是烏克蘭自行研發生產的，而烏克蘭一直並不是先進武器研發生產的前段班
　　國家。台灣的反艦導彈「至少」可達到類似的攻擊效果，是合理且保守的估計。

14 參見〈Sinking of the Moskva〉，維基百科條目，檢索日期：2023 年 6 月 17 日。
　　https://en.wikipedia.org/wiki/Sinking_of_the_Moskva

第 五 章

立於不敗，還是沒有勝算？

——看台灣如何強化關鍵環節

日前和主管帶小逗點到淡水小旅遊，期待的行程，卻被我毀掉。到了吃飯時間，才發現我沒有帶小逗點專用的碗和湯匙！

那天的餵飯是場災難。我雖然全力彌補，但災情已經造成。

一天的奔波之後，小逗點終於沉沉睡著，主管口吻稍微和緩：「最近照顧小逗點，好像都心不在焉。明明和你說了，要記得帶小逗點的碗和湯匙。你還是忘了！腦袋裡都在忙著想什麼？」

「這陣子，有件事一直困擾我啊。同一個問題，卻有完全相反的結論。」我看到主管微微嘲弄的眼神，她應該覺得這是個藉口，忍住不說了吧。

「什麼樣的問題讓你這麼煩惱？」

「關於兩岸戰爭的結果預估，同樣是討論台灣防衛形勢，有些人非常樂觀，認為立於不敗；有些人非常悲觀，認為沒有勝算。兩方都是專家，這真令人困惑。」我把握機會和主管說明，全力爭取理解。

聽完我的說明，她憑著當主管的直覺，給了一個建議：「何不回歸『第一性原理』，搞清楚戰爭最可能發生的具體程序、必然的環節，一步步釐清，台灣到底在哪些方面有優勢、有劣勢？」

好主意！

共軍攻台的基本邏輯進程

如果共軍有一天要對台灣發動毀滅性的奪島戰爭，進攻模式會如何？

台灣海峽作為巨大的物理屏障，決定了共軍攻台必然有基本邏輯進程，大致上也必須是一階段一階段推進的。共軍沒有在前一個階段取得勝利、達成作戰目標，就不可能展開或跳進下一階段作戰，否則極可能招致大規模的慘敗。以下表作為最簡化的說明：

共軍攻台的基本邏輯進程

進程	進攻方式	作戰目標	台灣守備	防守目標
I	導彈攻擊	摧毀台灣戰機、機場、雷達、指揮中心、指揮體系、防空導彈發射點、反艦導彈發射點	防空導彈戰略部署	保存國軍雷達、指揮中心、指揮體系、防空導彈發射點、反艦導彈發射點
II	戰鬥機空戰	摧毀台灣空軍取得台海制空權	戰鬥機防空導彈	維持台海制空權（以阻攔轟炸）
III	轟炸機／傘兵攻擊	摧毀台灣反艦導彈發射基地載台／部隊摧毀行政與軍事中樞	戰鬥機防空導彈地面部隊	保存反艦導彈發射點保護政府機構與平民安全
IV	運兵船渡海	將地面軍團、武器、坦克、裝備運至台灣	反艦導彈戰鬥機	阻止渡海擊沉運兵船
V	搶灘登陸	兩棲部隊搶灘上岸（兩棲戰車為主）	地面部隊	殲滅登陸的兩棲軍團
VI	佔據陣地	地面軍團上岸後固守（火砲、戰車陸地戰）	地面部隊	奪回共軍上岸後的失地
VII	進攻中樞	地面軍團進攻軍事、行政要塞	地面部隊	防止軍事、行政要塞受進攻

奪島戰爭前半段，將會以「掩護渡海」為目標展開

由於台灣與中國之間有海峽阻隔，對共軍形成一個非常大的限制與挑戰。

共軍攻台戰爭前半段的主要課題，在於如何成功掩護數以萬計兵力和作戰資源有效地渡海登台──要有數萬兵力、重武器裝備登島，打敗國軍、控制台灣才是有可能的。只要中共無法讓大量的武器、軍隊、坦克渡過台灣海峽，登陸台灣，就不可實質地佔領。

中共侵台，必定要以運兵船載送大量的士兵、武器、裝備渡過海峽；這是攻台的真正核心大戲（表中的進程 IV「運兵船渡海」），也就決定了中共攻台前半段的基本邏輯進程。

「運兵船渡海」並不是一件容易的事，極其困難且工程浩大。

這些皮薄、防禦力低、速度不快、易受攻擊的運兵船，極易受反艦導彈的攻擊而沉海。專門用以攻擊艦船的飛彈，叫做「反艦導彈」。若是被反艦導彈擊中，運兵船艦輕則無法操作，重則失去移動能力，甚至被擊沉。[1]

台灣有上千枚的反艦導彈，而中共僅有 60-80 艘大型運兵船、民間滾裝船，是足以載運對台戰爭必要用到的坦克與火砲。換句話說，對岸要讓足夠的兵力渡海，前提是要能扼阻台灣的反艦導彈。

而中共的戰術能怎麼操作？前一步，勢必得先以轟炸機、導彈攻擊，將我們的雷達、指揮系統、反艦導彈發射點摧毀。而這也是中共「導彈攻擊」最希望達到的效果；這是表中的進程 I。

共軍也有另一個路徑打擊（或是佔領）台灣的雷達、指揮系統，就是用空降傘兵或是轟炸。

　　而共軍的轟炸機、運輸機可以輕易地飛到台灣上空進行攻擊嗎？並不容易，因為這兩種飛機比起戰鬥機，其飛行速度較慢、不靈活、也缺乏空戰武器，容易在攻擊地面目標前，就遭到戰鬥機與防空導彈擊落。

　　因此，共軍為要成功實施進程 III「轟炸機攻擊」，其前一步，又需要先除去台灣的戰鬥機與防空導彈。共軍可採行的方式包括：

● 以導彈攻擊台灣的軍用機場，以摧毀跑道與戰機：進程 I「導彈攻擊」。

● 派其戰鬥機進行空戰，試圖在空中擊落台灣的戰鬥機（也就是上演空戰電影中最激動人心的場面）：進程 II「戰鬥機空戰」。

　　前兩項之中，進程 I「導彈攻擊」將會優先，因為摧毀跑道與戰機之後，台灣的空中戰力將被削弱，讓共軍在空戰中贏面更大。

專家見解

王立第二戰研所團隊

　　二戰時，電子技術發展有限，要打擊目標時，必須使用大量炸彈轟炸。而今技術進步，會使用高精度的彈藥，直接打擊目標即可。因此，不太需要大規模轟炸。

　　轟炸機在現在作戰環境中，生存能力並不好，相當容易被戰鬥機、防空飛彈擊落。

　　不過，中國的精準武器還不是非常普遍，在對地壓制時，也可能使用轟炸。

政治大學東亞研究所名譽教授◎丁樹範

台灣沿海地區，現在已經沒有適合傳統兩棲登陸的地方。中共現在是三棲登陸，走傳統的海上奪取我們的港口，也會從空中攻擊。

國軍現在購買武器的重點是，要購買機動型的對海和對空飛彈，可以對海上的軍艦或是對空中的戰機攻擊。

中共的兩棲攻擊艦在他們的港口時，就可以變成我們的目標。

共軍不管是從空中或海上渡海，此時我們就要開始要採取反制措施。

飛彈導引的能力要更強化，要精準導引，不要讓飛彈白打。

國家政策研究基金會副研究員◎揭仲

原則上，共軍各類型的彈道飛彈，台灣都在其涵蓋範圍。先前我國國防部表示，共軍的彈道飛彈加巡弋飛彈有 1200 枚。這是不包括海空軍自身攜帶的，也不包括自殺無人機。

除了數量之外，最主要是中共執行擊殺鏈系統，在第一島鏈附近愈來愈成熟。

空戰關鍵在於防轟炸，及守衛反艦導彈發射系統

前述，我們是用反推的方式說明共軍侵台的必然步驟；我們再用時間順序方式精要地整理一次：

進程 I「導彈攻擊」：導彈攻擊台灣的軍用機場、雷達、指揮中心、指揮體系。在這階段，共軍的武器是導彈，而國軍的防衛是數十年來經

營的戰備建設與策略部署。如果這個階段蒙受重大損失，可能導致指揮體系無法運作，也就難指揮戰機、對空飛彈、反艦飛彈打擊來犯敵軍。

進程 II「戰鬥機空戰」：共軍戰鬥機與國軍戰鬥機空戰，力求突破台灣的防空優勢。若在此階段，共軍無法奪取制空權，戰事可能在此止步；若台灣喪失制空權，也就是戰鬥機與防空導彈損失殆盡，戰爭將無可避免往下一進程升級。

進程 III「轟炸／傘兵攻擊」：若共軍空戰取得相當優勢，台灣基本上喪失制空權，共軍轟炸機將可進一步針對台灣雷達系統與反艦導彈發射基地進行襲擊，甚至開始運輸機駛到台灣上空投放傘兵與炸彈[2]，打擊台灣內部政治中樞、軍事重鎮、產業區域、居民地區。這個階段若是發生，將造成台灣軍隊與民間非常重大的傷亡與損失。

進程 IV「運兵船渡海」：在台灣反艦導彈難以守衛海峽的情況下（發射點摧毀殆盡，或是指揮中樞已受打擊而失去作用），共軍運兵船將大舉出動，在損耗極小的情況下抵達台灣海灘，準備搶灘後進行奪島攻勢。

通常較大型的船艦，無法在一般的海灘放下部隊進行攻擊——武器會泡湯，人員會淹死。所以共軍有三個可能作法：

● 先佔領港口，以便共軍透過碼頭登岸進攻。

● 先在距海岸 70-40 公里處「換乘」較小型的船隻，才可能在一般的海灘岸邊，部隊、兩棲戰車登陸、開始攻擊。

● 共軍宣稱有無碼頭卸載技術，在一般海岸也能某種程度卸載武器與兵力，進攻灘頭。

綜合來說，中共最重要的戰略步驟是能夠最大程度地運補兵力，登陸台灣。而我方最重要的戰略步驟就是阻止共軍渡海——前提在於保護雷達系統、情報指揮中心，並保存最多的反艦導彈、戰鬥機，使其渡海

與運補物資受到威脅。

專家見解

國防安全研究院國防戰略與資源研究所所長◎蘇紫雲

現代科技有利於防守方，讓防空飛彈有更好的射程與精準度，可以鎖定與打擊來犯敵機。台灣擁有局部的空優，能以較低的成本抵銷中國大量的戰機威脅。

一枚防空飛彈平均為一百萬美金、一架戰機平均為六千萬美金，等於飛彈是戰機的成本六十分之一。以成本來看：兩三枚飛彈換一架戰機，對於守方相當划算。

台灣不需要入侵敵方領空，因此戰機數量不用太多；反而是使用相對便宜的防空系統，抵銷共軍的兵力優勢，確保局部空優。

國防安全研究院國家安全所研究員兼所長◎沈明室

飛彈的導引方式不同，如衛星導引、紅外線終端導引、影像導引。不管是雄三、雄二、魚叉飛彈，終端導引技術都不是問題。

共軍在把物資或是人員上艦階段，我方監控是完全沒問題。而且我們的潛艦、魚雷、飛彈快艇的攻擊等，都會對中共造成很大的威脅。

奪島戰爭後半段，將從搶灘往軍政要塞推進

如果台灣的戰鬥機、反艦導彈在前期的戰爭中被高比例摧毀，將無

法阻擊共軍運兵船大舉渡海。這意謂著，共軍奪島戰爭的後半段將會開始，而此階段，將可能造成台灣的部隊、人民，有慘重的傷亡。

首先，當共軍運兵船成功接近台灣海港，或從大艦換乘的登陸舟波接近沿海，船中的兩棲部隊將開始登陸上岸。此時，國軍的地面部隊在沿岸用火砲、機槍進行攻擊，阻止共軍前進。

屆時，在台灣海岸將上演什麼樣的情景？也許《搶救雷恩大兵》開片的前十分鐘，可以作為預想的參考。即便守岸方面有優勢，但仍將會非常慘烈、悲慟、血腥。台灣的部隊，將承受數千、數萬計的死傷。這是表中的進程 V「搶灘登陸」。

若不幸共軍成功登陸，突破台灣的沿岸防守陣勢，佔據一個灘頭建立據點，將能夠更便利地運補彈藥和物資，這是對戰局極為不利的。此時，國軍地面部隊的任務將是阻擊殲滅，讓共軍無法再佔據更多的陣地，並奪回海灘的守備據點。

由於共軍已經上岸，以機槍、火砲，甚至戰車與國軍互相攻擊；國軍已不佔明顯優勢。每發生一次遭遇戰，國軍都會發生人員傷亡。這是表中的進程 VI「佔據陣地」。

若國軍此時無法在灘頭陣地的爭奪戰中擊潰上岸的共軍，共軍就會以灘頭陣地為起點，往內陸進軍，攻取鄰近的軍事、行政重要據點[3]。而國軍此時的戰略任務將是對共軍攔阻、反擊，避免行政、軍事要塞被拿下。

當共軍在灘頭陣地設立穩定據點，人員、武器、裝備、彈藥、物資能順利越過海峽運補，其體量優勢將更加顯現；國軍形勢將更為艱難。在此階段，台灣內部地區城鎮將發生爭奪戰，共軍將可以用大量炮火攻擊任何民房與工廠，我們的家園將被破壞成斷垣殘壁，類似當前俄烏戰

爭的情況。這是表中的進程 VII「進攻中樞」。

　　當中共攻台發展到進程 VII「進攻中樞」，不但顯示台灣軍隊已受到重大戰損，人民的死難、財產的損失，都將是難以承受的悲劇狀態。戰局演變至此，國軍靠己身力量要取勝共軍，將會相當困難（甚至可以說，需靠外部傾力援助），且需要付出極重的生命、戰損代價。

專家見解

國防安全研究院國防戰略與資源研究所所長◎蘇紫雲

　　反登陸的作戰準備，台灣已做了相當多，局部空優、以陸制海、以陸制空大方向戰略，已能確保相當程度的安全。

　　為何還需要強調人力？因為武器還是需要人力操作，至少需要長達一年的訓練。

　　戰時，志願役操作精密武器、擔任打擊部隊，義務役為守備部隊補位做基礎的基地安全防衛。

　　即使能有很大的機會守住，仍須做好最壞的打算，投入城鎮戰的準備。

　　當我們準備好城鎮戰的防衛，敵軍在渡海時就得估算，需要多少士兵登陸才有機會打贏。

　　當我們維持合理的規模和數量時，對方就愈難發動軍事任務，也就是將我們的底牌準備好，讓敵軍難以輕舉妄動。

政治大學東亞研究所名譽教授◎丁樹範

　　理論上，共軍從空中登陸應該是在戰機掩護下，用兩棲攻擊艦

上大量的直升機垂降，及大型運輸機傘兵空降。我們的地面守備部隊，特別是後備動員，盡量用對空飛彈就可以摧毀一定數量的直升機和大型運輸機。

對於海上的目標，我們有機動發射車，可以很高程度地摧毀打擊共軍在港口集結的目標。

能夠延遲共軍登陸，基本上就取得一半的勝利。

針對未來可能的海陸空威脅，國軍近年來逐漸建立完整的後備系統，也不斷在擴編人力。

後備部隊的訓練將變得更加重要，需要走向更為實戰化的訓練模式。

由於台灣地形狹長，南北有多條河流，橋樑很可能在戰爭中被破壞，因此國軍的機動能力受到限制，後備部隊將扮演重要的角色。

因此，未來如何強化後備部隊的訓練將是一個重要課題。

國家政策研究基金會副研究員◎揭仲

中共現在就在做聯合登島作戰的轉型。轉型的重點是，部隊主力不再從海上來，改從空中來；如此，跨越海峽的時間短，並可以直接越過我們在海岸線的防禦工事。

共軍現在有「無碼頭卸載技術」，也就是讓被破壞的碼頭或原本不能夠進行登陸的沙灘，可以進行裝卸作業。如果第一波部隊拿下登陸基地之後，他們就會再用工程手段，將這些地方改造成快速下卸之處。接著就可以使用滾裝貨輪，透過這項技術快速地讓部隊和裝備登陸。

> 倘若海灘守不住，就要在國土防衛戰的階段，運用台灣西部都會跟城鎮為依託，來對抗中共的登陸部隊。因為中共的目的是佔領全台，所以要盡可能運用國土防衛作戰，以及都會跟城鎮的地形，不讓共軍達到佔領全台灣的目標。

奪島戰爭的基本進程，可以高度預判

就如手術取腫瘤，論細節，方法有無限多種，但論邏輯框架，則有必然的順序：得先麻醉，再開刀；開了刀，才能將腫瘤切除。與之相似，中共攻台也有一個大致的邏輯進程。

中共得先取得制空權，接著轟炸反艦導彈基地，讓運兵運武船艦順利渡海，最後才得以登陸。雖然未必是一件事接著一件事發生，但這樣的先後關係是可以肯定的。

以上這些重要關鍵，不僅能在許多軍事專家的談論、著作中看到，在台灣 2021 的《國防白皮書》中，也有一句用兵理念：「拒敵於彼岸、擊敵於海上、毀敵於水際、殲敵於灘岸」[4] 與之呼應。

上述的進程描述，相較於極為複雜的軍事研擬，勢必是簡化了的版本。但作為大致的概念架構，便於一般民眾理解兩岸戰爭框架，仍是基本正確並有益的。

當我愈明白台灣在抗擊共軍攻台的概念思路，一方面感到較為安心，另一方面也感到急切——倘若有朝一日共軍攻台，我們並非命數已定。屆時的勝負、安危、生死，其實是操之在我們，我們每個台灣人。

如果我們做好準備，台海戰爭即使發生，也將是可以勝的；但如果

我們擺爛，沒有在關鍵環節做好準備，就可能發生遺憾至極的失敗。

至於，這些必須做好準備的關鍵環節是什麼？其實我們已經可以知道了。

台灣守禦的六層彈幕火網

層次	半徑	主要武器
第一層：反艦飛彈火網	射程範圍達200公里	反艦飛彈攻擊兩棲登陸艦等大型艦船
第二層：密集砲兵火力	距岸40公里	目前使用雷霆火箭為主，未來有海馬斯火箭、軍團砲兵、203榴彈砲攻擊
第三層：精準火力攔截網	距岸10公里	阿帕契、眼鏡蛇直昇機用空射地獄火、拖式飛彈，針對共軍兩棲登陸車、兩棲登陸艇
第四層：地面部隊砲擊	距岸5公里	榴砲、自走砲、加農砲針對近岸部隊
第五層：戰車主砲攔截	距岸2000-3000公尺	M1或M60戰車主砲攔截敵方登陸部隊
第六層：雲豹裝甲車30鏈砲	海岸	針對落網的登陸部隊進行最後掃蕩

來源：蘇紫雲提供，本團隊製表

專家見解

YouTube 軍事頻道主說真話的徐某人

如果共軍一定要打本島的話，基本上模式將會是如此：先海空決戰，拿下制空、制海權。接著兩棲登陸，並建立灘頭陣地。

因為台灣不可能退到山裡打游擊，與烏克蘭內陸廣大不同。基本上，若共軍已至此，台灣就無法防守了。

王立第二戰研所團隊

這部分討論的，我們稱為「作戰序列」。基本上大致沒問題，不過彼此之間時間相距短，甚至有的同時進行。

作戰序列階段如下：1. 以導彈攻擊開始。2. 戰鬥機取得空中優勢。3. 取得空優後，以空中武力進行對地的壓制。4. 渡海。5. 運兵船搶灘登陸，佔領灘頭陣地。

1. 與 2. 階段時間相當短，同時運兵船也開始行動。

會以佔領軍事設施或是行政中樞為主，基本取得統治權，使戰爭告一段落。

守住台灣，絕對不可以破防的關鍵環節

兩個星期後，我整理清楚台海戰爭最有可能的進程向主管說明。

主管當時肩頸痠痛，可能是那一兩天太常抱小逗點，我一邊幫她捏脖子，揉手臂，一邊解釋這整個歷程。雖然沒有用到什麼視覺輔助材料，主管還三不五時出聲指點按摩力道，似乎仍把重點都聽完了。

「謝謝，這也是有些幫助的。」主管扭著頭、轉著手：「但是你還沒有說明清楚：在這個最有可能的戰爭進程下，台灣會勝？會敗？或在某些情況下能勝？某些情況下會敗？這才是我們最需要知道的吧？」

「欸，我還沒說完！都已經整理好了。台灣面對的戰爭進程，有好些需要做好準備的關鍵環節。如果做好準備，共軍絕對無法靠武力攻下台灣；但如果台灣在這些關鍵環節上擺爛與失手，就很有可能苦吞戰敗惡果。」

一、守空域：制空權不能喪失，否則會受到轟炸與空降攻勢

台海戰爭的第一個挑戰將是守住制空權，具體的意義在於：台灣有

足夠的戰鬥機與防空導彈，能打擊來犯的轟炸機、運輸機。

如果無法守住制空權，讓中共任何戰機可肆意侵入台灣上空，將發生以下結果：

- **共軍將可以轟炸台灣軍事目標、平民地區**

  轟炸是非常可怕的，因為成本低廉、傷亡與破壞極大。如果共軍能對台灣發動傳統空襲，共軍將在短時間內，用大量低成本的炸彈，在台灣主要城市造成數以萬計的死傷，並任意對國軍的反艦導彈發射載台（包括戰艦、發射車等）進行攻擊。

  炸彈的成本低，產量極大。在二次大戰中，以當時的生產力，可以對倫敦、東京、柏林這些大城市造成極大毀壞，數個德國中型城市幾乎夷平（例如漢堡、德勒斯登），在每個城市中造成數萬人死傷。由於轟炸機飛得較慢，在面對戰鬥機時極易被擊落，也容易被地對空飛彈摧毀；因此，只要空軍、地對空導彈發生效果，台灣就不可能被共軍發動傳統空襲。

- **共軍將可以空降大量傘兵襲擊台灣軍政中樞**

  國軍的備戰計畫中，將可觀的兵力與資源放在岸防，兩棲登陸戰對台灣而言是以逸待勞，有相當可觀的優勢。

  然而，如果共軍運輸機可直接飛到台灣上空，空降大量傘兵，集中襲擊軍事中樞，勢必將造成防衛的巨大危險。

  台灣可能喪失制空權嗎？更明確地問：台灣的軍機與防空導彈可能被共軍大量消耗，以致於最後沒有戰力嗎？目前看來，許多專家認為，這是有可能的：

- **台灣防空飛彈，可能以飛彈攻勢耗盡**

  共軍可以用飛彈襲擊台灣重要軍政目標，每枚發彈將誘使國軍以多

發防空飛彈攔截；台灣防空飛彈將禁不起太多輪的消耗。

● **戰鬥機與駕駛員，共軍佔數量優勢**

統計 2023 年初兩岸所有戰機數量相比為 3285：741；戰鬥機數量比為 1199：285。[5] 即使考量共軍不可能動用全部戰機攻台，台灣空軍需要迎戰的敵機數量仍可能達到兩倍。台灣空軍戰機的品質，與訓練培育，都與美軍接軌，可謂相當精良，但數量劣勢並無法忽略。

● **共軍針對重要雷達、指揮中樞發動飽和攻勢，將是一大挑戰**

共軍如果在大軍渡海前，先轟炸攻擊最重要的雷達站、指揮中樞，有可能癱瘓國軍整體反應調度，也讓國軍反艦導彈的精準度嚴重下降。在這種情況，共軍大軍渡海階段，本來是最脆弱、最易受打擊的階段，就有可能在極少損失的情況下完成。

專家見解

中華亞太安全治理學會祕書長、台灣大學兼任助理教授（主授國防安全）◎劉鐵軍

目前我國唯一具備中長程偵搜能力的是鋪路爪雷達，這也算是我國軍的眼睛，如何在戰時確保其安全是國軍的重中之重，一旦遭到共軍摧毀，國軍恐怕就會陷入蒙眼戰鬥的窘境。

國家政策研究基金會副研究員◎揭仲

共軍「擊殺鏈」攻擊體系正在發展、完善中

中共已經逐漸具備對第一島鏈「擊殺鏈」的能力。

「擊殺鏈」就是可以把陸海空軍、衛星的各種偵察設備所獲得

的訊息匯集到指揮中心，中心在蒐集到訊息後，可以運用人工智慧的方式，過濾出最具威脅性的目標並且排序。

接下來，把這些目標分配給火力打擊單位，告訴他們在那個時間往哪個座標發射。更理想的狀態是，雖然是在不同時間、不同地點發射，但是這些發射的飛彈或火箭會在同一時間抵達彈著區。

這樣的導彈攻擊，對國軍而言相當難以抵擋。

共軍將優先打擊台灣的指管通情體系

聯合火力打擊的最優先目標，不是實質殺傷我們海空軍的兵力，而是想辦法盡可能癱瘓指管通情體系。一旦此體系遭到破壞，地面部隊也是各自為戰，無法進行組織性的對抗。

接著消滅我們的海空軍的有生戰力，真正確保制海和制空。此時登陸，共軍船團出動，縱使我們還有一些飛彈，但因為陣地在無法獲得目標及火力協調的狀況之下，對共軍船團的損傷恐怕就有限。

理論上他們強調的是先癱瘓國軍的指揮體系，破壞我們目標獲得的能力、電腦自動決策的能力、命令或指令傳達的能力。換言之，先讓我們的飛彈無法掌握目標。

遠距離偵蒐系統（如樂山長程預警雷達／鋪路爪）可偵測範圍愈遠，愈不易移動，且愈容易被破壞。這些陸基雷達受到損壞後，雄三反艦飛彈等對於遠距離目標的射程也會受限。

二、擊渡海：渡海若無法重擊，則無法阻擋大量、多地的登陸

在共軍渡海階段，是國軍最有優勢的階段。如果沒有把握好，每錯

失艘運兵船，沒有在海上擊毀，得以登陸上岸，後續都將耗費國軍成倍的代價。

　　共軍當然不會袖手看著運兵船炸沉，其空軍、戰艦、潛艇，會全力護衛登陸艦與滾裝船，攻擊國軍的戰鬥機、潛艦，以及陸基導彈發射基地。顯然，此環節戰力提升、優化技術、防避攻擊，是國軍極重要的優先課題。

　　如果有共軍登陸艦與滾裝船到達台灣灘頭，沒有被擊沉；或是擊沉船艦中的兩棲坦克與陸戰隊仍零星上岸，就會與守岸的國軍發生戰鬥。在這階段的戰鬥中，國軍將面對以下的考驗：

1. 關鍵雷達與指揮中樞保衛考驗

（承上階段）國軍的雷達與指揮中樞系統可能受到對岸密集打擊。

如果在以下幾方面有充足準備，可能受到的損失會較輕微：

● 地點保持高度機密，因此避免受到攻擊

● 因防空火力部署以及強固的建築與掩體，被攻擊也不易受損失

● 國軍（及國際）多重備援系統，使部分受損壞影響仍然輕微

2. 反艦導彈作戰成效考驗

以反艦導彈攻擊渡海的運兵船，攻擊方是佔據優勢的，被攻擊一方主要是挨打，只能期待對方打不中。對國軍來說，這階段的考驗將在於：

a. 一千枚以上的反艦導彈，多高的比例製造、保存、維護得當，真的能成功發射？

b. 發射出去的反艦導彈，需要軍事監測衛星提供目標位置與行進方向等參數，台灣是否能獨立得到精準數據，或是可以透過盟友的合作取得？

c. 打出去之後，多高比例的導彈能擊中目標（即使目標是定向、非
　　高速行駛的巨艦）？

3. 守岸部隊備戰速度考驗

共軍出海駛向台灣，這可以及早得知；但特定艦船的登陸地點，可
能會在駛至海岸的時候才確定。此時，國軍部隊的考驗在於：能否
快速到達登陸地點？能否熟練地排佈攻擊陣勢？是否有完善的訓
練，讓其守衛進攻精確展開？

4. 守岸部隊承受攻擊考驗

如果共軍有基本的海空協同，共軍在登陸時，其戰機、攻擊艦艇必
然對岸上的國軍陣地激烈攻擊。此時，國軍部隊的考驗在於：是否
有正確的訓練，在固守陣地、維持火力以打擊登陸共軍的情況下，
保護自己，減少受攻擊而傷亡？

5. 守岸部隊攻擊精準度考驗

共軍登陸時，兩棲坦克與戰車將是主要戰力，最好能在其未完全上
岸前摧毀。如果國軍能用海馬斯、刺針，或至少 NLaw 等導彈，則
有科技作為精準度的支持。但若用傳統的火砲，就很仰賴操作者的
能力。此時，國軍部隊的考驗在於：有沒有足夠的高科技武器，或
受過精良訓練的高素質戰士，確保護岸攻擊力的精準度？

6. 第二線部隊圍攻堵擊考驗

萬一，相當數量的共軍能成功登岸，其首要工作是固守一段海岸，
讓後續更多戰車與人員能夠登陸。如果任何海岸防禦線，被共軍打
出一個缺口，讓共軍能較輕易地上岸，情況就不利了。此時，國軍
部隊的考驗在於：佈防於第二線的國軍能否快速探知共軍登陸情況，
並快速調集兵力至共軍有所突破的區域？

專家見解

國家政策研究基金會副研究員◎揭仲

對我們而言，最重要的是要設法擋下共軍的第一波攻擊部隊。這個部隊有兩大任務：

● 繼續攻擊國軍的指揮中樞與指管通情系統，比如說衡山指揮所。

● 佔領一個登陸基地，讓後續的部隊可以快速上岸。

如果我們能夠讓共軍第一波的地面部隊無法達成目標，也許第二波的登陸就不太可能發生。而第一波的目標區很多是被城鎮包圍，所以我們如果能夠強化城鎮作戰能力，就可以擋下第一波，進而擋下第二波。

面對共軍這個聯合登島作戰的轉型，如果我們還希望中共的地面部隊在踏上台灣陸地之前，先有相當程度的傷亡，那麼我們需要加強跨海打擊能力。這包含雄二E巡弋飛彈、萬劍彈、劍翔無人機。

攻擊的目的是要打擊他們的後勤安排，讓整個作戰計畫延遲、破壞。如此可以替國軍爭取更多時間，達成戰力保存，以及進行平戰轉換跟動員工作。

在共軍還沒有出發的時候攻擊，優點在於目標大又集中，且大部分的後勤設施是不會動的，故有利於國軍攻擊。

遠距打擊的攻擊距離不但要拉長，而且方向不再只有西方。除了中國大陸東南沿海的機場跟港口之外，也要往台灣的東部發展，因為先前山東號的艦載機也飛到台灣東南方。原本往西的半圓攻擊弧可能要變成一個完整的圓。

❖

國防安全研究院國家安全所研究員兼所長◎沈明室

飛彈的導引方式不同，如衛星導引、紅外線終端導引、影像導引。不管是雄三、雄二、魚叉飛彈，終端導引技術都不是問題。

但要顧慮的是每艘軍艦上的反制飛彈能力，如快砲、短程的防空飛彈等，是否能有效地攔截遠距攻擊的飛彈。

將來我們的自製潛艦如果每艘可以配置 10 顆以上的魚雷，也可以成為摧毀大型軍艦的主要武力。

三、抗登陸：若大量武裝力量多點登陸，台灣全境將被砲彈摧殘

關於兩岸攻防，我們常談到中國的導彈。但其實，導彈既貴且少，對台灣能造成的傷亡不會太高。能對台灣造成極大傷亡的，一種是從天空以轟炸機空投的炸彈，另一種是以地面武器發射的砲彈。

我原本不是軍事迷，對軍武名詞本來一知半解。後來花了不少工夫，發現以下這些名詞，雖然都是指爆炸武器，看起來很像，但其實不一樣。需要說明區分，才好解釋：

- **炸彈（Bomb）**：指的本身不帶推進力量的爆炸武器。所以，從轟炸機投下來攻擊城市的，主要就是「炸彈」。其製造成本可以很低；不求精準，只求大面積摧毀。

- **砲彈（Artillery Shell）**：自身帶推進力量的爆炸武器，原理類似大型子彈，也就是將炸藥裝填進鋼製的外殼，因在砲管中爆炸產生推力發射，但在出砲管後，就不再產生推進力，也不控制方向。

● **火箭（Rocket）：**不必砲管而自身帶推進力量的爆炸武器，在發射之後，在天空的運動路徑上都不斷產生推進力，所以可以行進更遠的距離。但火箭並無法導引運動方向，因此不利於精準擊中遠方目標，現代化的軍隊已經較少使用。現在火箭更常用在發射衛星等用途，將物體垂直向上送入太空，而不用於攻擊特定目標。現在共軍下屬的「火箭軍」，其實已經都在研究與運用能夠引導運動方向的火箭，也就是導彈。

● **導彈（Missile）：**也稱為飛彈，是能夠自身調整運動方向的火箭，可遠距打擊數百、數千公里以外的目標，是今日遠程精準打擊的重要武器。因為其打擊距離遠，運用高端技術，因此極為昂貴，數量有限，主要用於打擊敵國戰機、艦船、行政與軍事中樞。[6]

爆炸武器特性比較

	爆炸武器	推進力量	長程飛行	目標導引	成本比值（約略）
炸彈	✓	無	✕	✕	1
砲彈	✓	有賴砲管	✕	✕	10
火箭	✓	無砲管	✓	✕	100
導彈	✓	無砲管	✓	✓	1000

砲彈不需要高科技，成本不高。在八二三砲戰中，共軍向金門發射的，就都是砲彈，據估計高達一百萬枚。無論中國或台灣，生產數百萬顆砲彈造成生靈塗炭，並不是很困難的事。

共軍能不能用砲彈攻擊台灣呢？很困難。原因在射程。

以美軍目前的技術，砲彈能打出的最遠射程約為 70 公里，[7] 共軍不太可能有射程更遠的砲彈。而台灣海峽最窄處也有 120 公里，沒有任何

砲彈能射過台灣海峽，更別說攻擊台北、台中、高雄等都會區。

要用便宜的砲彈攻擊台灣，只有兩種可能性：

1. 船艦駛到台灣相對近海，對陸上砲擊。這樣攻擊的前提，同樣是台灣的海防力量失守，加上美日等盟國坐視不援助，因此可能性並不高。即使發生，也不會是八二三砲戰那樣大量、持久的砲擊，也無法傷害非沿海地區（如台北市區、台中市區）。用這樣的攻擊方式作為主要作戰方式，並造成大規模傷亡的例子，目前還非常少。

2. 共軍搶灘登陸成功，大量坦克與火砲上岸，組織陸戰。這件事很難發生；但如果發生，對台灣就真的很不妙。

整體來說，除非共軍搶灘登陸成功，否則我們不必擔心受到共軍砲彈的攻擊。

然而，如果共軍搶灘登陸後，能向台灣運送火砲與坦克，戰況就會有極大的不同。若共軍與國軍陸地戰場發生對抗戰，造成的傷亡與毀滅，很可能將與俄烏戰場相似。

據北約資深官員透露，在 2022 年夏季的俄烏戰場，烏克蘭每天擊發 6000-7000 枚砲彈，而俄軍每天會擊發 4 萬至 5 萬枚砲彈；在攻防較激烈的時候，每天雙方交火用掉 15 萬枚砲彈屬於常見。再比較一個數字：美國現今每個月生產的砲彈數量為 15000 枚。[8]

一枚砲彈有多大的殺傷力呢？基本可以這樣想像：如果一顆砲彈炸到一戶一般住宅的客廳（約 8 坪），可以造成客廳幾乎全毀、客廳裡的人死亡或嚴重受傷。以此為基礎，較小的砲彈，或威力數倍的砲彈，都是有的。

俄烏戰爭造成的傷亡統計，截止至 2022 年 11 月，平民死傷總數超過 4 萬，而烏軍與俄軍雙方傷亡都高達 10 萬。[9] 在開戰的前 100 天，毀

損的平民住宅就超過 38000 戶。[10] 這樣的傷亡程度，若發生在台灣，我們願意承受嗎？

如果我們不願承受，避免共軍成功登岸、戰爭發展到陸地城鎮，就是我們必需全力固守的作戰策略。

專家見解

國防安全研究院國家安全所研究員兼所長◎沈明室

每一海岸都有不同部隊（海岸守備旅），負責作戰區域，各自都相當清楚知道自己的守備位置。

目前國軍的海岸守備旅，從原來 7 個增至 12 個。同時，每個縣市都有後備旅，戰時協助海岸守備或城鎮守備。

警察系統則透過民防組織，戰時可以增加民防或是後備旅人數。如烏克蘭戰時大量招募 18 至 60 歲男性，加入國土防衛部隊。

現在平時的教召或是動員訓練時，相關的守備訓練都會到現地去熟悉與執行。

國家政策研究基金會副研究員◎揭仲

全民皆兵，可以增加共軍的傷亡，但無法達到嚇阻中共出兵的效果。

對共軍來講，武力犯台作戰的想法是速戰速決，至於他們速戰速決的標準是，在最短時間內瓦解國軍有組織抵抗的能力。如果達成了，共軍有的是時間和資源，可以慢慢收拾島上的抵抗力量。

因此，真正能嚇阻他們考慮武力犯台到底要不要做的，是國軍

維持有組織抵抗的能力，而不是全民皆兵。共軍不怕全民皆兵，雖然這會增加共軍的傷亡，但是無法產生嚇阻的效果。

國防安全研究院國家安全所研究員兼所長◎沈明室

共軍若進到我們的沿海城鎮，我們可以依靠沿海城鎮的房屋，進行城鎮作戰或消耗作戰。他們不會知道這個城鎮裡有沒有隱藏的部隊，或者在城鎮裡的人民，到底是對他友好還是抱有敵意。

進到大城市後，敵方部隊的進展會非常困難，我軍隨時從地下室，或是從哪一個房屋發動攻擊，都不知道。所以城市戰或沿海城鎮戰，對台灣是有利的。

四、聯盟友：骨牌不能倒的關鍵——盟國的支援

前文說過，截止至 2023 年初，目前共軍與國軍在所有戰機數量相比為 3285：741；戰鬥機數量比為 1199：285，大約接近四倍。即使共軍在攻台時不出動全部戰機，仍能輕易達到兩倍以上戰機數量優勢。

戰鬥機之外，台灣還有數千發地對空導彈。但地對空導彈同時要防共軍的導彈與飛機；哪一方先耗完，仍難以評估。國軍一旦失去制空權，後果將是滿盤皆輸。

守住制空權，是台灣第一張絕不能倒的骨牌。除了制空權之外，第二張骨牌也極為重要，也就是渡海階段針對運兵船的重擊。台灣必須要能運用所擁有的千餘枚反艦導彈重擊大部分渡海的共軍運兵船，讓大量敵軍無法近岸搶灘。

共軍密集轟炸關鍵雷達站、行政與軍事中樞 → 癱瘓偵察與指揮系統

→空戰失敗 → 失去制空權

→共軍可大規模轟炸反艦導彈發射基地、民生設施與都會居民區

→台灣防衛能力重創、民眾大規模死傷

→無法以反艦導彈阻止共軍運兵船渡海

→共軍運兵船得以大規模渡海，大量共軍、武器、坦克與火砲登陸

→在台灣開展地面戰，圍攻軍政中樞、轟炸與砲擊摧毀台灣的都會區

　　在這一步發生的時候，如何守住台灣？不容樂觀。

　　上述骨牌陣的最前兩三張，國軍有把握靠自己守住不倒嗎？似乎很難。國軍備戰的目標，是獨立作戰也能勝；而務實而言，需要爭取盟友的最高程度支持協助，以確保能勝。

　　首先，台灣短時間內要大幅提升空軍實力，到不可能被共軍擊敗的程度，務實而言可能性極小。若日美等盟友，願意以空軍力量支援台灣，守住的可能性就高得多。

　　第二，以國軍目前雷達站與指揮中樞，是否確保在受到密集打擊時仍可運作？反艦導彈在截擊渡海共軍時能達到預想的發揮水準？直至目前，似乎欠缺明確的證明。但可以確定的是，只要美國軍事衛星的資訊能介接運用，將可以大幅確保反艦導彈打擊的精準度。[11]

　　著名軍事智庫 CSIS 在 2023 年初進行的兵推之中，許多專家的共識，也印證了此處的憂慮：二十四次共軍侵台兵推之中，只要美軍協助，全勝；只要沒有美軍協助，台軍將敗。[12]

　　以 2023 年初的局勢而言，國際形勢對台灣的支持逐漸增強，台灣與美、日、澳、歐洲各國在政治上日益形成同盟，在軍事上互相支援的共識日趨穩固。但這樣的趨勢，並非無可改變。

　　如果日後台灣的執政者有顯然不同的見解與判斷，對防衛台灣缺乏

決心，對中共影響力採取配合的姿態，可能讓盟國產生疑慮而減低支持。

　　台灣現今有某些政治人物，認為中共比美國更值得信賴與親善；如果這個政治群體成為執政主流，是否會主動疏遠美日澳歐的盟友，甚至排斥其協助，這並非不可能。

　　如果這樣的情況發生，盟友無意願、沒辦法協助台灣進行防衛，台灣將極可能在共軍入侵時失陷。

專家見解

王立第二戰研所團隊

　　許多的軍事裝備零組件，台灣需要其他國家的輸入，但中國可以自製。在戰爭損失的補充與消耗上，中國的能力比我們還強。

　　台灣經不起消耗，我們與中國的體量也相差極大，因此更需要其他國家支援。

　　台灣必須穩定與世界各國綁在一起，避免單獨自己面對，若單獨面對會承受極大的壓力。

　　過去，台灣多是依賴美軍提供的協助，較少去建構與其他國家合作的機會。因此，我們變得比較侷限在戰術層面上討論，如何嚇阻中國。

　　然而，若我們與其他國家建立穩定的區域安全結構，中共動武前就得考慮得更多，可能性也會降低。

國防安全研究院國防戰略與資源研究所所長◎蘇紫雲

遠海護航方面

台灣 95% 的能源需要進口，台灣天然氣儲備最弱只有 14 天、煤炭有 6 個月、石油有 4 個月。在戰時被封鎖時，<u>亟</u>需盟友的協助護航。台灣雖然有意識地增強，但此點對中國仍較有利。

海底電纜與網路

台灣靠十四條海底電纜與世界聯通，戰時會被中共全斷，導致台灣與國際的網際網路失聯。

目前我們仍持續補強，如使用低軌衛星技術、租用海事衛星（緊急時仍可維持一定國際網路流量）等。

中華亞太安全治理學會祕書長、台灣大學兼任助理教授（主授國防安全）◎劉鐵軍

我國現今不論陸、海、空三軍都面臨武器裝備老舊需全面汰換的問題，至於要優先採購哪一項，或許與國防部長或參謀總長的軍種有關，當然也必須依整體的防衛作戰構想來決定。

即便我國擬出了武器裝備的採購清單優先順序，美國是否會配合是一大問號。如今我國向美國所採購的武器裝備，抵台的時間都一直延宕，何時會來台尚不得而知，對我國整體防衛作戰規劃造成一定影響。

政治大學東亞研究所名譽教授◎丁樹範

若發生大規模戰事，不可能期待盟友派遣軍隊來幫助，但提供資訊是可能的，且是非常重要的助力。共軍也可能極力干擾、切斷資訊傳遞。因此國軍需要加強演習，如何運用盟友提供的情報進行

精確作戰，也需要特別加強防止情報干擾的演練，以及制定資訊情報受到干擾時的備案。

國防安全研究院國家安全所研究員兼所長◎沈明室

盟友對台灣的援助，可以分為四個層級：

第一層級：最低等級，提供武器或分享情報。依據美國援助法案，計畫一年有10億預算，可以提供台灣武器等。在目標情報方面，我們的長程雷達目前已有美軍協助。

第二層級：提供海空軍武力作戰（空中轟炸機或是海上軍艦），協同或協助作戰。主要是擋住共軍，不讓他們進犯。

第三層級：盟友的海空軍與國軍聯合作戰。盟友派遣陸戰隊在琉球群島、西南諸島，或是菲律賓使用海馬斯等武器，協助台灣作戰。

第四層級：最高等級，派遣陸戰隊或地面部隊到台灣，與台灣一起防衛作戰。

國家政策研究基金會副研究員◎揭仲

低軌衛星與境外基地台作為戰時通訊支援

要設法解決共軍可能會癱瘓我們通訊的問題，目前較值得寄望的是美軍的低軌衛星系統。低軌衛星系統的優點包括：

● 不容易被干擾，因為訊號比較強。

● 數量多，中共無法透過反衛星的方式來削弱。除非他在空中丟個戰術核彈，但此舉也將對共軍的通訊構成同樣的阻礙。

然而低軌衛星系統需要地面站台。地面站台設在台灣，戰時其

實是沒用的，因為一定會被攻擊，所以我們必須在境外有基地台。

如果在與那國島或沖繩有低軌衛星的基地台，那我們其實也可以用這種靠中繼衛星接力傳送的方式，在台灣本島沒有基地台的狀況下維持通訊。

平時與美日建立情報、通訊的介面整合機制

台灣需要美國或日本的情報交換，以提供遠距離目標的訊息。情報交換需要完成某種程度的介面整合，包括雙方用的符號、通訊架構都要整合。在平時就要先建立情報交換的機制。

我們都希望戰爭時，美日能夠馳援，但現實是除非攻擊到他們的領土或是海空兵力，否則不能抱持必然的期待。反倒是在平時，與盟友建立起情報交換的機制，比較務實。

積極精準備戰，發生戰爭時才能立於不敗之地

「回到我們一開始的討論，若發生台海戰爭，台灣會勝還是會敗？現在有比較清楚的答案了。」我回答：

若中共攻台，台灣絕非必勝／必敗，

勝敗結果取決於台灣的備戰行動。

積極精準備戰，台灣（與盟軍）必定可勝。

消極擺爛、判斷失誤，則將會敗。

「啊哈，就像之前帶小逗點出去玩，順利或不順利都有可能，取決於關鍵的準備有沒有做到，對嗎？」主管不忘挖苦我。

「是的，要帶小逗點出門，不能忘記碗和湯匙，否則他就會吃得滿

桌、滿地，最後哭到吐出飯菜。」我沒有忘記那次的教訓：「什麼是關鍵，很重要，會決定一個假期是美好還是災難。」

我們相視而笑。

作為學生，最容易不及格的科目，當然要最優先加強；作為工程師，最容易損壞的結構，當然要最優先強化。

守住台灣在戰略上最可能破防的關鍵環節，當然也就是抵禦共軍、守住台灣，最關鍵的重點。而我們已經知道，最容易破防，也就是最需要加強的是：

聯盟友，守空域、擊渡海、抗登陸

✍️ 台灣在關鍵環節的重要備戰工作

在聯盟友方面：

- 不斷增加真正盟友的行列，與利害關係相同、民主自由理念相同的國家深度交往
- 與盟友強化政治、經貿、軍事方面的互信與合作
- 不斷化解與減少盟友國家對台灣的疑慮，厚植信任

在守空域方面：

- 不斷增加台灣在軍機、地對空導彈上的數量與技術優勢
- 加強軍機、地對空導彈維護，確保實戰時有最高的運作效能
- 優化戰鬥機飛行員與導彈操作員的培訓，確保實戰時有最好的成果

在擊渡海方面：

● 不斷增加台灣在反艦導彈上的數量與技術優勢

● 加強固守雷達與指揮系統，確保受密集攻擊時仍能發揮最高的
運作效能

● 優化反艦導彈操作員的培訓，確保實戰時有最好的成果

在抗登陸方面：

● 強化國軍在共軍登陸時迎戰的反應、集結、完成戰備的速度

● 強化國軍對登陸戰場、反登陸戰術、武器操作、多單位協同配
合的熟悉度

● 中央及地方政府針對容易登陸海域，強化有益國軍守禦的相關
設施

共軍攻台，有其體量優勢，而台灣仍有地理、科技、國際形勢的優
勢。

這意謂著，如果台灣的執政者、軍方，能善用台灣的優勢，並持續
強化脆弱環節——不但勤奮不懈地做，而且用正確的方式做——台灣可
以在共軍進攻時成功守禦。

反之，如果台灣的執政者、軍方，如果選擇錯誤、判斷失準，沒有
善用優勢、強化弱點，台灣可能失陷。

這就是兩岸戰爭情勢，非常重要的認知。其中並沒有盲目樂觀，也
沒有妄自菲薄。台海的地理實況，以及數十年來的累積經營，台灣守土
有一定程度的把握，並不過分。

「兩岸發生戰爭，台灣會贏嗎？」這個問題，可以不必再問。

我們需要問的是：

為了守住台灣，我們願意投注正確的努力嗎？

我們有意願與智慧，整體、一起，做正確的決定與行動嗎？

註釋

1 參見張柏源，2023，〈美太平洋空軍司令：嚇阻中國武力犯台若無法奏效 我們必須擊沉共艦〉，Newtalk 新聞，3 月 10 日，https://newtalk.tw/news/view/2023-03-10/861121。

2 若是共軍先取得空優，就可能零星地在各地降落傘兵，突襲我們的軍事行政要塞；尤其是總統府、行政院、國防部指揮單位等重要政治軍事領導中心若受到攻擊，對台灣政治與軍事運作將造成重大影響。

3 每個軍事、行政據點失守，其損失絕不僅是象徵性的。

4 參見中華民國國防部，《中華民國 110 年國防報告書》，頁 55，2023，https://www.mnd.gov.tw/NewUpload/%E6%AD%B7%E5%B9%B4%E5%9C%8B%E9%98%B2%E5%A0%B1%E5%91%8A%E6%9B%B8%E7%B6%B2%E9%A0%81%E5%B0%88%E5%8D%80/%E6%AD%B7%E5%B9%B4%E5%9C%8B%E9%98%B2%E5%A0%B1%E5%91%8A%E6%9B%B8%E5%B0%88%E5%8D%80.files/%E5%9C%8B%E9%98%B2%E5%A0%B1%E5%91%8A%E6%9B%B8-110/%E5%9C%8B%E9%98%B2%E5%A0%B1%E5%91%8A%E6%9B%B8-110-%E4%B8%AD%E6%96%87.pdf。

5 參見 GlobalFirepower. 2023. "Comparison of China and Taiwan Military Strengths (2023)." https://www.globalfirepower.com/countries-comparison-detail.php?country1=china&country2=taiwan.

6 此處是較為簡化的整理。在複雜多樣的軍火領域中，也有大型的火箭，可以配置相對簡易的導引系統，仍被稱為火箭。例如俄烏戰爭中聲名大噪的海馬斯火箭系統，可以用以發射無導引功能的 MLRS 火箭與加裝導向功能的 GMLRS 火箭。實際而言，GMLRS 火箭即是小型短程導彈。

7 參見〈M1299 howitzer〉，維基百科條目，檢索日期：2023 年 6 月 17 日。https://en.wikipedia.org/wiki/M1299_howitzer

8 參見 UkrInform, 2022, "NYT: Ukraine Firing Thousands of Artillery Rounds a Day," *Kyiv Post*, November 27, https://www.kyivpost.com/post/51.

9 參見〈Russian invasion of Ukraine〉，維基百科條目，檢索日期：2023 年 6 月 17 日。https://en.wikipedia.org/wiki/2022_Russian_invasion_of_Ukraine#Casualties and refugee crisis

10 參見 Associated Press, 2022, "At 100 Days, Russia-Ukraine War by the Numbers," VOA News June 3, https://www.voanews.com/a/at-100-days-russia-ukraine-war-by-the-

numbers/6601899.html.

11 日本和韓國預計在 2023 年 6 月初同意通過，由美國一個系統，連接它們各自的雷達，以便在面對朝鮮彈道導彈威脅時，共享實時信息。參見古莉，2023，〈韓國日本將連接雷達共享朝鮮導彈實時信息〉，法國國際廣播電台，5 月 10 日，https://rfi.my/9Tfd。

12 參見 Center for Strategic & International Studies(CSIS). 2023. "The First Battle of the Next War: Wargaming a Chinese Invasion of Taiwan." https://www.csis.org/events/report-launch-first-battle-next-war-wargaming-chinese-invasion-taiwan.

第 六 章

是否開戰？何時開戰？
──其實，主要由台灣人決定

剛才爸媽碰巧從視訊鏡頭中發現我家洗碗槽中堆滿了沒洗的碗盤，被唸一番後，我立刻衝進廚房，捲起袖子彌補過錯。

我聽著節目正洗得起勁，主管走進廚房，四處張望，打開櫃子。她一開口，我連忙把節目關掉。

「我聽說有些人在家裡已經準備了貯糧耶。你覺得需要嗎？藥品、急救裝備？」一邊說，主管一邊查看廚櫃中的空間。

「共軍不太可能在毫無預警的情況下大規模攻台，這我們先前談過了。如果突然襲擊，只可能是導彈、針對離島的小規模攻擊。對台灣本土的影響，不會太重大與長久。」一邊說，我洗好的碗盤已堆成小山。

「那麼，中共什麼時候會大規模攻台？我們得有所準備呀。畢竟，兩年後開打、二十年後開打、五十年後開打，對我們的影響、要因應的方式，是全然不同的。」聽到主管這麼說，我心中警覺：「這是出功課的節奏？」

我們才沒聊幾句，原本在聽故事、玩火車的小逗點氣急敗壞地跑到廚房門口，隔著安全柵門哭腔喊：「不要講話、不要講話！媽媽陪你、媽媽陪你！」

我們都忍俊不禁。「好，媽媽陪你！」

主管牽著小逗點，將功課出具體了：「研究一下吧，中共什麼時候開戰？」

即刻開打？2025？2027？還是另一年？

2022 年 8-9 月，美國著名智庫「國際研究與策略中心」向六十四位最富盛名的中國與台海兩岸議題專家進行問卷調查，得到以下的整體見解[1]：

- 63% 認為十年內進攻台灣是可能的。
- 84% 認為中共不能接受永遠維持台海現狀。
- 44% 認為中共設定要在 2049 年之前統一台灣。
- 十年內中共發動兩棲登陸戰：63% 認為有可能性（possible），8% 認為可能（likely），2% 認為非常可能（very likely）。
- 十年內中共以武力封鎖台灣：44% 認為有可能性，30% 認為可能，22% 認為非常可能。

若要指出一些風險更高的時間節點，有些專家指出 2027 年。原因如下：

- 2027 年為解放軍建軍 100 週年，可能被認為需要一個重大軍事成果，以應此重要里程碑。
- 有各種跡象指出（雖不見於官方文件），2027 年為其國防與軍隊現代化計畫的完成年份。屆時中共高層可能有信心，或受到壓力，需要展示其軍隊改革的成果。
- 2027 年將召開中共第二十一次全國代表大會（二十一大），將是習近平爭取第三次連任的時間。他若取得統一台灣的功績，將足以壓

制黨內所有競爭勢力。

習近平已連任兩次，打破重要慣例，在中共黨內樹敵無數。若屆時健康情況允許，絕對需要再次爭取連任，否則失勢下台，他將面對無法接受的人生結局。

2027 年是極危險的，但並不是說在那之前沒有危險。前美國印太司令部司令戴維森（Philip Davidson）與美國海軍作戰部部長麥克・吉爾德伊（Mike Gilday）上將，都曾經在重要會議上提出，不可忽略中共在 2027 年之前進攻的可能性。用吉爾德伊上將的話說：

「當我們討論 2027 年戰爭窗口期，事實上，我心中同樣憂慮 2023 年爆發戰爭。我無意聳人聽聞，但事實上我們無法一廂情願地認為這不會發生。」[2]

如果 2027 年沒有成功侵台，2032 年也是較危險的年份，因為中共領導層再次換屆。而 2049 年則是中共的建國百年，也廣被視為中共解決台灣問題的最後期限。

然而，歐美軍事與情報高層也屢次強調，這些時間節點因為有中共政治的既定大事發生，特別值得關注，但絕非意謂著其他的時間就很安全。

中共攻台時間點：兩股力量互推所決定

「後年的三月，中共會不會打台灣？五年後的八月，會嗎？這樣的問題，沒有人能回答，沒有人知道答案。沒有共識，是專家們的共識。」

幾天後，小逗點得到看十五分鐘卡通的時機，我和主管悄悄回報：「中共攻台發生的時間，不是已被預先決定，不會更改，時間到了就自

動發生，但也並不是像地震一樣不可預測、無法影響。」

「那我們有可能預判或推估中共發動戰爭的時機嗎？」主管皺眉發問，並將一粒飽滿多汁的葡萄放在小逗點手中，鼓勵叮囑：「啊！自己拿著吃。」

「大部分的專家都肯定一個事實：中共是一群活人形成的組織，他們也會隨著情境因素的變化，以趨利避害的原則進行決策。」我拿著裝葡萄的碗，擦掉滴到小逗點衣服上的果汁：「開戰的時機，將會是『驅力』與『阻力』之間抗衡關係，明顯被驅力壓倒克服的時候。」

「驅力」大於「阻力」時，中共將會開戰

中共、共軍高層都是一群活人，會因應情境反應與決策。在情境有利於成功、勝利因素增加，或是迫不得已的情況下，他們會更傾向發動戰爭。

我們可以將所有與中共攻台決策相關的因素分為兩類：「驅力」與「阻力」。

「驅力」大於「阻力」時，中共就會發動戰爭。

那麼，「驅力」與「阻力」之中，各有哪些因素？

驅力因素：中共奪台需求

中共動武的驅力，將全部來自於中共統治集團對「奪下台灣」的需求程度，舉例而言，可能包括以下因素：

● 中共執政高層的地位不穩，迫切需要軍功以壓服政敵
● 中共執政高層需要實現統一許諾，在黨內樹立更高地位
● 中共需要台灣的財富以填補其財政虧空，或是掠奪半導體科技

中共攻台決策相關因素

驅力

中共統治集團對奪下
台灣的需求程度

阻力

預估國際對台灣援助程度
台灣本身對抗侵略的能力

另外有一個因素，也許本書的部分讀者可能不喜歡看到這麼寫（我也不喜歡承認），但許多專家仍指出這項因素不容忽視：

台灣如果以明確方式宣示獨立、改變國體現狀與兩岸關係的法理性質，讓中共領導人受到競爭派系的威脅，這也可能構成發動戰爭的驅力。

專家見解

YouTube 軍事頻道主說真話的徐某人

中共進攻台灣，是代價與代價的交換。讓大眾理解中共攻台的代價，能夠引起對獲勝的希望。

為何中共現在不攻台？

1. 沒有必要，中共目前政局還很穩當。

2. 攻台時機最可能發生在外部威脅急劇惡化、經濟條件惡化，執政產生挑戰，需要用攻台刺激民族主義，確保江山得以延續。

3. 換句話說，中共要攻台時，已處在一個危險的邊緣，只要輕輕地將他推下懸崖。

中共要攻台有兩種可能，其一中國比美國強大；其二，不夠強大，但等不及了。

1. 第一種足夠強大，必須主宰整個西太平洋才有可能，否則都是空談。依目前來看，是比較難發生的。

2. 第二種像是白紙革命、內部動亂，政權實在無法維繫，進入戰時狀態。藉此理由去逮捕異議份子，讓民族主義興盛起來。

3. 攻台要有利益，中共才會主動去做。一是我很強大，打台灣讓我更強大；二是我不得不攻台，第二種機率大一些。

中華亞太安全治理學會祕書長、台灣大學兼任助理教授（主授國防安全）◎劉鐵軍

備戰是軍事作為，而避戰是政治作為。陳建仁院長說備戰才能避戰，本人對此說法並不完全同意。而且兩岸軍力差距過大，備戰仍然不足以避戰。

我國除了備戰外也應該強調避戰，也就是要降低中共攻台的可能性。該如何做到避戰，本人認為有以下幾點作法：

1. 建立兩岸的互信機制

2. 化解敵意避免挑釁

3. 展現彼此誠信

4. 展開政治對話

5. 恢復各項交流

6. 共創經濟紅利

我們現在應該要朝避戰的方向去努力，而不是讓兩岸的惡性螺旋不斷上升最終走向戰場，因此備戰和避戰同時要做。

如果兩岸都從軍事的角度做準備，那就會形成一個安全困境（security dilemma），最後演變成軍備競賽。而中共現在的國防預算是我們的十幾倍，我們怎麼樣去跟他進行軍備競賽，這是不切實際的。

軍官退役、台灣大學兼任助理教授、中華亞太安全治理學會資深研究員◎廖天威

首先要釐清的是「備戰」還是「戰備」？

備戰不等於求戰，我們積極預備打仗，但是不見得一定要導向這個作戰的後果。避戰也不等於求和。簡言之，要避免戰爭的戰備。

在這樣的情況之下，台灣應該先考量的是維持「戰備」以求生存。其次要考量的才是突圍。

政治大學國家發展研究所助理教授◎黃兆年

促使中共發動對台戰爭的推力，我認為包含外部與內部因素：

● 外部因素：中國相對於其他國家的實力太過強大，以致於中共能為所欲為。如果中共客觀上有能力做到，而他主觀上又想做，那他為什麼不做？這涉及到未來中國的經濟跟科技能力，是否足以成為經濟上與科技上的霸權。

● 內部因素：中共統治正當性危機

如果中共內部發生統治正當性危機，例如經濟長期低迷，或是派系鬥爭、中國內部民眾對政治改革呼聲日益強烈。

中共作為獨裁政權，會要想辦法維持它的統治正當性。很多的看法都認為，台灣問題是其中一種容易被挑起的外部矛盾，可能用來激起中國內部的民族主義，團結國民，鞏固領導中心，強化受損的統治正當性。

總結來說，當中國發展太成功、實力極度高漲；或者是中國發展太失敗，發生統治危機，這兩種情況下，台灣都有較高的可能性受到中國侵略，這是台灣的兩難和困境。

政治大學東亞研究所名譽教授◎丁樹範

認為不需要購買武器，滿足對方期待，就能達成和平，維持現狀，是天真消極的想法。

舉個例：馬英九執政時期的 M503 航線事件，壓縮了台灣防空預警範圍。這個事件顯示，即便與中國保持良好關係，面臨不同政治領導人，例如習近平，中國的壓迫行動也不會停止，不論台灣主政者是藍是綠。因為北京的目標是統一，習近平期待加速統一以建立歷史地位。

北京採取了兩手策略，我們也應該採取兩手的策略：一方面，我們需要建立自己的武裝力量，並盡量避免刺激北京；另一方面，我們還應該在國際上爭取更多的支持和認可。

如果沒有踩到底線，中共就沒有理由立刻對台灣採取高壓力的軍事行動。長期而言，中共可能還是會想對台灣動武；短期來看，

我們沒有必要去刺激、升高軍事緊張的壓力。時間只要拉長，就可能產生許多情勢的變化，有些可能對我們是有利的，應該盡量去善用。

國家政策研究基金會副研究員◎揭仲

現階段中共一直喊和平統一，其實是符合國家目標的追求。但無可諱言的是，他們內部現在有些焦慮感，所以習近平才三不五時喊出要有戰略定力。

中共認為台灣雖然現在沒有進行法理台獨，但是他們認為目前的政府是在做台灣內部社會的改造，讓台灣的社會逐漸走向獨立，且是不可逆的方向。

把和平統一當作現階段優先選擇的另一個主因是，共軍目前還不具備武力犯台可以速戰速決的條件，在共軍軍官相關的討論裡面提到：

● 武力犯台是最後手段

● 武力犯台不發動則已，一發動就要徹底解決問題。此指軍事佔領全台。

武力犯台是個政治決策，當他軍力夠的時候，他也未必會打。如果中共對兩岸情勢的發展，突然間感到非常絕望，比如台灣準備要法理台獨。或者，華府與我們的政治軍事交流，中共認為是超越了紅線，比如美國在台灣駐軍。當前述狀況發生時，即便中共軍力不夠，也非打不可。

阻力因素一：國際助台傾向

第一個方向的阻力，來自國際援助台灣的程度。這裡所說的「國際」，其實並不是全球每一個國家，主要只需考慮美、日、澳、歐洲等，頂多加上東南亞鄰近國家的狀態，例如菲律賓、越南。

國際助台的傾向並不是固定的，任何國家援助台灣的意願與程度，都在常態的變化中。各國助台的傾向，都可能因這些因素與形勢而發生變化。例如，當某個盟國發生以下事件，會使該國支持台灣傾向弱化，也減弱中共出兵的阻力：

● **政局不穩定**

出現嚴重選舉爭議，執政權無法順利過渡交接，社會與政局陷入混亂。此時，該國社會優先處理內部事務，將無暇他顧。

● **領導人親共**

對中共態度溫和與親善的政治人物在選舉中勝出，執掌政權。

● **經濟形勢惡劣**

經濟出現衰退、民生困難，對執政者不滿，社會出現各種抗議，無暇干涉國外事務。

● **新國際衝突**

出現新的重大國際紛擾，甚至局部戰爭，使歐美等國需投注戰力與資源應對。

● **對中國經貿依賴增加**

與中國恢復緊密的產業合作關係，生產端恢復對中國的依賴，中國仍是重要市場。

上述這些情境出現時，意謂著台灣的主要盟國自顧不暇、力量分散，

對於援助台灣可能更遲疑、力度也較小。

反面來說，當某個盟國處於以下情境，會使該國支持台灣傾向強化，也增加中共出兵的阻力：

● **政局穩定**

選舉順利完成，執政權順利交接，甚至是在位者連任。此時，該國社會平穩，將有利整合共識，集結力量。

● **領導人反共**

對中共態度嚴厲與堅定的政治人物勝出，執掌政權。

● **經濟形勢良好**

經濟平順、產業發展，社會輿論對執政者滿意度高，有影響國外事務的資源與餘力。

● **國際衝突減少**

國際處和平狀態，北韓等國家與歐美關係緩和，或與中共關係疏遠。

● **對中國經貿依賴減弱**

與中國長期發生更深的切割脫鉤，生產端更不依賴中國，中國也不再是重要市場。

當國際形勢愈多出現上述情境，意謂著台灣的主要盟國較有餘力、對中共愈無所顧忌，可以更快速、更決絕、更大力道地援助台灣。

阻力因素二：台灣本身對抗侵略的能力

共軍攻打台灣的勝敗結果，當然與台灣的戰爭資源有關，可以包括軍隊人數、各式戰車、船艦與軍機數量。

但另一方面，也和台灣守禦策略的品質、有效度有關。例如以下情境：

- 國軍針對台灣戰爭的脆弱環節，加強科技、裝備、策略的準備，例如強化雷達與指揮系統的抗打擊能力，以及確保反艦導彈的抗干擾、終端制導能力。
- 台灣國防部正確執行部隊演訓革新，有效強化戰鬥與抗敵能力。
- 國軍部隊更密集接受美日澳歐各盟國訓練，甚至積極進行聯合演習。
- 台灣各地方政府、機構，都積極與守土部隊配合協作，強化守衛能力。
- 台灣各政黨領袖對於守衛台灣更有共識，表達出更明確決心。

　　這些情境發生的時候，共軍判斷發動進攻會面臨更強的抵抗，獲勝可能性更小，他們也就更傾向不發動戰爭。

專家見解

王立第二戰研所團隊

　　美國明確對中國進行嚇阻，武力支持台灣的共識日益清晰（但仍不是必定）。

　　歐洲國家響應美國，但需要注意，歐洲各國並非完全無條件站在台灣這方，而是希望讓中國知道開戰不是一個好的選擇。

　　各國都有自己的兩手策略，一方面表達對中國的擔憂，一方面提供經濟合作，並避免過於激怒中國。

　　對台灣開戰可能是中國解決內部問題的一種方式，但同時也會希望能與其他國家保持合作，化解自身危機。

　　國際社會目前意圖透過政治上的策略，讓中共意識到和平有利可圖、戰爭會兩敗俱傷，使中共放棄動武。

政治大學東亞研究所名譽教授◎丁樹範

純粹靠武力手段是否能達成嚇阻？或者仍會發生戰爭，甚至激化戰爭發生？人類歷史無法實驗，我們很難真正知道嚇阻成功的原因，因為嚇阻是很複雜的議題，嚇阻成功需要包括軍事手段在內多方面因素配合。

以冷戰時期為例，美國和蘇聯沒爆發核戰爭，除了是因為彼此都有數量龐大的核武力，使彼此無法壓倒對方外，彼此也尊重對方的勢力範圍，不斷從許多方面溝通意見，並創造合作機會，終而使冷戰沒升級為實際的戰爭。

我們應該要動態應變各種情勢的變化。一方面備戰，建立某種程度的武裝力量，可是另外一方面，我們要知道北京的想法、其領導者心中最後的底線，而不是一種絕對的黑白問題。

史丹佛大學中國經濟與制度中心高級研究員◎許成鋼

中共發動對台戰爭取決於兩大因素，第一是國際因素，第二是台灣自身的決心。

我們需要更強調台灣自身的決心與準備，因為國際方面，現在美國等盟國的態度愈來愈清楚，部署也愈來愈具體。

和平與中立需要靠自己的武力保衛。以瑞士和瑞典兩個所謂的中立國為例，為了保衛自己和平，他們以武力作為依靠，宣佈自己是中立的。兩國武力上都非常強，就是要讓任何可能的入侵者知道，入侵要付出非常大的代價。

　　為了和平保持中立，一定不能放棄武力。我想提一下，台灣的國防開支佔 GDP 的比例非常低，在這個方面，應該學習以色列、瑞士和瑞典，為了自己的安全需要更投入力量。

　　若是不投入國防，實際上，是在給自己增加風險，然後風險一定會影響經濟發展；沒有經濟，就沒有社會福利。所以，為了經濟發展與社會福利，必須要投入軍事國防。

政治大學國家發展研究所助理教授◎黃兆年

　　我們要在兩岸之間製造的是平衡的權力關係，而非權力懸殊的關係。讓中共覺得台灣沒那麼容易打，取決於我們自己的軍事實力、經濟實力，也包括全民國防的抵抗意志等等，同時還取決於我們與志同道合盟友之間的合作強度。

　　若讓中國覺得，不費吹灰之力就可以吃下台灣，那當然就很可能有強烈的動機，來貫徹他的意志。但是，如果我們相對於中國的實力能較為平衡的話，中共就會比較謹慎，不會輕易武力犯台。

國家政策研究基金會副研究員◎揭仲

　　如果中共覺得他動用武力，可以輕易達成目標，那他就不需要有太多的耐心，武力選項會變得優先。所以在軍事上，我們必須不能讓中共覺得他可以很輕易達到速戰速決的目的。

現在不開戰，是因為共軍開戰必敗

有些人誤以為現在中共沒有出兵攻台，是因為中共對台灣的友善之舉、同胞之誼。了解中共的行事慣性，就會明白這個看法是錯的。

台灣在兩岸關係上擱置明確的結論，採取模糊的立場，減少中共立刻出兵武統的驅力因素，只是所有因素中的一小部分。更大一部分仍在於：

共軍評估：打不贏

驅力 < 阻力

因為開戰必敗，中共高層、共軍將領將不會因為戰爭而取得軍功，反而會在戰敗中被羞辱、失去地位與權勢。在這樣的情勢下，他們當然選擇不開戰。

換言之，如果有一天，中共高層判斷，發動戰爭後有很高的可能性打得贏：

驅力 > 阻力

這時，將會立刻引發戰爭。

「所以，台海戰爭的時間，並不是預定好的，而是被時局所決定的。」主管下的結論，十分精準。

「當然，某角度看來，是由中共高層決定。但另一角度看來，也是由台灣整體國人所決定。」我補充。

「最後五分鐘囉，指針指到 5，就要關電視嘍！」主管提醒小逗點。小逗點抱著最愛的烏龜布偶，用力點頭：「好哇。」希望今天關電視順利。我心中默默祝禱。

「台灣整體國人決定開戰時間，這件事從何說起呢？」主管想了想，再發問。

台灣人如你我，如何決定中共的出兵時機

木棍硬不硬？那要看和誰比。如果是砸在雞蛋上，當然是雞蛋破碎；但如果是撞到鋼斧，就是木棍要被砍斷。

幾乎所有的專家都有相似的共識：中共類似木棍，而且還受蟲蛀黴爛，絕非無堅不摧，遇到稍強的對手，其脆弱庸瞶之處很可能曝露。而且台灣相對中共，絕對可以成為克敵致勝的鋼斧。

雖然各大內外宣機構，瘋狂為解放軍塗脂抹粉，但其實對於號令軍隊上戰場，中共卻是一點也沒有信心。這就是為什麼，至今，中共尚未侵台，更不敢和美軍正面衝突。

中共怕。軍隊怕在戰場上自曝其短，高層怕因戰敗而被批判失去權位，更怕人民藉機反抗而失去政權。

台灣全然有可能成為鋼斧，在共軍侵台下守住國土。我們也可以不爭氣，在預先準備的工作上無知散漫，在戰爭的對抗上盲目恐慌，自甘淪為受擊即碎的雞蛋。

台灣成為鋼斧或是雞蛋，許多的阻力因素，是由我們這些一般人共同決定，而且必定只能由我們決定。這些阻力因素，在中共攻台的劇本中，都具有重要角色，將決定我們的命運走向：

我們要付出多少心力了解中國、了解中共？

我們要讓自己在中國的假訊息、認知戰面前非常脆弱，或者是因為有知識的儲備而具備分辨謊言的能力？

在關鍵時刻，我們多高的可能性隨著中共的訊息起舞，失去主宰本身的判斷力？

我們願意為自己與家人做多少戰爭準備？
在戰爭發生前，我們構想好了如何準備糧食、藥品、飲水嗎？
若戰爭真正發生，我們已準備好避災求生的知識與技能嗎？

我們願不願意更多一些了解國軍與現代軍事？
是否願意多了解國軍的備戰情況，對國軍多些務實的信心？
是否願意了解國軍革新的努力，給予鼓勵與肯定？
是否願意要求政府積極進行軍隊的優化與革新？
我們是否願意向國軍的奉獻表達感謝與敬意？

我們要選出什麼樣的政治領導人？
選出什麼樣的中央與地方民意代表？
我們要台灣的政治領袖對兩岸課題、中共侵略抱持什麼立場？
軟弱還堅強？是不妥協還是傾向妥協？
我們是否要求政治人物積極支持、推動台灣的備戰民防？
我們有沒有關心他們構想政府各職能的預備方案？

台灣政治領導者人選，以及他們的行動，是由我們很多普通人的意志、選票所決定的，而且只由我們決定。
我們是否願意為台灣所有的自由人民發聲？
是否願意在台灣的日常生活中展現我們堅守自由的決心？

是否能夠在台灣內部營造更多的團結與和解，而非對立與分裂？

是否願意向國際社會發表我們的心聲？

上述問題，愈多回答「是」，就意謂著我們在中共的出兵天秤上增加更多的阻力因素，更準備好演出「守住台灣」的劇本。

愈多回答「否」，就意謂我們更可能走向「台灣陷落」的劇情。

上述事項，有些是我們每個人都可以直接執行，有些可以透過募資計畫合力完成，有些則是透過民主機制，選出正確的政治人物協助我們完成。無論如何，全部都是我們每個普通人的生活與決策可以企及的範圍。

在我們能力所及範圍內，應該盡量增加中共進攻台灣的阻力因素，讓中共持續遲疑、推遲開戰的決定。[3]

當台灣放棄備戰，在強化戰備上消極、逃避、擺爛、方向錯誤，中共評估勝券在握，也將會更積極開戰；而且開戰後，台灣將會經歷重大損失以及慘痛的失敗。

當台灣正確、積極、精準備戰，中共愈認知進攻台灣的困難、充滿風險、難以成功，中共評估出兵不勝，可能成為領導者被政敵逼宮的弱點，也就不會開戰；進攻台灣就停留在口號與恐嚇，而不會付諸實行。就算開戰，台灣也有更大的可能贏得勝利。

因此，事實上，中共是否發動戰爭、何時發動戰爭，甚至戰爭的結果，很大一部分是由台灣決定的——

我們何時消極、忽略、停止備戰，就何時迎來戰爭。

台灣避免戰爭的最好方式，就是積極、精準備戰。

此時，我們注意到分針已經超過 5，應該要關電視了。我們立刻「備戰」。

我從房間拿出小逗點最喜歡的玩具火車：「好棒的火車？我要玩！我要拿去給大野狼玩。」

小逗點急忙聲明：「給我！給我，我要玩！」

這時主管接話：「現在電視已經看超過 5 了哦，哪個很乖的小孩，自己關掉電視？可以玩火車哦？」

小逗點伸個懶腰，在沙發上滾了一圈。「我來關啦。」他伸出手指，按下了電源鍵。我和主管對看了一眼：策略成功！

「好棒！high five！」我們高聲稱讚，小逗點舉起雙手和我們擊掌慶祝，笑得好開心。

專家見解

王立第二戰研所團隊

戰爭通常是基於內在政治需求而展開的，因此在開戰之前會有很多辯證，考慮是否有更好的選擇，因為戰爭的代價很高，尤其是對台灣的風險很高。

中國對台的戰爭到底有多需要？這一直是一個研究中國對台的課題。有人認為對中國來說，拿到台灣意謂著完成了中華人民共和國的大帝國最後一塊拼圖，所以不能放棄。

我的研究則認為，對中國來說，台灣是在統治權和正當性中重要但不是優先的項目。如果台灣無法統一，對中國國內秩序和政治維持會有負面影響，但中國並不急於解決這個問題。

原因是難度很高，而且目前兩岸關係仍未完全放棄台灣不獨立的原則。只要台灣不獨立，對中國來說，這個問題就不是優先處理的原則。

國防安全研究院國防戰略與資源研究所所長◎蘇紫雲

我們必須擺脫集體性的斯德哥爾摩症候群，強化防衛並非挑釁，只是在阻止侵略。

尤其中華民國台灣，是站在反侵略的一方，有絕對的正當性與合法性。台海地理條件相當有利於防守，備戰才能止戰。

中國共產黨是絕對的現實主義者，對其情勢有利就打、對其不利就談。

從歷史經驗、綏靖主義失敗、共產黨特性等面向，備戰才能確保台灣長久和平。

政治大學東亞研究所名譽教授◎丁樹範

關於避戰思維，或備戰思維，何者更好，需注意事情的發展並不是一個靜止的狀態，因為我們知道很多事情都是持續不斷地變化。

這是因為各方面都在關注對方的準備，並不斷調整自己的策略。例如，江澤民和胡錦濤時期無意改變台海分治現狀，我們或可以減少台灣備戰。但是，習近平於 2019 年 1 月 2 日講話顯示，他要改變台海現狀，我們就須加重備戰比例。

「備戰」的目的在於確保國家的生存，並預防戰爭的發生。因為在擁有軍事力量的情況下，對方若要採取敵對行動，就必須承擔

相當的風險和成本。因此，當對方知道自己將承受風險和成本時，就會謹慎行事，從而達到和平或避免戰爭的目的。這當然是國際關係中一個重要的概念。

國防安全研究院國家安全所研究員兼所長◎沈明室

避戰是比較消極的。一個主權獨立的國家，當然要有國防，國防的目的就是保衛國家安全。當軍力夠強，他國就不敢打。所以不應該說是逃避或避免戰爭。

想要透過配合強權的期待，以避免戰爭，這種行為如同投降，是非常不可取的。

不能只考慮這兩項。因為現在中共採取的是和戰兩手策略，一方面讓軍事用戰爭脅迫屈服，另一方面用統戰拉攏。

國家政策研究基金會副研究員◎揭仲

在軍事上我們不能讓中共太樂觀，但在政治上也不要讓他馬上就覺得已經絕望。

當習近平把 2049 年中華民族偉大復興和兩岸統一連接在一起時，2049 年若無法和平統一說不定就是武力解決。故兩岸爆發軍事衝突的可能性，實際上沒有辦法降低至零。對我們而言，只能是盡量延後這個時間點。延後時間的基本三個原則：

- 軍事上不要讓中共覺得太樂觀
- 政治上不能讓中共覺得很悲觀
- 設法防止意外事件

和平統一還是中共的優先選項，這個不是為了統戰。因為他們自己知道 2049 年中華民族偉大復興的具體目標是經濟高度發展成為一個現代化的強國。

政治大學國家發展研究所助理教授◎黃兆年

我們作為一個小國面對強權，要想辦法維持權力平衡。而配合中共期待藉以避戰，是完全不值得認同的作法。

以第二次世界大戰的經驗來看，當年張伯倫採用綏靖主義，在納粹開始侵略歐洲國家時，他們承認納粹的領土主張以交換不要再繼續侵略。結果歷史證明，談判完全沒有用、沒有辦法止戰，納粹繼續擴張。

以歷史的後見之明可知，一個對外侵略的獨裁政權，完全不值得信賴。仰賴敵國的善意以避戰，這個期待在國際關係上完全沒有理論與經驗的支持。

再者，當中共決定要攻台，可以編造任何藉口作為理由，例如要鎮壓香港，中共說是勾結境外勢力；中國內部的白紙革命，他也說是境外勢力煽動。

註釋

1 China Power Team. 2023. "Surveying the Experts: China's Approach to Taiwan" *China Power*. June 17. https://chinapower.csis.org/survey-experts-china-approach-to-taiwan/.

2 參見 Demetri Sevastopulo, 2022, "US Navy chief warns China could invade Taiwan before 2024," *Financial Times*, October 20, https://www.ft.com/content/1740a320-5dcb-4424-bfea-c1f22ecb87f7.

3 具體的作法，將在本書第四部分中詳細討論。

第三部

台灣命運四個結局，
逆向推理得出哪些因應方案？

如何避免戰爭造成巨大損失？

中共併吞台灣的進程，什麼是無法逆轉的分水嶺？

左：同盟國軍隊奪下柏根 - 貝爾森（Bergen-Belsen）集中營時，
發現其中巨大的埋屍坑。圖中站立者為弗利茲・克萊恩（Fritz
Klein），在該營中擔任醫師，主要的任務是挑選猶太人送入毒
氣室。Photo credit: No 5 Army Film & Photographic Unit, Oakes,
Harry (Sgt), Public Domain

右：二次大戰結束時，德國無條件投降，蘇軍在德國國會大廈高
舉蘇聯旗幟。至二戰結束，蘇聯總共約 2700 軍民喪生；而
德國除了軍民死傷，各大城市都被戰爭摧毀成為廢墟。Photo
credit: Yevgeny Khaldei, Public Domain

天漸熱了。都會公園的戲沙區，孩子們興致高昂地進行大地工程。許多父母，各找陰影處歇息。小逗點在兩公尺處遠，一個同社區的男孩和他一起玩，我和主管並肩坐在可環視戲沙區的一角。

主管在手機上讀新聞，似乎讀了良久，默然不語。我眼角餘光看到，又是近日對岸的軍事威嚇。

我們朝向哪個結局？如何發現、預估、因應？何時行動？

「上次把找到的一些資料，和我們初步的想法，要和爸媽說，但結果頗為失敗。」我自己先承認了最近的挫折。

「原來你試了。開這個話題不容易呢。」主管放下了手機，看向小逗點；他正在把腳埋進沙裡。「爸媽怎麼說？」

「爸媽主要是覺得，我們到目前為止的討論，還沒有什麼操作性。也就是說，不太實用。」

我還原了一下當時的對話。

爸：是啊，備戰是絕對必要的。但我們——你與我，你媽……我們被你說服了，又如何呢？我們幾個不可能決定整個社會是否備戰的走向。

媽：政府裡管事的，可能對備戰積極，可能不積極，我們其實

只能被動著接受，不是嗎？

我：是這樣沒錯。

爸：那你和我們說這個做什麼？我們能幹什麼？

我：……（無語）

「爸媽話說得比較直接，但其實我也認同。到目前為止，我們還沒有整理出直接相關的行動方案。」主管聽後尋思：「而且最好要有時間點：什麼時候，要做什麼事。」

「所以，接下來要把重點放在家庭具體的安排和選擇，我們需要很踏實地思考幾個主要情境的行動方案。」我拿出 ipad，開始視覺化溝通呈現：

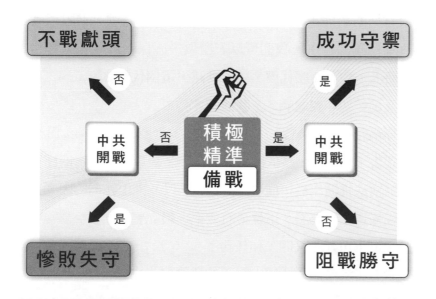

　　「例如，如果台灣整體而言，沒有正確地積極精準備戰，而且在這種情況下開戰了？我們該如何自保，預防承受最糟的結果？這些自保的作為，在什麼時間點需要有所行動？

　　如果某一屆台灣選出的領導當局，決定不備戰，甚至倒向中共，配合中共的統一路線，我們有多少時間和這個路線周旋？在什麼情況下，會糟糕到無法挽回？我們得嚴肅思考離開？」

　　主管看懂了這個「領節圖」，接過 ipad 邊畫邊說：

　　「我們要準備的，也不僅是沒有積極精準備戰的情境啊。如果台灣有積極精準備戰，也不代表中共一定不出兵。

　　我們也該評估；即使國軍最後得以戰勝，家庭與事業又可能在戰爭中受到多大的損失？我們該如何準備，讓損失與風險最小？

　　最有利的事態走向，也就是台灣積極精準備戰，嚇阻了戰爭，且一直維持獨立自主。我們可以怎麼做，確保台灣走在這條路上？在這條路上，會有什麼代價？該怎麼減少這個代價？」

　　「又是一連串難題啊。」我搔頭。

　　「你最擅長處理難題，不是嗎？」主管眨眼一笑：「而且你最擅長寫報告了。我想，該依據可靠資料與請教專家，依這四種結局，用反向歸納法推演出最可能發生的情況，以及列出我們的因應方案，最後寫成報告給爸媽看，這樣最有效率、最完整哦。」

　　咦，這下可好，又開工作任務了。

　　主管看了看時間：「現在眼下的難題要先克服。」

「小逗點，回家吃飯囉，婆煮好飯了，我們快回去吃！」

小逗點蹲著，正用小鏟子挖洞，頭也沒回，丟給我們再熟悉不過的答案：「我‧不‧要！」

在本部分的章節中，感謝以下學者、專家接受訪談、提供見解指導：

- 政治大學東亞研究所名譽教授丁樹範
- 史丹佛大學中國經濟與制度中心高級研究員許成鋼
- 國防安全研究院國家安全所研究員兼所長沈明室
- 軍官退役、台灣大學兼任助理教授、中華亞太安全治理學會資深研究員廖天威
- 中華亞太安全治理學會祕書長、台灣大學兼任助理教授（主授國防安全）劉鐵軍
- 國防安全研究院國防戰略與資源研究所所長蘇紫雲
- 國家政策研究基金會副研究員揭仲
- 王立第二戰研所團隊
- YouTube 軍事頻道主說真話的徐某人
- 政治大學國家發展研究所助理教授黃兆年
- 台新人壽資深壽險顧問謝克群
- 南山人壽正發通訊處襄理劉諭

第 七 章

結局一「慘敗失守」：
如何走向萬劫不復？

——屍檢報告與避免方案

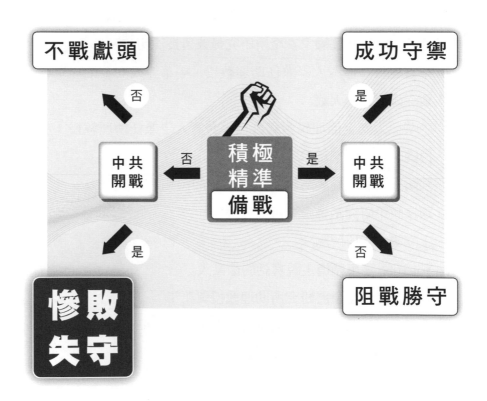

親愛的爸媽：

我們大致上都會同意：如果台灣沒有正確地積極精準備戰（包括以各種作為聯合盟友），台灣的自衛優勢當然會愈來愈弱；當共軍的優勢拉大到某個地步的時候，一旦共軍開戰，台灣將會走向「慘敗失守」的結局。我們都認同，這是一個很糟的結局。

但「慘敗失守」這個結局到底有多糟糕？對個人與家人的生命是多大的威脅？我們的重要資產將有多少損失？

先要能評估這些問題，才能決定願意花多高的代價避免這個情境的發生。所以，我們先從估計「慘敗失守」這個結局將造成多大損失開始說起——包括對全家生命，以及對財產、事業可能造成的損失風險。

擺爛失誤的代價：戰火摧殘後鐵腕統治

一、開戰期間至新政權上軌道，商業經營停擺

從共軍可進行炸彈轟炸、搶灘成功並開啟陸戰開始，將造成大量的破壞，社會極可能因為恐慌而無法運作，全台灣大部分的經營與商業活動都將要停頓：

1.水電通訊等基礎設施被破壞

在作戰期間，重要的供水管道、供電系統、通訊系統節點，將極有可能被共軍刻意破壞，或至少暫時關停系統。以逼迫台灣及早投降、放棄抵抗。

2.台灣對外運輸被封鎖、內部交通運輸受破壞

開戰後，台灣對外運輸將會被封鎖，原料無法輸入，成品無法輸出。台灣內部交通將因為戰事與交通破壞而無法運作。

3. 員工無法出勤，公司無人工作

許多人將離開台灣避難，靠近戰火的區域，許多人逃往距前線較遠的地方。留在居住地的人，或基於安全考量不敢出門，或因交通破壞，即使出門也無法到達工作地點。

4. 幣值崩跌，所有市場交易與履約事項停頓

所有物資價格飆升，台幣價值崩跌。銀行服務可能停頓。所有的議約事項都會中止，因為情勢的不確定，大量長期合約事項也都中止（例如樓房興建工程）。

5. 政府與重要機構職能停頓

當共軍登陸後，所有涉及政府部門的經營都將停頓，例如公共工程、房屋買賣、政府所購買與支付的服務。

二、廠辦等資產受戰火破壞，工商環境可能打成殘破廢墟

共軍的大量重裝甲部隊登岸後，將可以火砲與投彈轟炸攻擊台灣的城鎮、住宅區、工商業區。除了政權易手之外，所有工商業將蒙受慘重損失。

所有工廠、辦公室等建築，以及其中的生產、經營設備，都有可能在炸彈轟炸、火砲轟擊中受到攻擊。尤其是以下情況：

1. 廠辦處於發生交戰的地區附近，被流彈誤擊。

2. 軍隊認為廠辦周圍、內部有敵軍，於是刻意攻擊。

3. 入侵方受到強烈抵抗，出於不理性的報復情緒朝民生目標開火。

4. 為打擊台灣社會抵抗意志，共軍可能攻擊平民目標，壓迫台灣及早投降。

如果國軍與共軍發生城市、村鎮的佔領爭奪，上述情況就很難避免。

以烏克蘭戰爭為例，巴赫穆特等發生激烈戰事、反覆爭奪的地區，破壞皆非常慘重。

總之，工商業者損失最低估，可能是大半年的營業額。至於資產損失，要視廠辦被戰火摧毀到什麼程度、有多少基於政府制度的資產會作廢（例如專利、有價證券）。

三、大量軍人與平民死於戰火

我們將經歷一場慘烈戰爭。

大量的國軍將士會經歷共軍搶灘戰，以及許多據點、要塞的攻防戰或圍攻戰。國軍將遭受嚴重傷亡，包括志願役軍人以及義務役，甚至後備軍人。

即便不是在前線抵抗共軍的平民，也可能在戰爭中死傷。台灣的每一個地方都可能被投彈轟炸、被砲彈轟擊，也都可能在兩軍交火之中被誤傷／殺。

當全台灣都陷入戰火，數十萬人死傷是可能的。意謂著，每個人家中都有認識的人直接死於戰爭，或是在戰爭中受到永久的傷害。

如果要在近三十年內，找一場戰爭作為參考，我會選擇 1990 年代的薩拉耶佛圍城戰。在那次戰爭中，城內平民的死亡率是 1%；而防守軍人的死亡率是 8.7%。如果將此比例放大到全台灣軍民，就是接近 24 萬軍人死亡（自願役與後備役相加），接近 23 萬平民死亡。

心情補充：如果到時候，小逗點剛好在當兵，或是以後備士兵的身分進入軍隊，就可能需要上戰場。那對我們來說將是最糟的情況。即便小逗點不在當兵，平民傷亡的數量也非常可觀，我們每天都會活在自己

與家人被傷害的恐懼之中。

四、存款、股票、不動產價值縮水，甚至歸零

在台灣經歷與共軍的戰鬥後，財產很有可能嚴重受損。各種方面包括：

1. 房產：對大部分人而言，畢生最有價值的資產是房子。如果不幸被炸彈、砲彈轟擊，整棟樓房中每戶的價值都可能歸零。

2. 地產：土地不受戰爭摧毀，但整體經濟若陷入衰頹，土地價值也將嚴重貶值。

3. 企業股份：台灣許多企業可能在戰後不復存在，其股份將變壁紙；存續到戰後的企業，其資產嚴重受損、營利能力也將減弱，股價也很可能嚴重縮水。

4. 保險：房產與設備因戰爭受損失，都不會被保險涵蓋。即使壽險不特別排除戰爭原因，但大規模戰爭後，許多保險公司有可能無法償付，甚至不復存在。

5. 台幣存款：台幣在戰爭過程中，其價值將會巨貶。在戰後，如果中華民國政府不復存在，台幣存款是否能／以什麼匯率換人民幣，將全賴中共政府的慈悲憐憫。

總之，就算保住生命，在戰後大部分的人有可能陷入貧困（甚至赤貧）。大部分遭遇重大戰爭的地區皆是如此。

五、征服統治後，台灣從「殘破」進入「壓迫」

戰後台灣將從斷垣殘壁、滿目瘡痍的景象開始重建，經濟和富裕程度倒退四十年，並需要十年以上以脫離損傷，也許不是誇張的估計。

在社會方面，台灣原有的自由民主風氣需要抹除，加上由於台灣是武力攻下，民間必定有很強的仇恨感，中共出於忌憚，必會用嚴厲的鎮壓手段。戰後至少十年，中共極有可能在台灣大規模興建類似新疆的集中營，以便將任何可能有反叛意識的人囚禁改造；對受關押者進行密祕折磨與處決也是高度可能的。

六、戰後經濟發展低落且陷入貧困

戰爭將會破壞台灣基礎建設，包括鐵公路、機場、發電廠、橋樑等，都將嚴重影響經濟效率。奪得台灣的政權後，中共治理台灣的最重要目標將是壓制反叛力量，也將限制台灣與世界各國的通訊與聯繫。這些皆意謂著台灣的經濟與產業難以蓬勃發展，將長期陷入貧困。

專家見解

政治大學東亞研究所名譽教授◎丁樹範

台灣不會主動發動戰爭，因此應該是中共主動發動戰爭。如果中共主動發動戰爭就表示，他們已不顧一切代價和後果。假設台灣在戰爭失敗後被併吞，中共應該會使用最高壓的統治作法。

史丹佛大學中國經濟與制度中心高級研究員◎許成鋼

中共若武力奪取台灣統治權，其後續治理，會比較接近 1949 年到 1953 年間，被中共佔領和制服的上海與北平。

中共會透過大規模的屠殺鎮壓反革命，以此震懾當地人，讓民眾全面性地投降、徹底服從。

　　1940 年代末的內戰，北平是國軍自己投降的，就是沒有作戰，但是不要以為自己投降，就免去了災難。不要以為投降就一切都安全，中共在北平殺很多人，當時國軍司令傅作義家裡也被迫害的很慘。

　　除了屠殺震懾外，不光是政治，任何方面都徹底服從中共的管制。極權統治的建立，靠的是要讓人民害怕。為此，殺人不需要證據、不需要正式審判，而且專殺有名的人、重要的人，用這種方式殺雞儆猴。

　　極權主義常用的作法，利用大規模的宣傳、公審，全面掌控整個社會。

　　實際上，中共能夠佔領台灣的條件，就是台灣自己投降；只要台灣人自己不投降，它靠武力佔領台灣是做不到。

　　在美國與其盟國都在努力要幫助堅守台灣的條件下，中共沒有渡海作戰、佔領台灣的能力。

　　如果台灣不戰而降，當然就誰也無法幫助了。

國家政策研究基金會副研究員◎揭仲

　　基本上，期待台灣前線正在打仗，後方仍能進行工業生產，是不太可能發生的，我們沒有真正安全的後方。若共軍武力犯台，台灣全境都在火力打擊範圍，會迅速切斷整個民生設施網絡，不會有部分設施或是範圍還能維持運作。

　　若要破壞基礎設施，不必大規模毀滅。只要攻擊幾個重要的輸電網路節點（如重要變電所），接著就會產生連鎖效應，如斷水等，

台灣社會民生就會陷入癱瘓。

國防安全研究院國家安全所研究員兼所長◎沈明室

不戰而降或慘敗失守，都是任憑敵軍宰割。一切都會受到很大的影響，即便是投降亦然。因為這不是兩個民主國家的戰爭，另一方是極權國家。

慘敗失守的結局，可能會面臨更強烈的報復。

政治大學國家發展研究所助理教授◎黃兆年

只要台灣被中共佔領，不論是被武力拿下，還是非武力（和平）取得，短期雖略有不同，但長遠來說是一樣的。

體制的轉換是相同的，一樣會從自由民主，轉變為獨裁專制。

若是武力拿下，中共政權會把台灣人當成敵軍，短期內會運用更強烈鎮壓的手段。中共作為戰勝的一方，很可能以勾結境外勢力、美國帝國主義等罪名，將大量台灣人定罪，甚至有更強烈的報復手段。

然而，長期深遠的制度性影響，會是一樣的。

台新人壽資深壽險顧問◎謝克群

如果發生了全面、損失慘重的戰爭，可能連保險公司都無法繼續營運。

大公司廠房受到攻擊破壞，推測都不會理賠，這些都是除外的。

僅有運輸保險是有可能的，但機會也不大。以目前俄烏戰爭為

例，有些保險公司已不承保運輸貨物經過黑海的船隻，因為風險太高，萬一出意外，保險公司無法承擔。如果不提供保險，那麼船舶就不會運載這些物品。

若要理賠，也可能要等戰爭結束，如烏克蘭。現在不可能就直接理賠，都是要等守住之後才能進行。

烏克蘭那樣太慘烈，相信保險公司也賠不起，需要靠外援、重建基金才能夠負擔。

守住台灣探討筆記

備戰上擺爛失誤，造成「慘敗失守」的具體後果：

一、開戰期間至新政權上軌道，商業經營停擺

二、廠辦等資產受戰火破壞，工商環境可能打成殘破廢墟

三、大量軍人與平民死於戰火

四、存款、股票、不動產價值縮水，甚至歸零

五、征服統治後，台灣從「殘破」進入「壓迫」

六、戰後經濟發展低落且陷入貧困

爸媽，如我們先前的共識，如果中共統治台灣，就沒有繼續待在台灣生活的理由了。當我們判斷國軍無法守住台灣，就更應該在預估戰爭非常可能發生前就讓小逗點離開。

如果有一天小逗點長大，要服兵役，那是另當別論。但在他成年之前，我們有責任，讓他遠離戰爭。

如果我們有共識，接下來就是時局判斷與時間點的問題了：

概念上我們知道，欠缺備戰會有危險。但是更具體而言，到什麼程度、在什麼明確的狀態下，我們需要真的開始行動、準備？

到什麼時候，我們需要採取相當極端的行動，例如將小逗點帶出國生活與求學？

我希望不是給一個武斷的回答，那樣沒有說服力。最好的方式是，我們一起假想一個平行宇宙，在其中，台灣最終「慘敗失守」。讓我們一起推想，台灣是如何走向這個命運的？到底哪些事情要發生，或是沒有發生，才能讓這個情境成真？透過這個思想實驗，我們可能更能理解關鍵的時間點。

這個情境，我們可用倒敘法，步步倒推發展的流程。

「慘敗失守」的結局，是如何發生的？

兩岸統一之日

中國國務院派令的台灣省長、中共台灣省委書記，在台灣省辦公大樓（原行政院）升起五星旗。中華民國自此成為歷史名詞，台灣與此地民眾，進入中共統治時代。

兩岸統一前28日至官方投降：台灣多城鎮摧毀，大量平民死傷

共軍從海岸陣地往軍事、行政、產業要地進攻。部分國軍依托地勢與建築物反擊，共軍以火砲、坦克、轟炸機對台灣城鎮進行飽和攻擊，國軍戰損人數每天高達數千人。

國軍之外，每日數萬平民在攻勢下傷亡。許多發生激烈戰鬥的中小

型城鎮成為廢墟；台北、台中、高雄等大都會及周邊區域每日遭受數萬發砲擊、數十次轟炸。

兩岸統一前35日：指揮體系陷入混亂

經過多日激戰，共軍在台灣海岸攻下五處突破口，大量軍員、裝備、軍車、坦克、槍砲彈藥、軍需補給源源不絕登陸。

兩岸統一前38日清晨至35日：共軍發動空降打擊

共軍大量武裝直升機、運輸機，飛越發生激戰中的岸防陣線，空降打擊主要政府機構、軍事指揮中心、機場與電廠等設施管理中心。

在這些據點周圍，國軍與共軍發生激戰，雙方皆有慘重傷亡。但受攻擊的重要據點仍有接近半數失守，許多高層管理人員被殺害與俘虜。

共軍直升機、運輸機持續向佔領的據點空運支援部隊、武器、糧食等資源，讓共軍從多個據點發動對外攻擊。

兩岸統一前38日夜間至36日：共軍發動渡海、登陸

共軍發動兩棲登陸艦、滾裝船，載運八萬部隊與重型裝備渡海。

在主要雷達系統受損、沒有戰鬥機情況下，導彈對渡海艦船打擊效果遠低於預期。超過七成的共軍部隊仍成功渡海，在多個海灘、港口登陸作戰。

國軍指揮調度系統已陷入混亂，各軍種與後勤配合度差，以致於守灘頭國軍缺乏支援，應戰慌亂。原先的抗登陸優勢無法發揮，一日之內雙方各有上萬人死傷。數個防守陣地失守，共軍登岸固守據點。

兩岸統一前44-40日：投彈轟炸、傷亡慘重

在戰鬥機損失殆盡情況下，台灣制空權盡失。共軍對台灣發起全天候、不停止的投彈轟炸，數十架轟炸機輪流轟炸台灣重要的軍事、政治、工業區、居民房屋、各主要城市。四天的空襲造成全台超過萬人死亡、超過十萬人輕重傷，房屋、廠房、軍事設施損壞不計其數。

兩岸統一前46-44日：空軍覆滅，制空權喪失

共軍發動對台灣的空戰，出動一千四百架戰鬥機投入台灣上空戰場。台灣可出動的戰鬥機幾乎全部出戰，表現英勇，並且擊落敵機近 800 架；但在數量對比懸殊情況下幾乎全被擊燬。

兩岸統一前54-46日：持續導彈打擊，消耗防空導彈

共軍持續對台灣國防、政府、民生重要據點進行間歇的導彈攻擊，台灣發射防空導彈攔截，不到一半導彈攻擊成功。此輪攻擊，仍使台灣指揮系統、民心士氣、電力等基礎建設受到更大的破壞，並且同時將台灣防空導彈消耗殆盡。

兩岸統一前55日：導彈空襲、外援遲疑不決

共軍對台灣忽然發動導彈空襲轟炸，六百枚導彈之中，半數導彈被攔截，但另外半數嚴重損毀雷達、指揮系統、供電系統。

在轟炸之下，全台灣電力系統癱瘓，重要雷達系統損毀，指揮系統重要節點受到嚴重打擊。

台灣總統對共軍侵略行動表達斥責，並向美日澳歐等國尋求協助。由於多年不再推進軍事協防合作，美日澳歐等國均無支援台灣的準備，

政界與民間見解紛歧、爭論激烈但仍少有援助。

兩岸統一前60日：海域封鎖、社會恐慌

中共對台發動海域封鎖，台灣民眾對國軍、台灣整體自保力量完全沒有信心，發現美國並未第一時間積極出兵介入時，全社會出現恐慌情緒。

在一個星期之內，台股出現斷崖式下跌 67%，房屋出現三成價的拋售，油價與基礎物資上漲十倍，台幣匯率重挫 34%。

戰爭未開打，民間已無法承受恐懼與損失。

兩岸統一前八個月：戰備集結與盟友警告

各種跡象顯示，共軍的人員、物資、武器、戰備、艦船逐步往東南沿海方向集結。美國對台灣執政團隊數次提出警告。

台灣總統與執政黨力求避免社會動盪，呼籲中共當局保持冷靜，派遣代表與中方談判，同時要求美、日等國增加提供援助。

美日軍方對於台灣整體戰力非常悲觀，認為在當前局勢下，參與防守台灣需要付出大量美軍生命，以及國家財務資源的代價。

美日等國因國際經濟動盪，社會迫切期待解決國內問題，凝聚協助台灣的共識進展步調非常緩慢。

兩岸統一前一年：中共與台灣雙方態度趨向強硬

台灣中央政府發生政黨輪替，轉由對於中國更為強硬的政黨執政。

因國際經濟動盪，中國出現失業潮；中共總書記公開承諾在兩年內（換屆前）解決台灣問題。從此時開始，中共高層開始向台灣施加壓力，

要求台灣裁軍、不再參與國際組織，並開始推動統一日程。

面對此要求，台灣當局不願配合，立場明確要求中共維持現狀。在爭取與中共協商的同時，也開始呼籲國際正視台灣受到的威脅。

中共侵台前九年內：以親善溫和爭取和平，戰爭風險不受正視關心

少數專家不斷提醒公眾戰爭風險，民眾略有所知，但極少人願意付出時間心力深入理解。兩岸戰爭的書籍乏人問津、節目收視率低，少數平台與出版社賠本製作，但此議題在民間沒有形成關心風氣。

國軍戰力、武器、素質，在這幾年停滯而未見提升。反艦導彈、雷達系統、指揮體系抗打擊能力均未加強。在政府的消極態度下，與美、日等盟友的軍事合作逐漸減少、放緩。

執政黨的主要兩岸政策為親善、溫和。為避免中共發動戰爭，對盟友國家推進軍事合作態度消極，但仍維持台灣自主性以及民主架構。執政黨與多數人民相信此策略將帶來和平。

多數國民不願正視戰爭風險，少有人務實進行準備。多數人期盼戰爭永不發生，或者因為美軍介入，快速轉危為安。

台灣慘敗失守的充分必要條件

現今，共軍事實上沒有侵台，這件事證明共軍此時評估，尚無法在侵台戰爭中勝利——台灣有一定防守自保的能力，加上盟友協助的可能性夠高。

目前的基本形勢要發生明顯、明確的轉換，讓中共評估合適發動對台戰爭，其實需要數個條件逐漸成熟：

1. **台灣執政者的防衛戰略走向消極、怠惰、錯誤**：台灣人民選出的執政者，明顯缺乏積極備戰意願，或是對備戰重點與關鍵理解極端錯誤，使國軍守禦能力停滯甚至倒退。

2. **台灣在忽略備戰上的錯誤明顯，且忽略盟友警告，不願改變**：台灣執政者忽略備戰引發盟友的關切，甚至盟友警告也不調整，引發盟友協助台灣的意願轉弱。

3. **消極備戰，但拒絕對中共親善友善、配合統一進程**：如果台灣消極備戰，並且配合中共統一的策略，中共較可能採和平統一方案，動武的可能性將偏低。但是，在缺乏備戰情況下，仍對中共強硬，被武力攻擊的危險將提升。也就是說，先由傾向配合中共的政黨執政，弱化了備戰基礎，之後政黨輪替再由對中共強硬的政黨執政時，危險性相當高。

走向慘劇前，家庭人與事業人因應時間點與方案

在從各種資料推演台灣「慘敗失守」的過程，我常常想起，從小逗點略有點懂事以來，很怕吸塵器。每次主管吸地，小逗點就會慌張地往我跑來，大叫：「爸爸保護我。」

我總能把他抱起來，說：「不怕不怕，只是吸塵器，吸塵器不會咬你啊。」小逗點會重複最後一句話：「吸塵器不會咬你啊。」一邊搖晃小手。

在思考這些事情的時候，我總是在想：「在小逗點能保護自己、能為自己決定之前，我要怎麼保護他，讓他遠離最危險的情境？」

我相信這也是許多養兒育女家庭共同的目標與願望。

　　上述的平行宇宙情境描述，重點在於呈現：當台灣沒有積極精準備戰，每天過去，好像什麼都沒有改變，但事實上改變正在逐漸累積；直到某一天，情況突然變得極端明顯而迫切。在那個時候才開始有所反應，可能就來不及了。

　　我們需要在一些情況還沒有導致危機時，就預先有所判斷與因應。

時點一：觀察到台灣沒有在正確備戰，應為家人暫離做準備

　　會不會走向「慘敗失守」結局，最重要的指標就是：台灣是否正確備戰？只要正確備戰，就算共軍攻台，也不會敗。如果沒有正確備戰，不但非常可能戰敗，而且本身就是在向共軍放出攻擊邀請：「我這麼弱，這麼好打，怎麼還不來打我？」

　　當台灣政府對抵抗中共侵略採取消極態度，勢必將減少爭取與配合國際的軍事合作；世界各國對台灣政府產生疑慮，也將減少武器出售、技術合作、情報共享、人員訓練等重要軍事合作事項。甚至連高層互訪、交流、深入對話也將減少。

　　當台灣形勢逐漸孤立，不但軍事實力將弱化，盟國戰時支援的決心與意願也大幅減低，意謂著共軍入侵時機將逐漸成熟。

　　當我們發現盟國與台灣軍事合作明顯放緩，表示中共開戰危機顯著上升；只要開戰，後果將嚴重而慘烈。

　　所以，只要發現台灣的軍政高層沒有在正確備戰，其實就要意識到：台灣正在為共軍入侵提供天賜良機。備戰鬆懈愈久，國軍戰力愈低下，局勢愈危險。

　　當我們觀察到往錯誤方向發展的時候，就要開始準備；如果錯誤方向非常明確、明顯，惡化的速度加快，我們行動的速度也要加快。

家庭人的因應作為：

● 讓家人明白，形勢已經進入危險的局面，必須要為真正的危難發生做準備。

● 開誠佈公地討論，若有明確跡象表示戰爭將要發生，誰要留下，誰要離開。

● 為可能要離開台灣的親友規劃，危局時要前往哪裡，是去容易找到工作機會的地方，或者是有親友可以暫時協助提供居處的地方。

● 開始進行資產配置的轉移，例如減少台幣的比重，減少房地產、台灣股市的比重；增加外幣、海外投資的比重。

● 若有海外的親友、好友久未來往，可以試著聯繫問候，若有朝一日需旅居海外，有人可就近協助，將有很大的幫助。

● 以公民身分發聲、影響、督促執政黨，盡快走回備戰的正途。

事業人的因應作為：

● 若在台資企業任職，盡力爭取在海外開拓分公司、經營據點，盡量增加外派人員數額。

● 減少公司的台幣資產、留存於台灣的資產。

● 如果有躲避危難的需求，並且家人也支持，就盡量爭取外派。

● 以企業力量支持有決心備戰的政治人物；即使中央執政黨不積極備戰，中央民代或地方首長只要有意願，都仍可能減緩台灣抗打擊戰力弱化的速度。

時點二：共軍在做攻台準備，讓最幼弱的家人離開

台灣盟友（尤其美國）必定會知道中共開始集結備戰，一旦發現、

確認，必會公開提出警告，並且要求中共不要動武。在那個時候，就是很危險了。如果可行，看到這樣的警告，就該盡快離開。

當然，美國警告後，也不意謂著後續就一定會開打。

如果美國發出警告的同時，美日澳歐等盟國就派遣大量部隊到台灣海峽嚇阻戰事，也許共軍不敢輕舉妄動；合適的時機過去之後，也許可以度過一次劫難。如果盟國只警告而不出兵——當台灣沒有長期協同盟國進行備戰，這就有可能性發生——共軍開火的可能性就相當高。

「如果美國警告時，我們是否再等一陣子呢？是不是可以等到情勢更明確時再動身？」主管問。

「接下來，如果情勢變得更危急，機票將更貴，甚至有錢也買不到。若開戰後，我們還在台灣……是生是死，後續就要看命運了。」

家庭人的因應作為：

在前一階段已經討論過的「離開方案」需要開始執行。家人之間決定好的「離開人員」，包括最幼弱、無法上戰場，以及照顧他們的人，需要盡快離開。

這個時候的離開，已經不求「長遠發展順利」的移居國；只要是安全、可以暫居的第三國，都可以考慮。

事業人的因應作為：

盡量強化國外分公司與派駐單位的發展，包括派駐更多人員、移出更多資產。需將國外事業視為公司未來發展的重要起點。

時點三：當美國對開戰示警，甚至撤僑，除了共存亡的人 都要走

美國超過一百二十顆軍事衛星[1]，對全球各國軍事活動進行即時監控，其能力是全球第一。在俄烏戰爭前，準確預判俄國將要入侵進犯，並進行撤僑。[2]

援引此例，若中共開始對進攻台灣進行正式軍事準備，美國必將測知，也會啟動撤僑。當美國等國明確撤僑的時候，要相信這件事將會發生，立刻因應準備，縱然事實上，因為檯面下的溝通與斡旋，戰爭得以避免的可能性並非沒有。

當美國下令撤僑，意謂著戰爭最短可能在兩到三週內發生。但在這個情境下，機票將會極貴，甚至一票難求。這個時間點若也錯過，還能否從戰爭中全身而退，無人能保證。

如果中共入侵，國軍無法防守，台灣政權易主，活在台灣的人，很可能承受極糟的統治。

家庭人的因應作為：

● 支持必要離開的家人出國，留下的人接受自己所可能面對的危險與苦難。

● 離開的人盡快在國外站穩腳跟，在國外支持台灣的抵抗工作。

● 如果台灣陷落，在國外的人盡量支持台灣親友追求自由。

守住台灣探討筆記

台灣慘敗失守的充分必要條件：

- 台灣執政者的防衛戰略走向消極、怠惰、錯誤
- 台灣在忽略備戰上的錯誤明顯，且忽略盟友警告，不願改變
- 消極備戰，但拒絕對中共親善友善、配合統一進程

家庭人與事業人因應時間點：

- 時點一：觀察到台灣沒有在正確備戰，應為家人暫離做準備
- 時點二：共軍在做攻台準備，讓最幼弱的家人離開
- 時點三：當美國對開戰示警，甚至撤僑，除了共存亡的人都要走

註釋

[1] 見 World Population Review. 2023. "Military Satellites by Country 2023." https://worldpopulationreview.com/country-rankings/military-satellite-by-country.

[2] 參見 Michael Crowley, 2022, "U.S. Warns Americans Abroad Not to Count on a Rescue," *The New York Times*, February 16, https://www.nytimes.com/2022/02/16/us/politics/us-evacuation-ukraine-kabul.html.

第 八 章

結局二「不戰獻頭」：
漸進的自毀如何發生？

──從腳本中看見無可逆轉的分水嶺

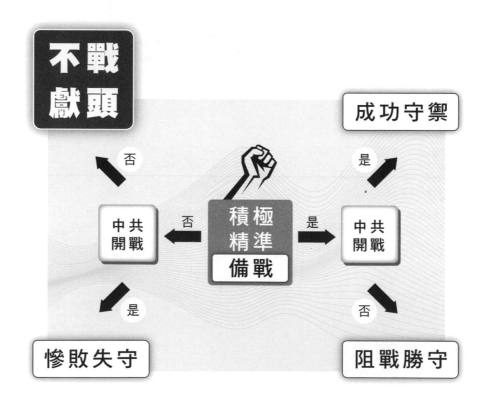

親愛的爸媽：

　　各方專家其實指出，共軍攻台代價極高，也有相當的風險。其實，中共處心積慮希望達成的，是「不戰獻頭」這個結局。

　　走向「不戰獻頭」的過程，就是沒有發生大規模戰爭，台灣的執政者以自願與主動的姿態，與中共達成協議，兩岸合併，並且接受中共的控管與支配。

　　走向「不戰獻頭」，台灣不會受到轟炸、砲擊、搶灘登陸、軍人與平民的傷亡……。然而，即使如此，台灣最終將成為無法安全、有尊嚴居住的地方。

　　當台灣被中共併吞，就是我們要離開的時間。我們已經對此有共識。但細想之下，這個「併吞」的時間點，並不會很好確認。當發現併吞成真時，又很可能已經太遲。

當親共者取得台灣執政地位，需要立刻離開嗎？

　　即使是一位親共的政治人物取得台灣執政權，到台灣正式被併吞，這個過程會非常漸進，而且有可能得以阻止、逆轉。

　　事實上，即使是對中共立場、態度不夠堅定的政治人物，他也可能不很積極配合中共，而讓中共收編、併吞台灣的工作無法快速、順利達成。

走向併吞並非瞬間，而是一個期間與過程，有可能煞車與減速

　　即便執政者有意要使台灣併入中國，此意圖不可能一夜之間付諸實

施。台灣要從現在的自主狀態，被綑綁、裁切成適合中共吞下的形態，必須全面改變台灣的行政、法律架構。

香港在中共統治後，從高度法治且（初具）民主社會，淪落成威權社會的過程，時間大約二十年。台灣要走過這個變化過程，至少也會長達數年。在這段轉變期間內，我們也許能與之抗衡，阻止其投共的進程，至少減慢速度。

如果我們看到親共的總統執政，立刻就走，豈不是便宜了中共？讓中共稱心如意，許多人並不甘心。

漸進的改變，並非不可能在政府換屆後逆轉扳回

不能否認，在馬英九總統任內，兩岸政治與經濟的交往，比現在深得多；然而，在蔡英文總統上任後，兩岸的距離快速被拉開。日後若台灣再出現對中共親善的總統，只要能及時政黨輪替，也可能再恢復原狀。

對於其實不想離開的人，何時得絕望、必要離開？其實需要指標

許多人在台灣有父母與親友長輩，其實都希望留在台灣陪伴。

許多人在台灣有事業基礎，若要拋下多年的積累，離開台灣到世界另一個地方，人生再次開展，都是極大的挑戰。

縱使有親共的執政者在推動、順應中共的統一進程，許多人還是希望，只要風險沒有高到無法承荷，只要沒有走到無可挽回，仍希望盡量留在台灣生活發展，並為阻卻併吞盡一己之力。

對這些人而言（其中包括我自己），在什麼情況下，還可以等待與努力？什麼情境是必要離開的時間點？

這要回答兩個問題，還是需要思考與理解台灣如果走向「不戰獻頭」，這個過程將如何進展。結合對台灣民主體制的理解，以及對香港中共化過程的觀察，可以用「反向歸納法」推演在「不戰獻頭」發生前台灣會經歷什麼。

「不戰獻頭」的結局，是如何發生的？

台灣現在已經是初具民主法治形態的國家，維繫民主社會、法治政治的要素都已經在運作中。即使親共的領袖上台，也無法將台灣一夜之間轉變成中國一省。他需要逐步將民主法治社會的要素一一廢棄、割除。

讓我們假想一個平行世界中的台灣，從民主法治狀態，走向接受中共極權統治中的重要步驟。從中我們將重點思考：

● 什麼時候還有可能阻止與轉變？

● 何時（可能）局勢無法挽回？

● 何時需要盡快離開？

階段一：利誘交往，官商收益期

兩岸實質統一前8年11個月

身跨政商的知名人士、前六都市長吳清貢宣佈接受政黨徵召提名，參選中華民國總統。吳清貢為知名企業集團二代，其企業最主要的市場在中國。許多證據顯示，吳清貢與中共總書記交好。吳清貢台語流利，曾數次在台灣發生天災時，大筆捐款賑助受災者，為媒體大幅報導。在參選前，也多次被媒體稱為「愛台商人」。

兩岸實質統一前8年7個月

　　總統候選人吳清貢提出核心政見主張：「兩岸簽署和平協議，永不戰爭，人民受惠，企業獲利。」吳清貢政見得到中共方面善意回應：「樂見兩岸和平攜手，相向而行。」

兩岸實質統一前8年4個月

　　吳清貢當選中華民國總統。吳清貢所屬政黨，以及其立場相近政黨在立院掌握超過半數席次。

兩岸實質統一前7年9個月

　　海基會與海協會開始協商兩岸簽署和平協議，與各種關係改善、加強接軌的政策。

　　兩岸政黨間、企業間、商貿部門、教育機構、警政機關、司法領域之間的交流對話平台，一一建立並開始運作。

　　本階段情勢評估：親共立場者勝選，不意謂併吞結局已定

　　在此階段中，親共政治人物取得台灣的執政權，且開始進行兩岸交往的磋商討論。

　　許多人可能在這個階段，就感到失望、憂慮、恐懼，但其實情況並沒有達到必然無可挽回的程度。立場親共的總統候選人並不見得在當選後仍然積極配合中共，其磋商討論也可能是拖延的策略；即使他有意圖，其政黨同僚不見得積極配合。

　　雖然不必放棄希望，但仍需高度警惕，要透過各方面的公民行動表態立場，阻卻台灣向專制傾斜的速度。

　　在保全自身方面，此階段其實類似「慘敗失守」情境的「時間點一」。

將資產逐步移向國外，提高外幣資產的比重，都是合理的。

階段二：開門揖盜，中共影響增長，國際合作斷絕

兩岸實質統一前7年5個月

吳政府的行政部門與立場相近的政黨合作主導推動修法：

1. 大幅降低企業赴中國大陸投資的限制與條件審核。
2. 大幅降低中國企業、中國背景的機構，對台灣的投資限制。企業、媒體、協會、學校、基金會都更輕易得到中國資金。
3. 對檢、警、調、政風、人事等領域的公務人員大幅調薪，增加福利待遇。

這一系列修法完成後，吳清貢總統指出：「台灣人將因此更加富裕，可以收獲中國崛起的紅利，國民所得將在十年內翻倍。」

兩岸實質統一前6年10個月

海基會與海協會簽署兩岸第一階段的和平協議。吳清貢總統強調：「此協議將大幅降低兩岸貿易限制；其中的早收讓利條款，讓台灣方面更早將產品、服務銷往中國市場、資金赴中國投資，擴大從中國市場賺錢的效益。」

兩岸實質統一前5年11個月

吳政府任命的國防部長提出革新計畫，暫停原訂軍事採購事項，與美國等軍購出售方重訂採購合約，引發美國嚴正抗議。國防部革新計畫，除了軍購預算減少75%，還推動國軍與解放軍退役將領之間的交流互訪，讓國軍與解放軍關係常態化。該計畫再次延長義務役徵兵年限，卻不改

革訓練方法與內容，引發民間怨言。

兩岸實質統一前4年4個月

　　吳清貢再次當選中華民國總統。吳清貢所屬政黨，以及其立場相近政黨在立院掌握超過半數席次。

　　本階段情勢評估：台灣備戰弱化，入侵風險增加，但阻擋政治趨勢仍有可能在這個階段，立場親共的執政者會盡力達成：

- 收編執法機構，用公開與檯面下的手段，讓執法機構逐漸成為其私人獨裁工具、政治打手。
- 讓商界，甚至許多一般百姓，得到與中共交流的好處。
- 建立自己與執政黨良好的聲譽，得到社會主流群體支持。
- 逐漸減少國防備戰，以及台灣與歐美日等盟國在國防上的合作。

　　（更有技巧的做法，是將大量資源投入錯誤的、非備戰關鍵環節。）

　　在這個階段，台灣被打包讓中共併吞的條件還沒有成熟。但由於在備戰上的鬆懈、放棄、方向錯誤，台灣被侵略風險提升。

　　當台灣與美日澳歐等盟友的軍事合作已經冷卻，甚至完全停滯；而總統選舉時由備戰立場明顯的候選人勝出，此時，中共將有很強的誘因入侵台灣。

　　因為在此時入侵，台灣的防備最弱，美日澳歐等盟友協助機率最低，最符合中共侵台可以勝利的條件。等到台灣政權順利交接給傾美日的總統，恢復跨國軍隊間的合作聯繫，共軍攻台就失去優勢了。

　　在優勢最大（且將要減退）的時候行動，中共有個專有說法：「頂峰出擊」。這時，台灣也最容易走向結局一：「慘敗失守」。

　　因此，當我們看到這樣的趨勢成形，反而需要特別提防中共入侵的

風險，需要為最脆弱的家人考慮躲避的方案。

階段三：回到威權，消滅民主競爭並鞏固代理統治

兩岸實質統一前3-4年

　　吳政府的行政部門與立場相近的政黨合作主導推動修法，以更嚴苛的標準進行稅務、環保、勞工、清廉、網路安全方面的規定，目標包括：

1. 減少企業逃漏稅之行為
2. 減少企業破壞境環、侵犯勞工權益
3. 防杜政治人物與公務人員貪汙腐敗行為
4. 杜絕網路上的虛假消息、損害他人名譽之言論

　　這一系列修法完成後，吳清貢總統指出：「我們將以更嚴格的標準治理國家，台灣將成為一個更公平、環保、清廉的社會。」

兩岸實質統一前2-3年

　　與吳政府政治立場不同的媒體，陸續因為稅務、勞工權益違法，受到嚴格處分。其中一間報社、一間電視台宣佈停止營業。

　　與吳政府政治立場不同的政治人物、公眾意見領袖，陸續因散佈虛假消息、誹謗名譽等罪名受到起訴，並受到重判。

兩岸實質統一前1年10-5個月

　　在中華民國地方選舉前，在野黨多位縣市長、議員候選人，因涉嫌違反貪污、誹謗、傳佈虛假消息、破壞國家安全等原因受檢方起訴，求處 10～20 年不等有期徒刑。

　　多數在野黨議員宣佈放棄參選，多個政黨宣佈解散、永久停止運作。

兩岸實質統一前1年3個月

中華民國地方選舉中，投票率跌破 35%。

選舉中，吳清貢總統政黨支持的地方首長全部勝選，整體得到 73% 超高得票率；其所屬政黨以及立場相近政黨在各縣市議會掌握超過 75% 席次。

本階段情勢評估：當發生媒體、政治人物被司法打擊，局勢已難挽回，只要還能正常進行政治辯論、還能在選舉中進行競爭，台灣就還有轉圜的機會。但是，當以下條件俱足：

1. 修改法律，使特定法條極易成為打擊媒體、企業、政治人物的工具。
2. 檢警司法機構成為執政者私人的暴力機構，可用於對付特定對象。
3. 透過真實司法打擊案例，讓媒體噤聲、政黨解散、選舉失真。

台灣將不再有發生政黨輪替的機會，政府已從服務人民的機構，轉變成鎮壓人民的機器。

在這樣的情勢下，留在台灣將只剩等待被中共納入統治一途——除非願意在反抗中成為烈士。

階段四：併吞接管，中共統治系統正式與台灣政府部門對接

兩岸實質統一前1年1個月

吳清貢宣佈爭取第三任總統任期，並且沒有任何挑戰者登記參選。

兩岸實質統一前0年7個月

吳清貢以台灣地區行政首長名義，與中方國台辦簽署《兩岸和平協議》，其中包括以下內容：

1. 接受中國憲法，凍結原中華民國憲法。
2. 不再自稱中華民國，採用「台灣特別行政區」。
3. 安排進程，逐步套用中國法律，並在必要時訂定特別法，報全國人
   大審議。
4. 安排進程，在四年之內，台灣所有公職人員資格完成重新評核。
5. 國軍併入解放軍。
6. 台灣檢調、警察、政風併入中國公安系統管理。
7. 在接受上述條件下，中國承諾不對台灣使用武力。

協議簽署後，吳清貢拜見中共總書記，得到親切的嘉許。

兩岸實質統一前0年6個月

全台爆發大規模抗議，要求退回《協議》、立法院不得通過以《協議》為綱領的修法。抗議頂點的一天。全台灣約兩百萬人，在八個都會區進行抗議，六十七所大學進行集會並且罷課。

除了由警察維安，吳清貢同時派軍隊防守政府機關。各地組織抗議的領袖受到逮捕，並以妨礙公務、公共危險等罪名起訴。

為確保修法順利進行，吳清貢向中國請求，調派兩萬名武警協助維持台灣社會秩序。

兩岸實質統一前0年0個月

立院針對《協議》中的核心修法內容進行投票表決。少數在野黨退席抗議。在場的立法委員全數支持下，完成正式立法。《協議》中最核心內容生效。

兩岸實質統一後1個月

吳清貢受中國共產黨與中國國務院任命，擔任第一屆中華人民共和國台灣省省長。在同一天，啟動身份、戶籍、護照重審與換發作業。在換發新護照之前，台灣民眾無法出境。

本階段情勢評估：兩岸統一的法律框架實施前，最好能離境

在中共正式將台灣納入統治之前，我們應該都還可以自由離境。但當中共正式統治台灣後，情況就可能生變。只要還想要生活在自由環境中，應該盡量要在此之前離開台灣。

✎ 守住台灣探討筆記

當親共者取得台灣執政地位，需要立刻離開嗎？

- 走向併吞並非瞬間，而是一個期間與過程，有可能煞車與減速。
- 漸進的改變，並非不可能在政府換屆後逆轉扳回。
- 對於其實不想離開的人；何時得絕望、必要離開？其實需要指標。

「不戰獻頭」的結局，是如何發生的？何時「無可逆轉」？

- 階段一：利誘交往，官商收益期
  本階段情勢評估：親共立場者勝選，不意謂併吞結局已定
- 階段二：開門揖盜，中共影響增長，國際合作斷絕
  本階段情勢評估：台灣備戰弱化，入侵風險增，但阻擋政治趨勢仍有可能
- 階段三：回到威權，消滅民主競爭並鞏固代理統治
  本階段情勢評估：當發生媒體、政治人物被司法打擊，局勢已

難挽回

● 階段四：併吞接管，中共統治系統正式與台灣政府部門對接

本階段情勢評估：兩岸統一的法律框架實施前，最好能離境

專家見解

史丹佛大學中國經濟與制度中心高級研究員◎許成鋼

「台灣的法律被修改、凍結選舉、控制媒體、解散政黨、起訴政治人物……這些事件應作為台灣民主劣化的指示劑」，這樣的警告非常有道理。台灣要很警惕，不能讓這樣的事情發生。

如果台灣的民主政治不在了，人民無法透過選舉更替總統，法治與憲政受破壞，那當然就到了不可挽回的程度。如果台灣變成了獨裁統治，然後這個獨裁者再去和極權主義勾結，一切就不可挽回了。

因此，對於台灣人民來說，最重要的是保護自己的憲政，哪怕在選舉的時候對不同政黨有不同的看法，但是無論政治上的不同看法是什麼、分歧是什麼，有一點人們不應該有分歧，那就是保護憲政。

任何朝著威權主義復辟方面的主張，肯定是中共的利益所在。中共想讓台灣不戰就和，要靠台灣處於威權體制才能做到。

政治大學國家發展研究所助理教授◎黃兆年

台灣領導者讓渡政權大致有兩個路徑：

● 經濟層面的整合

不管是貿易上或投資上的整合，都需要謹慎關注，以避免台灣

過度依賴中國，讓中國政權有更多的機會跟管道滲透台灣社會，影響台灣自由民主的生活方式。

過度的經濟依賴，將使台灣喪失與對岸抗衡的籌碼，於是在政治上也不得不妥協，最後被迫與中國進行政治層面的整合。

● 以和平協議為名進行政治上的主權讓渡

與中共簽訂政治上的和平協議，其實防君子、不防小人。

YouTube 軍事頻道主說真話的徐某人

泰山壓頂式的攻擊不會發生，以武力威逼的名義，內部瓦解較可能發生。

中國大陸可能不會直接使用軍事力量來攻打台灣，而是使用以武力逼和、武力逼統的威脅手段。如進攻金門、馬祖、澎湖，包圍台灣，威嚇台灣民意，讓整個社會從內部瓦解，迫使政府簽署類似投降條款或和平協議。

政治大學東亞研究所名譽教授◎丁樹範

我認為較大的可能是不會發生戰爭。中共可能會採取類似香港的方式，試圖透過經濟與政治手段吸納台灣到中國的經濟體系中，而非採取全力武力犯台的方式，因為全力武力犯台會帶來重大損失。對中共而言，可能存在其他更好的解決辦法，他們就會優先去做。

台灣「不戰獻頭」後，對工商業者的收益／損害？

我們先前曾提過這個問題：

如果在沒有戰爭情況下，台灣被中共統一，是否表示台灣不再有戰爭風險，而且與中國市場／生產基地完全相連，可能成為企業經營更有利環境？

接下來，我們詳細討論一下這個問題。

許多人對於中國大陸、北京政權並沒有必然的敵意；也確實不少台灣人曾將中國視為工廠、市場、投資對象，賺到很多錢。現在，中國仍是台灣最重要的貿易夥伴（之一）；以 2022 年為例，台灣第一大出口市場仍為中國大陸（含香港），佔整體出口比重 38.8%。[1]

許多人認為：只要不在政治上得罪、抵觸共產黨政府，低頭閉嘴，留在共產黨（間接）治理的台灣，仍可以活得好好，甚至透過經營事業，過得更加富裕。從事業的角度思考，沒有戰爭的統一，並非不能接受。

無怪乎仍有不少人看好兩岸關係連結更緊密後，台灣企業將有更多的經濟機會。這樣的期待合理嗎？以下方面，值得我們慎重評估：

中國發展與治理環境惡化，已不是優良的生產基地與市場

樂觀的一面確實存在，在中共給台灣利益進行政治引誘的過程中，相當有可能逐步徹銷兩岸商貿的許多限制措施。台灣企業的產品與服務銷到中國，甚至設置工廠、營運據點，都將會更加方便。

但這樣的可能性，可以多高程度轉變成實質的、長期的獲利？還是有很多問題需要企業進行評估：

● 中國近年來的經濟發展速度減緩、嚴重少子化、快速高齡化，意謂

著中國將不再是快速成長的市場，無法與過去相比。

● 中國產業環境快速惡化，常常無法確保企業得到穩定的生產資源，例如煤、電力。

● 中共與歐美等許多國家之間進行貿易對抗壁壘；被中共統治，很可能導致（部分）無法進入歐美日的市場、產業供應鏈，資金也可能離開台灣。

兩岸商貿門戶洞開後，中國企業可挾政治力量進入台灣

貿易大門是雙向的，當台灣企業更容易地入走中國，也很可能表示中國企業更容易走入台灣。商業競爭的結果，每個行業、每個廠商都不同。在此提幾個問題，我們都可以評估對自己公司的影響：

● 中國出產的競品價格如何？將對您的產品造成多大的威脅與排擠？

● 當中共統一台灣後，中國來的競爭對手有相當深的政府關係，甚至根本是國企，會如何影響競爭的公平性？

任意的經營紅線、管制罰則增加，民間無法抵抗阻止

中共是極權政體，和民間的關係不必平等協商，常常依照其政治需要改變法律規範，例如：

● 中共可以一道命令，讓某個行業一夕之間變成非法。例如 2021 年團滅教育培訓行業。

● 中共可以一道命令，更改（通常是提高）計稅方式，社保、五險一金，或各種行政罰則。

● 在中共認為有需要的時候（例如疫情期間、國際會議），可以用一道命令直接禁止全城經濟活動，讓所有經營者蒙受重大損失。

在中共決定改變規則，使廠商受到損失的時候，廠商幾乎只能接受，毫無轉圜與抗拒的管道。

更多貪汙、尋租，侵蝕收益與增加風險

中共打造的極權政體之下，政府機關權力不受監督制衡，因此官員對企業榨取獲利的情況極為常見。常見模式包括：

- 制訂嚴苛的環境、工安法規，使企業無法達成；企業為求免於行政罰款，不得已賄賂官員。

  一般民營企業為爭取政府標案、承攬公營企業的訂單，常必須給回扣才能得到機會。

  回扣支付方式多樣，包括官員以遠低於市場價格購買股份，或官員要求廠商為其高昂消費付帳，有時甚至是買車與買房。

  這些惡劣風氣，台灣也曾經一度嚴重，經過多年民主化過程逐漸改善（並非完全消除）。若中共掌控台灣政治，腐敗必然轉趨嚴重。

企業主失去財產與人身的安全

在民主法治社會中，法律明確而具體，企業主只要遵守法律，即可受到政府保護。而在中共統治環境中，只要觸犯了高層，隨時有可能被對付；觸怒高層的可能性沒有明文列舉，無法勝數，包括了：

捲入高層鬥爭，例如賄賂了某官員，被視為其派系；在某官員被「打倒」的時候，也可能受到牽連。

所經營的產業、方式、策略、表態，與中共當局的政治路線有抵觸。

在中共治理體系中，無論是觸怒高層，或是路線錯誤，其後果輕則失去生意機會、財產損失；重則可能失去自由，甚至生命。

企業獲利損失，將壓低員工薪資、減少工作機會

當企業獲利受損，絕不可能只有企業主受傷，員工也一定受害。

企業減少獲利，可能迫使壓低工資、削減雇員數量，甚至停止營業。這些都將對基層員工造成相當大的打擊。

政治高壓與民眾對抗，促使台灣經濟衰敗，走向新疆化

許多人認為「今日香港，明日台灣」，但這可能是比較樂觀的估計。

在中共併吞台灣的過程中，可預期有高度可能會發生大規模抗議、青年學生暴力動亂。如果運氣不好，也可能讓中共覺得「需要下重手」，對台灣的統治模式將會進一步新疆化。

「香港模式」之中，中共禁絕了民主政治參與，將要求民主的意見領袖關進監獄，但基本上市民生活與經濟活動受到影響不大。然而，在新疆，不僅參與政治是絕無可能，軍警直接在街上設置密集的關哨，任何人只要有嫌疑，都可以直接被送去「接受（無止境的寄宿）教育」，對人們與社會的經濟影響絕對巨大。

如果台灣選錯了領導人，走上「不戰獻頭」被中共併吞這條路，我們在需要離開的時候，必須下定決心，不能對統一後的形勢抱持幻想。

專家見解

史丹佛大學中國經濟與制度中心高級研究員◎許成鋼

若是本章探討的走向，台灣的情形會更像 1958 年前的西藏。雖然原先是有協議，但中共藉故讓軍隊與當地發生衝突，進而達到

全面性的入侵。

去找中共統一就是引狼入室。它會說，那既然我們是一國，那麼我派軍隊駐守就是理所當然，我也就可以指派軍隊做任何要做的事情。只要台灣被中共軍隊控制住了，那後面發生任何事，都不必感到意外。

政治大學東亞研究所名譽教授◎丁樹範

如果我們真的在不開戰的情況下被統一，就會是另一個香港。民進黨會被徹底消滅掉，民間的自主團體、強調民主自由普世的價值，都會全面性被壓制。這也就是中共現在處理香港的方式。其實沒有所謂的一國兩制，最後都會是一國一制。要強調的是，台灣和西方國家的交往更密切，民間社會自主性更高，如果台灣真被中共統一，可以預期中共會用更高壓手段清理台灣政治和社會。

政治大學國家發展研究所助理教授◎黃兆年

台灣進入無可逆轉的軌道之前，我們可以透過四個層面制衡監督：

● **國會監督**

涉及到兩岸協議監督條例，不管有沒有立法，台灣的國會都必須去監督，尤其台灣政府是不是要跟對岸簽任何的條約。

● **司法與法律的監督**

如果有一個台灣的領導人明顯要出賣台灣主權，其實以台灣現有的法律，理論上是可以防治的，例如可依「外患罪」進行起訴。

在現有的法律架構下，要讓台灣的主權與領土正式被中國併吞，國會通過可能都還不算數，還需經過全民公投的授權，而台灣民眾應該是不會同意這件事。

● **人民體制內外的抗爭**

國會和司法都失靈，那人民就變成最後一道防線，我們必須要表達跟行動，包括類似 2014 年台灣公民實踐過的太陽花運動。民主體制也提供了我們罷免的方案，如果一個政治人物承諾守護台灣主權，但實質上背棄了承諾，我們當然有理由發動罷免。

● **外部制衡**

以現階段來講，美國不希望台灣被拱手讓給中國。地緣政治而言，台灣居於第一島鏈關鍵位置，生產半導體等戰略物資，也是自由、民主陣營重要的一部份。因此，如果台灣領導人要走向被中共併吞，美國也會施加影響。

✎ 守住台灣探討筆記

台灣「不戰獻頭」後，對工商業者的收益／損害？

- 中國發展與治理環境惡化，已不是優良的生產基地與市場
- 兩岸商貿門戶洞開後，中國企業可挾政治力量進入台灣
- 任意的經營紅線、管制罰則增加，民間無法抵抗阻止
- 更多貪汙、尋租，侵蝕收益與增加風險
- 企業主失去財產與人身的安全
- 企業獲利損失，將壓低員工薪資、減少工作機會

註釋

1 當年台灣第二大出口市場為東南亞國協（共 10 國），佔整體出口比重 16.8%；第三大出口市場為美國，佔整體出口比重 15.7%；第四大出口市場為歐盟，佔整體出口比重 7.3%；第五大出口市場為日本，佔整體出口比重 7.0%。對中國的出口額，超過第二名的兩倍；第二到四名相加，才剛好大於對中國的出口比重。參見行政院，2023，〈進出口貿易量〉，國情簡介，3 月 13 日，https://www.ey.gov.tw/state/6A206590076F7EF/8b5032af-1a67-4c02-bd16-8791aa459cd2。

第 九 章

結局三「成功守禦」：
擊退共軍要承受多少損失？

──台灣戰勝的代價與路徑方法

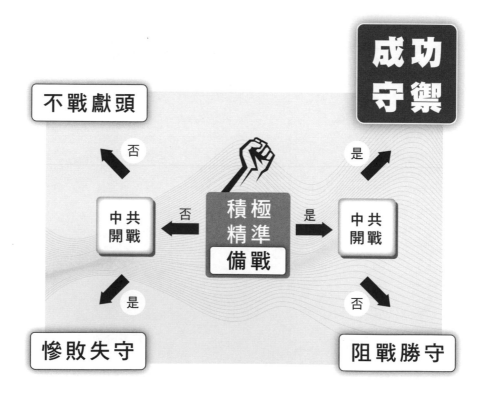

親愛的爸媽：

您們常接收到一些訊息，描述如果共軍攻台，台灣將陷入如何淒慘的情況。您們因此為我們的安全與命運感到憂心，這些我都看在眼裡。

其實，台灣「成功守禦」擊退共軍，絕非不可能。或者可以說：如果積極精準地備戰，我們國軍有相當高的可能「成功守禦」擊退共軍。

您們也許會懷疑：在共軍的攻擊下，台灣怎麼可能「成功守禦」？

在這篇報告中，我想和您們說明：

● 台灣／國軍「成功守禦」擊退共軍的大致歷程，可以如何發生？

● 台灣要能達成，或至少維持什麼樣的備戰狀態，將高度能夠「成功守禦」擊退共軍？

● 在我們積極精準地備戰，擊退共軍的前提下，我們將受到什麼樣的傷亡與損失？

● 在台灣有極高可能成功守禦的情況下，我們又該做什麼樣的因應準備？（包括顧及家人的方面，以及顧及事業方面。）

「成功守禦」台灣戰勝是如何發生的？

第一階段：決定戰爭結果

中共侵台前10餘年：共識

台灣民眾對戰爭風險愈發警覺，探討中共政局、中國現況、兩岸戰事的書籍開始熱銷。對台灣軍事革新、軍購政策、國際關係的主題，成為熱門節目、暢銷書籍，吸引更多人投入探討。

許多國民務實構思戰爭發生前需進行的安排，並且學習因應戰爭需要的知識與技能。

　　台灣主要政黨之間雖有競爭，但對於兩岸政策、外交政策有相當程度的共識，雖然對中共立場強硬程度不同，但均認同針對台灣國防重點環節增加軍備、強化與盟友國家推進戰略合作，積極更新與優化國軍戰備訓練。

中共侵台前6年至前2年：備戰

　　台灣積極參與國際組織，在國際盟友聲援下，逐漸取得進展，獲得許多組織正式會員資格。中共代表屢次抗議，均在各國代表表決中落敗。

　　台灣國軍與國際盟友的合作日益密切。台灣軍官、部隊、軍事院校師生在歐美日受訓規模逐漸擴大。中共屢次表達抗議與譴責，並未改變局勢進展方向。

　　國軍穩定且積極與盟友加強軍事備戰，例如強化雷達、指揮體系的抗攻擊韌性，強化與歐美日盟友情報與指揮系統介接，並逐漸開展與盟國協同作戰。中共除了激烈的外交言辭，也以規模更大的軍演回應。

中共侵台前1年3個月：威嚇

　　經過一段時間公開與私下的放話，中共對台灣的敵對態度不斷提升。（尋求在兩年後連任的）中共總書記在中全會上發表具有「最後通牒」意義的講話，給台灣兩個月的時間改變路線。此要求被台灣明確嚴正否拒。

中共侵台前1年2個月至共軍渡海作戰前50日：集結

　　共軍展開長期化的軍演，軍艦、戰機、導彈目標區日益靠近台灣本島，並在南海佔領數個為台灣控制的小島。

共軍人員、物資、武器與各種軍需明顯往東南方向集結。美日歐等各國多次警告與譴責中國明顯準備發起戰爭的行為。

第二階段：共軍發動侵略

中共侵台前60-41日：撤僑

中國從台灣撤出所有官方代表人員，也要求所有中國、香港籍民眾離開台灣。世界其他主要國家（包括美日歐），在這段時間也從台灣撤出僑民。

共軍渡海作戰前41日：封鎖

共軍宣佈對台發動海域封鎖，引發國際譴責。在戰爭威脅下，許多民眾搭機離境，多數人沉著進行準備，並給政府與國軍最大支持。

封鎖的一個星期之內，台股下跌 9%，少數房屋以 7 折價拋售，但整體房市進入觀望狀態。油價與基礎物資最高時上漲 20%，但隨後逐漸回穩。台幣匯率下挫 3.7 %。

台灣民眾理解國軍實力、對台灣整體自保力量完全有信心。雖然美國並未第一時間積極出兵介入，社會並未出現崩潰式的恐慌情緒。

共軍渡海作戰前34日：導彈

共軍對台發動導彈轟炸。在三天內，共軍對台灣發射 627 枚導彈，其中 471 枚被攔截，在空中爆炸。

約 80 枚導彈擊中關鍵指揮中樞、雷達站、輸電設備（或附近）；造成多處電力系統癱瘓，約百萬戶停電數日；然而，軍事雷達系統與軍隊通訊指揮均能正常運作。

50 枚導彈擊中民生目標，包括住宅區、造成 20 餘棟民宅、大廈被摧毀，70 餘人死亡、300 餘人受傷。

共軍渡海作戰前23日：空戰

共軍出動轟炸機與戰鬥機進入台灣領空，對地面目標進行投彈轟炸，台灣空軍出動迎敵。共軍總共出動近 1000 架戰鬥機進行戰鬥，由於數量優勢，台灣空軍多有折損。

此時，日軍與美軍空軍共出動 1200 架戰機加入戰鬥，中共軍機在受到嚴重折損後回撤。

戰後統計，共軍在空戰中折損 251 架飛機。台、美、日共折損 133 架飛機，戰鬥機駕駛殉職 43 人，其餘人跳傘獲救，受輕重傷。

第三階段：共軍受創危及政權

共軍發動渡海作戰

共軍出動兩棲登陸艦、民間滾裝船共 77 艘，加上護衛功能艦船，從 8 個港口，分別向台灣 8 處登陸點航行。國軍發射超過 500 發反艦飛彈進行攻擊，造成共軍 68 艘運兵船沉沒、嚴重損壞，以及受創後返航修整。

共軍 9 艘運兵船抵達台灣周邊展開登陸作戰時，陣地中的國軍運用新式的武器系統與戰術，將多數共軍在上陸前殲滅，只有少數登陸後被擊斃或俘虜。戰鬥後估計，共軍死傷及被俘近 6 萬人，國軍死傷總數大約 3000 人左右。

在一個月內，共軍再發動六波進攻，每次進攻規模均遠小於第一次。國軍在美、日、澳、歐盟國家協助下，皆能在海上擊沉多數艦船，並擊潰共軍登陸部隊。多次進攻中，共軍受到重大損失，卻沒有戰果。

共軍發動渡海作戰後13天：報復

共軍再次以近一百顆導彈攻擊台灣多個非軍事目標，其中包括數個火力電廠、化工廠、儲油槽、知名科技廠。由於防空飛彈重點用於守禦政治與軍事重要據點，上述目標防守較薄弱，因此命中比例相當高，分別引發災情。除了受攻擊設施員工傷亡之外，大火、濃煙、化學毒氣外洩，都造成不少周邊地區居民不適、送醫急救。

其中十餘枚導彈，在居民密集的都會區爆炸，除了造成近30人死亡、80餘人受傷，事後驗出爆炸區受到了輻射汙染，判斷導彈是攜帶重度輻射物質的髒彈。

上述對平民的報復行動，受到國際社會一致的責難。

中共發動首次登陸戰一月後：駐防

美國派遣兩艘航母艦隊駐守於台灣海峽南北兩側。日澳英法等國家亦出動艦船參與駐防。

共軍航母艦隊與美軍艦隊短暫交火，共軍船艦受損後退回港中。中共總書記宣佈全國抽調兵力，在福建沿海進行更高程度的戰力集結。

印度派遣軍隊，跨越中印邊境，駐紮於兩國領土爭議的地區，建造工事，並與解放軍對峙，發生零星衝突。中國宣佈向西藏增兵。

中共宣佈增加戰力集結後兩個月：烽煙

網路頻繁傳出，中國多地爆發上訪群眾集結抗議事件，訴請當地政府回應訴求、修改政策、保障受損的權益，包括新疆、內蒙古、西藏、四川、廣東、浙江等地，並且不斷擴散。[1]

中南海傳出各種異常跡象，知情人士解讀，中共內部已發出批評的聲音，中共高層的動員指令也被消極抵制。對台作戰的不順利、各地民眾抗爭，使中共總書記原本的親信忠誠度減低，甚至可能有取代、奪權的意圖……

專家見解

YouTube 軍事頻道主說真話的徐某人

台灣民眾意識到中國無法輕易取得台灣，那守住台灣勝算就會提高，但代價也不小。

台灣能夠做的是不輸，有非常大的把握。但只停留在不輸，這樣想會讓中共有機可趁。若整體民意沒有決心「爭取勝利」，最後可能也保證不了不輸，現實上會相當危險。

守住不屈服之外，像是源頭打擊也相當重要。自己要挺住，不屈服於敵人的攻擊，這是持續抗爭和改變對方的基礎。除此之外，還有許多事情可以做，比如源頭打擊，提高反制能力。

國防安全研究院國防戰略與資源研究所所長◎蘇紫雲

若戰爭開打，會造成多少的人民、企業、經濟損失，沒有正式估計過。但依照以往經驗，傷亡會相對低。

台灣都會區大樓都有地下停車場，這就是現代的防空洞，可掩蔽多數的飛彈攻擊。必要時，還可以躲入台鐵、高鐵、捷運的地下廠站，都能發揮很好的效果。

對軍隊而言，傷亡也會很小。當前是以陸制空、制海，使用無

人機等武器，盡可能讓裝備自己去摧毀目標。

甚至我們也要降低解放軍傷亡，以人道考量，重點在於讓對方無法執行任務、阻絕侵略即可，非以殺光敵人為目標。

中華亞太安全治理學會祕書長、台灣大學兼任助理教授（主授國防安全）◎劉鐵軍

共軍攻台前可能有什麼樣的預兆與準備行動？以下是幾個跡象。

從軍事的角度觀察：兵力的異常集結（如人員、武器、裝備等）、持續不斷的軍演、官兵開始禁止休假。

從非軍事的角度觀察：美方不斷的示警指出共軍攻台時間、外國政府開始撤離使館人員或僑民、外資開始大量撤資、國內出現人潮擠兌、股匯市暴跌等情形。

文中認為如果中共對台進行海空封鎖，時間必定不長，本人認為這一看法過於樂觀；其實不能排除中共對台進行長時間封鎖的可能性。

國家政策研究基金會副研究員◎揭仲

在武力犯台的過程中，有兩種狀況會發生。第一是美國軍事干預，共軍基本上是把美軍的介入視為必然發生。另外，也擔心連鎖效應，中國大陸周邊與其有領土爭議的國家，會在此時挑起事端，也擔心新疆和西藏分離主義趁機動亂。

「成功守禦」結局的損失評估

政、軍、民、盟友充分準備、堅定合作，共軍進犯將無獲勝機會

由於海峽相隔，若中共真要透過戰爭佔領台灣，就勢必要用船運載人員、戰車、火砲、彈藥，並登陸搶灘。這個過程，其火力極難發揮，在導彈的攻擊下相當脆弱。因此，共軍要獲勝，主要需要依靠台灣內部的軟弱、怠惰、誤判，並且自絕於盟友的協助。

只要民眾沒有自亂陣腳，只要軍隊正確備戰，只要政府堅定地領導與主持，加上美日澳歐等國家支持台灣態度將持續堅定，共軍進犯沒有勝利的機會。

若國軍妥善備戰守禦，部隊與傷亡數字都不會太高

在國軍正確備戰情況下，共軍無法進行殺傷力最強的作戰方式：

● 無法飛機投彈轟炸台灣

● 無法進行大規模傘兵空降作戰

● 無法大規模渡海登島

● 無法讓重裝備、火砲、戰車上岸後以砲彈打擊

如果發生空戰，戰鬥機駕駛員可能會與敵軍纏鬥，傷亡率可能較高；守灘部隊可能與少數登岸的部隊戰鬥，但將是處於極為優勢地位。其他的部隊，都很可能沒有真的參與戰鬥。

如此，戰爭傷亡的部隊數量「不會太高」——合理估計較可能是數千，而不會達到「萬」的數量級。當然，每個傷亡的個人與其家庭，這都是一場痛心的悲劇。

人民傷亡很可能不高，實際損失少且是暫時性

只要共軍的部隊、重型武器無法上岸，對台灣多數居民造成的傷亡就會相當小。房屋損毀的機率將很低。股市或幣值在短時間內會有嚴重波動，但在獲勝後，局面會立刻穩定下來，幣值與股市恢復戰前水準。

只要台灣的政府、產業結構得以存續，戰爭中的死傷，都可獲得保險賠償。

心理衝擊與極端戰爭風險，是平民的主要威脅

若國軍在正確準備的情況下對抗入侵，可以預期一般人民傷亡的風險並不會太高，多數人身旁沒有子彈飛過，天上沒有炸藥落下，身邊沒有死傷與爆炸造成的毀壞——這些情況，只由前線的將士在承擔。

然而，多數人仍然將承受巨大的恐懼、焦慮、折磨，多日停電、在搶購囤積之下物資缺乏……。但這些損失，終究是可以平復的。

用導彈（甚至用髒彈核彈、生化武器）襲擊普通居民地區，實際上對戰勝無益，反而有害。若共軍領導層還有理智可言，應該不會這樣做。

如果中共最高層腦袋進水，並非不可能用極端手段攻擊；這種情況造成傷亡的烈度、人數就無法預估。

共軍受挫後，侵台能力（數）十餘年內難以恢復

如果共軍真的在台灣正確備戰、盟友合作的情況下傾其國力發動一次渡海戰爭，在其失敗後，其艦船、坦克、戰車、導彈等武器將經歷重大消耗。而在戰爭過程中、戰爭後，國際將對中國進行經濟制裁，中國經濟將受到重大打擊。這些因素都將決定：中國在戰後非常久的時間，

將會虛弱、無法再發起大規模戰爭。

戰事停歇後，台灣經濟命運可能轉盛，也可能轉衰

共軍若真實侵台，是將國際多年來一直認知的風險化為真實。在此之後：

- 若中共長期對台維持高度軍事恫嚇，例如不定時以導彈（例如每次三至五枚）轟炸台灣（或周邊水域），將很可能使台灣無法繼續作為優良的產業發展環境，資金與產業都可能從台灣撤出。

- 若中共政權在對台發動戰爭後倒台，或因為台灣採取源頭打擊等強力報復措施，確保了中共未來再侵台的可能性極低，連恫嚇都可能不會發生。如此，台灣局勢利空出盡，風險減小，將比戰前更為安全，更有利於產業發展。

專家見解

國防安全研究院國防戰略與資源研究所所長◎蘇紫雲

對企業而言，會有短暫痛苦。中共會以經濟封鎖等作法，造成短暫的傷害。

不過企業應該要思考的是，如何從市場價格轉換為企業的核心價值，要成為紅色供應鏈還是守住民主體制。以長期的戰略眼光來看，一同守住民主體制，未來才能再次從自由市場取回價值。（如G7、歐盟等民主國家的年產值為 44 兆美元，相對中國、俄國等威權國家的年產值約為 23 兆美元，因此市場規模可作為企業戰略思考的指標。）

政治大學東亞研究所名譽教授◎丁樹範

如果我們能夠承受得住共軍的攻擊，讓共軍認為付出的代價比預期來得高，就會是一種成功。然而，即便是成功，台灣也得付出相當大的代價。

如果全面戰爭爆發，台灣和中國大陸都會遭受到極大的損失，因為中國經濟的重心在東南沿海，會使其「中華民族偉大復興」願景受挫，而台灣在全面戰爭中也必須承受很大的傷亡耗損。

因此，如果真的發生這樣的衝突，這將絕對是雙輸的局面。

台新人壽資深壽險顧問◎謝克群

壽險的示範條款中，並沒有將戰爭列為除外或行為不保事項。

深究條款內容，基本上壽險跟醫療險是我們比較擔心的部分，其實戰爭是沒有被除外。

若保險公司存在，並且同意賠償，政府可能會允許保險公司對保戶採取逐步賠償，減少其壓力。

政府可能會對保險金額設定限制，即每個人可以賠償的金額都有限。

南山人壽正發通訊處襄理◎劉諭

壽險相當單純，只關注是否身故，而不考慮死亡原因。不管你的身故理由，都會理賠。因此，在戰爭之下發生了問題，壽險、醫療險就照正常程序理賠。

> 　　壽險公會會員均「傷害保險恐怖主義行為保險共保組織」的一員，每位保戶若因恐攻不幸身故，保險金以 200 萬元為賠償上限，單一事件保險金理賠總額上限為 10 億元，如果超過上限將依照比例賠付給保戶。

家庭人因應方案：誰留下，誰避難，如何準備？

可以在損傷不巨大的情況下獲勝，不必長期離開台灣

　　在台灣堅定、持續、踏實地進行正確備戰的情況下，共軍對台灣開戰入侵，將會被台灣以及盟軍合作擊退，而且激烈作戰的期程不會非常長。

　　因此，只要確認台灣有在積極精準備戰，我們就沒有很高的必要性為了恐懼戰爭而辛苦移民、徹底離開台灣。

學習緊急應變處理以及避難的知識與技巧

　　當台灣有在積極精準備戰，台灣戰敗，或是一般人民遭受極重大損失的可能性並不大，但並無法排除台灣人民受到零星導彈攻擊。此外，相信「超限戰」的共軍，並不是沒有可能使用毒氣等化學武器。

　　在戰爭開始之前，學習遇襲時的緊急應變、危難處理技巧，對於保護自己與家人都是有益的。

為避免心理創傷與極端戰爭手段，優先讓孩童暫避居住海外

　　只要正確備戰，共軍無法投彈轟炸、裝甲部隊無法上岸、台灣不會

在陸戰之中被摧殘，我們生命安全的風險是相當小的。

要帶著小孩承受一兩個月的焦慮，那是另一回事。這段時間有可能因為戰爭而陷入暫時的物資短缺，更會日日夜夜害怕孩子因為我們的決定而受到傷害……，這所有的痛苦與折磨也是很真實的。

但考慮共軍不是沒有可能動用極端戰爭手段，因此若計畫在戰爭期間，讓孩童暫時到海外、鄉間居住，將受到戰爭影響的風險降到最低，這會是合理的。

至於合適的時間點，當美國提出中共政府正在集結物資與艦船備戰的時候，我們很可能得帶小逗點離開了。

如果小逗點那時不到十五歲，較長時間與父母分離並不合適，我們之中至少一個陪在孩子身邊，那是較理想的。

溝通聯繫可能前往國家地區的親友幫助與支援

要支持家庭成員到海外居住，是一筆不小的開銷。除了相當富裕的家庭之外，這筆支出都可能構成不小的壓力。除了經費之外，人在異鄉，很多事情都較為困難。

如果有熟識的親友在國外，也可以及早溝通，萬一有需要，前往對方居住的城市暫住，對方願意／能夠幫些什麼忙？

專家見解

國防安全研究院國家安全所研究員兼所長◎沈明室

平民傷亡與否或者數量多寡，取決於戰爭發生實況。無論如何，老弱婦孺一定會先疏散。

有些平民不選擇逃離，而留在原地，屆時水、電力、食物等就會是一個問題。這不見得是好現象，因為民眾也需要資源，這就可能會排擠到軍人額度。

平民若要顧全他自己本身的家庭或者事業，也有可能會影響到軍事防衛的相關準備。

若有一天共軍攻台，平民應該遠離戰爭衝突的爆發地。例如，城市作戰時，要躲到地下室，或是逃到別的城市。如此可避免國軍作戰時有一些顧忌。

中華亞太安全治理學會祕書長、台灣大學兼任助理教授，（主授國防安全）◎劉鐵軍

家庭的避險就是針對家庭或個人事先做好資產配置，以分散風險。避難時，當防空警報響起，就應該依照事先規劃好的逃生路線疏散，另外要準備家庭或個人用的避難包，隨時檢查、清點裡面的所需物資並定期補充、更換。

家庭應隨時要有一套疏散計畫，包括疏散的位置、地點在哪，避難包中該準備什麼物品。又倘若家人彼此之間在不同時間、地點的狀況下，如何去選擇避難；一旦通訊中斷該如何做好彼此的聯繫工作，在台灣這種特殊的環境中，平常就要準備防範。

對事業人的影響與因應：經營短暫停滯，有極大增長契機

當共軍對台灣動武後，國軍維持空優，並阻敵於海，共軍無法空投轟炸，沒有登陸成功，不致於演變成地面戰爭，對台灣產業造成的傷害相當有限。主要在這些方面，企業可以有所因應與準備，以減低損害：

員工缺勤率升高

● 發生期間：數個月至一年

● 發生機率：高

● 損害程度評估：

當中國兵力與物資往福建沿海集結，很有可能會看到許多人至海外避戰。其中許多人當然也會是公司的員工與幹部。視戰局發展情況，員工缺勤的期間可能從兩三個月，到一年不等。

● 因應準備：

阻止員工離境避戰是不可能的，也不見得合適。公司可以及早思考與規劃讓員工遠距繼續參與工作的方案，包括資訊架構的支持、資訊流通的共識，也包括考核獎勵制度與薪資的調整。

經歷過新冠疫情，許多公司有能夠支持遠距辦公的模式。在戰爭發生前，可以進一步擴增當時的架構，盡量確保企業營運也不致於因部分員工缺勤癱瘓。

原料與商品受封鎖

● 發生期間：可能為期數日；不易超過一個月

● 發生機率：高

● 損害程度評估：

台灣本身在全世界是重要的生產基地；台灣海峽也是太平洋西北地區與南亞地區交流的孔道。

如果共軍企圖封鎖台灣周邊海空域，國軍是否能戰勝中共海軍？這也許不易確保。但美日等盟國坐視不管的可能性極低，若美日介入，共軍就沒有可能繼續維持封鎖。

● 因應準備：

即使共軍企圖對台灣進行海空封鎖，能維持實質封鎖的時間必定不長。對企業供應鏈的影響不會太大。如果有需要準備，可能的作為應該是用充足的資料，強化客戶對台灣安全的信心。

空襲造成企業廠房設備損毀

● 一般企業發生機率：低

如果是極具有指標性的企業，或是被毀壞後會產生大量汙染、對民生造成重大危害的企業，例如火力電廠、石化廠、天然氣廠等，有些微可能成為共軍導彈打擊的目標，以打擊社會民心（機率仍是相當低）。

● 損害程度評估：

在國軍徹底喪失制空權之前（且美日協助的情況下），共軍難以轟炸機空襲台灣。

在共軍成功搶灘登陸前，共軍也難用便宜的砲彈大量攻擊台灣的民間設施。

共軍能越過台灣海峽攻擊我方的武器，只有導彈。導彈數量有限，而且極為昂貴。共軍用導戰攻擊企業廠房的可能性極低。

● 因應準備：

據保險業者所述，目前業界所有產物保險，都排除賠償戰爭造成的損失。原因是：如果戰爭造成的損失，遠高於保險公司的承荷範圍，可能讓保險公司倒閉。

然而，在台灣正確、積極精準備戰的前提下，台灣企業整體損失可能並不大，僅會有相當少數的企業遭受損失。

如果聯合全產業，協同政府，與保險業協議，或許可以協商出某種可行的保險方案，分攤戰爭風險。若有包含戰爭的產物保險，將有助於台灣企業、投資台灣的外企更有信心在台灣經營。

反脆弱：可找尋企業運用戰爭風險下的獲益策略

台灣在戰爭風險下，是我們當前註定無法避免的。從企業營利角度來看：何必浪費一場危機呢？

企業可以基於戰爭風險存在的前提，檢視企業的資源、秉賦、營業模式，是否可以與戰爭衍生的需求與機會呼應：

● 戰爭風險下，人們將增加哪些需求？可能包括：保險、移民、財產配置、急難糧食、急救材料、護身器械……。這些是否可能納入公司服務範疇、營業計畫？

● 如果在台灣有備戰情況下，共軍發動攻擊，可能讓台灣許多資產短期大跌；公司若有資金，是否要逢低買進？

專家見解

台新人壽資深壽險顧問◎謝克群

不論是否宣戰，廠房被炸都會被認定是戰爭行為，產險都是除外的。

產險是保額更大的保險，例如台積電的廠房火險，沒有任何一家國內保險公司能夠承擔，因此他們會將風險轉包給再保險公司，分散到全球各地，才能夠承受這樣的風險。

戰爭如同 921 大地震，災難等級的事件。主要還是看國家如何去處理，相關部會將會訂定一些特別的法規或是解釋。

南山人壽正發通訊處襄理◎劉諭

關於產物保險，保險公司也是在做生意，戰爭屬於無法預知的意外，基本上都會被產險除外。

企業在小規模攻擊事件中可能得到賠償的一種作法是：在一次戰爭或重大意外中，產險公司設定一個限額用於賠償該事件中所有受損方。如 10 間公司在一次敵方攻擊中受損，他們各自擁有不同的產險保單，產險會有一個總額度讓各家公司共同分攤這筆金額。

YouTube 軍事頻道主說真話的徐某人

台灣是個島國，沒有陸路邊境，海運是必不可少的經濟運輸方式。如果台灣的港口被攻擊破壞，將對經濟和進出口造成嚴重影響。

守住台灣還是會需要付出高昂代價，例如 GDP、健保和便利服務等，讓台灣倒退 10-20 年。台灣經濟已經進入發達階段，可以損失的經濟成果遠高於烏克蘭。

✍ 守住台灣探討筆記

「成功守禦」結局的損失評估

　　政、軍、民、盟友充分準備、堅定合作，共軍進犯將無獲勝機會

　　若國軍妥善備戰守禦，部隊與傷亡數字都不會太高

　　人民傷亡很可能不高，實際損失少且是暫時性

　　心理衝擊與極端戰爭風險，是平民的主要威脅

　　共軍受挫後，侵台能力（數）十餘年內難以恢復

　　戰事停歇後，台灣經濟命運可能轉盛，也可能轉衰

家庭人因應方案

- 可以在損傷不巨大的情況下獲勝，不必長期離開台灣

　　學習緊急應變處理與避難的知識與技巧

　　為避免心理創傷與極端戰爭手段，優先讓孩童暫避居住海外

　　溝通聯繫可能前往的國家地區的親友幫助與支援

對事業人的影響與因應：經營短暫停滯，有極大增長契機

　　員工缺勤率升高

　　原料與商品受封鎖

- 空襲造成企業廠房設備損毀

- 反脆弱：可找尋企業運用戰爭風險下的獲益策略

註釋

1   中共專家，前中共中央黨校教授蔡霞，在其宏文〈習近平的弱點〉中如此判斷：「中國改變習路線的唯一可行方式，是最可怕也是最致命的：在戰爭中屈辱地失敗。如果習近平攻擊他的首選目標台灣，戰爭可能不會按計畫進行，而台灣在美國的幫助下，將能夠抵抗入侵，並對中國大陸造成嚴重破壞。在那種情況下，精英和大眾將會拋棄習近平，這不僅為習個人垮台鋪平了道路，甚至也可能為中共垮台鋪平了道路。」此見解也得到許多理解中國現況人士的呼應。 參見蔡霞，2022，〈習近平的弱點：狂妄與偏執如何威脅中國的未來〉，*Foreign Affairs*，9 月 6 日，https://www.foreignaffairs.com/china/xijinpingderuodian。

第 十 章

結局四「阻戰勝守」：
我們走在正確的軌道上嗎？

——誤導與脅迫下，阻止戰爭守住台灣的具體方法

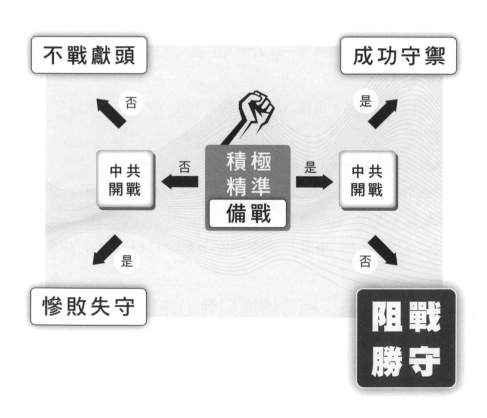

親愛的爸媽：

現今，我們正處在「阻戰勝守」的軌道上。也就是，我們目前正在成功地守護台灣民主、自由、法治的生活方式。

中共當然日夜希望將台灣納入其專制統治之下，但直至今天，中共沒有成功。中共未能引誘、迫使台灣「不戰獻頭」，也不認為可以擊敗國軍、拿下台灣。

在我看來，成功阻卻中共侵略的每一天，都是台灣的獲勝。這件事，值得我們慶幸，也值得引以為傲。

對我們最有利的，當然是持續維持這樣的局面，一直到中國發生巨變——無論是中共自發轉型，或者中共崩解、被推翻。到那一天，我們的處境將徹底安全。

但我們如果認為，這樣的結局將無風無雨、理所當然地到來，可能是太過樂觀。

我希望透過這篇報告，和爸媽說明：

1. 中共正在並且將持續用什麼樣的手段影響我們，讓台灣放棄積極精準備戰，甚至不戰獻頭。
2. 我們身為家庭人、事業人，應該如何怎麼做，防杜中共的影響。

阻戰勝守的挑戰：謊言傳播與脅迫施壓

在可預見的未來，台灣都在風險之中。中共多年來不斷以各種引誘、威嚇手段讓台灣走向合併，或是等候對台灣不利的局勢出兵強奪。

可預期，中共將運用以下手段破壞台灣抵抗的信心、意念與能力。有些手段可能在未來出現，而有些既存作法，可能有更大的力度。

一、企業淪為中共人質，成為向台灣當局傳導壓力的通道

2021 年底，遠東集團在上海、江蘇等地投資的事業受到中共當局罰款，總額約台幣 20.4 億元，並且傳言另有 12 家台企也將在受到重罰的名單之中。雖然表面上，開罰理由是環保、納稅、員工健康等方面的不合規，但國台辦與中共外圍媒體也很坦誠地把話挑明：「這是對台獨的警告。」[1,2]

2022 年 8 月，美國眾議員議長斐洛茜訪台前，中國海關總署發佈命令，緊急禁止一百餘家台灣食品公司進口（包括義美、泰山、郭元益等），總品項超過三千。表面上，這些商品被禁是因為未符合某「註冊管理規定」，但其意思也已經很明顯：「台灣政府有令中共不滿的行動，就拿台灣廠商開刀。」[3]

當中共對侵略台灣的意向日益明確，就將有愈高的可能性，透過打擊、懲罰、利誘、迫害台灣企業，透過企業的人際關係、政治獻金，影響台灣政治人物，藉以迫使台灣政府妥協屈從。

以下這些手段，中共已經使用過，或是都可能列入使用範圍：

● 假藉各種違規名義，對台灣企業罰款。

● 禁止台灣貨品銷售輸入中國。

● 禁止向台灣出口關鍵原材料、零組件。

● 對台灣企業在兩岸間人員往返、資訊流通、資金轉移加以刁難。

除非中國的政局發生驚天動地的改變（目前看不到絲毫徵兆），現階段整體局勢是往這個方向愈走愈深。透過打壓台商，以及向特別配合的台商施以恩惠，中共要達到以下目的：

● 改變台灣民意，讓與中共親善合作的政黨可以得到更多選票。

● 透過商界向台灣政府傳導壓力，弱化台灣政府備戰立場與行動。

● 透過商界向台灣部分政治人物、社會群體輸送資金，讓他們有公共活動、影響社會的資源，不斷發聲與行動阻礙台灣備戰的努力。

二、軍事手段耗損台灣軍事資源，造成恐懼與內部混亂

從過去數年的趨勢，我們可以預期／無法排除中共藉以下方式進行對台灣的軍事騷擾、打擊：

● 更頻繁、更貼近台灣的軍事活動，包括軍機繞台飛行、軍艦繞台行駛，以及砲彈／導彈射擊台灣海域。

● 近距壓迫，或是直接攻擊台灣軍機、軍事船艦、民間漁船、貨船。

● 以無人機攻擊台灣離島，甚至導彈攻擊台灣近海、本島。

● 攻擊佔領台灣南沙離島，甚至金門與馬祖。

無論是上述哪一個行動，其企圖達成效果是相似的，包括：

● 耗損軍事資源以及國軍人力。

● 提升台灣產業界經營風險，迫使國際資金、訂單離開台灣。

● 造成台灣民間不安，迫使選票流向對中共立場溫和退讓的政黨。

● 讓台灣民間的恐懼，轉化成要求執政黨向中共退讓的壓力。

● 將台灣民間的恐懼，引向減少備戰、減少與盟友的合作。

● 中共的手段造成台灣民間忿怒與懷恨，激化台灣內部的混亂，例如出現因為恨惡中共，而暴力攻擊中國移民，以及對中國態度友善的政黨與媒體。

三、在台灣安排代理人，消解民眾、國軍、政府備戰積極度

中共在台灣主要透過以下兩類代理人，阻礙政府、社會備戰的步伐：

第一類：政治人物（尤其立委）、（退休）軍官將領。其主要功用在於：

● 在政府備戰事務上消極，刻意將國防預算花在非關鍵環節、無效益的支出。

● 在國軍革新與強化戰力上態度消極，刻意不提升備戰的關鍵環節。

● 減少台灣人民對中共的警惕，注意力關注於台灣內部的矛盾。

第二類：專家學者、媒體、基層社群領袖。其主要功用在於：

● 否定政府與國軍正確的備戰工作。

● 汙衊盟友、阻礙國際交往，讓台灣陷入孤立。

● 以護航言論掩蓋中共的惡行，漂白中共形象、攻擊中共的批判者。

台灣目前看似和平，但其實已經開戰。中共正在用許多看似沒有砲擊、沒有火光與硝煙的方式，阻礙與打擊台灣的守禦能力。前述這些作為，都能對中共有朝一日進攻台灣創造勝利條件，甚至有利迫使台灣「不戰獻頭」。如果我們無法警覺，就可能從「阻戰勝守」的軌導上跌落。

專家見解

史丹佛大學中國經濟與制度中心高級研究員◎許成鋼

中共會大規模發展自己的軍力，直接來威脅台灣。我們也可以看到，這個威脅，實際上目前已經起了作用，

中共會刻意拉攏相當一部分的台灣可被收買的人，包括將領與軍人。我們已經可以看到，許多退役的台灣高級將領公開為大陸軍方說話，就是非常明顯地在動搖台灣的軍心。

共產黨制定了一個大目標，試圖在這個大目標下，拉住任何可合作的力量，來為他的目標服務。但是被他拉住的這些群體自己應

該知道，等到中共的目標達到後，會回過頭來處理這些人。這是中共百年歷史裡反覆不斷發生過的事。

演藝人員、國民黨政治人物、任何相信中共宣傳的人，甚至貪圖經濟好處的商人……，中共都願意用商業利益的方式把你們拉住，讓你們成為中共的工具，瓦解台灣的軍心。

中共也可能使用海禁的辦法，經濟封鎖台灣，只要部分的干擾，就可以給台灣製造非常大的壓力，迫使台灣自己投降。

政治大學國家發展研究所助理教授◎黃兆年

中共會利用混合干預的作法，影響台灣社會。這些方式可以視為戰爭（萬一未來發生的話）的前期準備，也是台灣過去幾十年來都在面臨的情況。手法有三種：

● **祕密外交**

可能是由主要政黨與中共有所溝通，在繞過民主監督的情況下協議合作影響台灣，最顯著的例子就是從 2005 年連戰訪中之後開啟運作的國共平台。

也可能是政府官員與中共之間的祕密商議，讓台灣政府官員在迴避人民監督的情況下，以行政方式落實雙方共識。最明顯的例子就是黑箱服貿，當時政府與中共間的協議被認為缺乏透明度，試圖避開國會審查。

● **地緣經濟**

不論哪個政黨執政都持續受到中共地緣經濟手段影響，包括經濟吸納、經濟脅迫。具體的手段包括對台灣商品的關稅調控、

契作養殖漁業等。

如果是國民黨執政，中共就給台灣好處與讓利、簽服貿協議、讓陸客來台等方式，藉由提供經濟誘因吸引民眾。

如果是民進黨執政，也可能運用這些方式，但更多的是用經濟脅迫。例如，2016 年蔡英文上台後未承認九二共識，中共就不開放陸客來台了。

2008-2016 年因為國民黨執政，北京讓陸客到台灣，很多人倚賴陸客維生。可是到了 2016 年，中共態度一改，旅客立刻無法來台，讓許多業者頓時陷入困境。台灣不應該仰賴威權政體不穩定的善意。

● 假訊息戰

中共利用台灣社會內部的差異和矛盾擴大分歧，改變人民的輿論與認知，讓人民不相信自己的民主政權，促使內部出現極化與內耗，降低人民的士氣與抵抗意願。

其中媒體滲透也是相當嚴重的部分。被滲透的媒體會幫忙中共進行政治宣傳，對各種議題自我審查，例如迴避六四相關報導。長期假訊息侵擾下，確實影響了許多民眾的認知，以及對台灣民主政府的信任。

YouTube 軍事頻道主說真話的徐某人

攻擊不一定需要大量導彈，隔三插五的攻擊足以破壞經濟和進出口秩序，嚴重影響國家經濟和信心。

商業信心的打擊會使台灣經濟停滯，商業往來最看重風險，風

險增加會使國際資金從台灣撤出。若要繼續，那麼保費會大幅飆升，提高貿易成本，如同戰火中的烏克蘭的情況。

維持「阻戰勝守」，要維繫四層必要條件

與中共隔海對峙，台灣已經維持不戰而勝的狀態數十年了。我們當然有可能繼續保持這樣的狀態，一直維護台灣自由法治的生活環境，直到中國巨變的那一天。

然而，中共領導人侵台的野心與急迫感顯著高於過往，其軍備、資源、國力信心也高於十年前，並已經開發出各種資訊戰工具影響台灣社會。我們要繼續維持「阻戰勝守」的狀態，難度可能比先前更高。台灣人民、國軍、政治人物，以十年前那樣散漫、易騙、缺乏警惕的狀態，很可能不足以守住台灣、保全我們的社會。

要在未來長期維持「阻戰勝守」的狀態，這些是絕對必要的條件：

一、民間有正確認知，發揮身為公民與專業者的影響力

每一個公民，每一個在機構中任職的人，每一個企業主與決策者，都需要了解：兩岸戰爭不是國軍的事，而是我們的事。我們在其中都有利害關係。

除了軍人，多數人守護台灣的方式不會是，也不必是運用槍砲，而是運用知識。我們需要更了解被中共統治後的處境，要了解目前的危機與優勢，要知道我們可以在兩岸戰爭中獲勝，以及獲勝的方式。

有了這樣的知識，我們將可以監督政府、支持國軍，並在我們任職

的機構、企業之中做更好的選擇和計畫，幫助台灣更安全、更強韌。

二、需要立場堅定的政治領袖，領導政府各職能成為國軍後盾

無論是否開戰，中共總會設法在台灣培養一群政治人物作為策應，阻礙台灣備戰、澆滅國民的信心，在關鍵時刻製造混亂。

我們需要支持堅定不成為中共內應的政治人物，在中央與地方、行政部門與立法機構，果決地支持國軍進行正確備戰，代表台灣爭取國際戰略合作。

三、國軍積極精準備戰，在武器、作戰技能各方面精準優化

台灣國軍是一支勁旅嗎？在對抗共軍作戰的各種可能情境，有明確的武器準備、戰鬥培訓嗎？迄今為止，許多國民仍缺乏信心。

近幾年，從總統到國防部，對於部隊的改革似乎都有危機感與決心，而且我們的盟國也表達高度支持意願。這些計畫都需要落實，才可能化為具體的國防戰鬥力，成為共軍出兵的嚇阻。

四、深化盟國互信，情報、訓練、協同作戰合作緊密度不斷加強

美日澳歐等國，在過去幾年如大夢初醒一般，開始重視台海局勢，對於協助台灣免於武力併吞，態度日漸積極與明確。

台灣需要把握機會，讓盟國的態度具體落實成備戰機制的一部分。從關鍵武器的採購與維護（例如反艦導彈），到部隊技能演訓、協同作戰互相嵌合，台灣與盟國合作愈具體、愈深入、愈落實，台灣就愈安全、

愈難被打敗。

而在各方面，我們一般人，普通國民、家庭中的父母、機構中的員工與主管、公司的老闆與領導人，我們可以、需要做些什麼？在下一部分將逐一描述。

專家見解

史丹佛大學中國經濟與制度中心高級研究員◎許成鋼

最重要的，是讓台灣民眾對中共性質有更多普遍的認識。因為一旦台灣人有透徹的了解，那麼中共會對台灣人帶來多大的傷害，大家就會很清楚了。

認知中共真正的性質、他們在歷史上做過的事情，以及他們現在正在做的這些事情，是最重要的。

從中共綁架香港書商、抓八旗的富察可見，中共害怕眾人揭露他的基本性質。為了保衛台灣，民眾必須努力認識中共的本質。

國立政治大學國家發展研究所助理教授◎黃兆年

公民、家庭或是個人層面，需要透過知識和價值與之對抗。

媒體識讀當然很重要，但前提是要有多元的媒體環境，在其中大家能發展媒體識讀與資訊判讀的能力。如果整個媒體資訊環境都充斥假訊息，那就沒有什麼好資訊判讀了。

因此，我們必須要有多元而且相對有自主性的媒體，包括公廣集團、商業媒體、公民媒體。其中當然可能有一些被收編，但仍有很多是自主性的、台灣的商業媒體、公民媒體。此外也要有事實查

核機構，以及我們自己的影視生產等，而不是都去接收外來的。在
這個基礎環境工程之上，我們才能發展媒體識讀。

　　就台灣現況而言，媒體識讀其實也應涉及中國識讀與國際識讀，
包括對於當今中國的認識，對於國際地緣政治的認識。中國是我們
現今所面臨到的最大外部威脅，而台海情境鑲嵌在客觀的國際爭霸
結構中、地緣政治結構裡。我們對這些知識要有所理解，才有能力
辨別資訊的真假。

　　除了知識之外，我們必須認識自由、民主的制度與價值，這才
是我們為什麼要抵抗中國侵略，以及為何我們要打贏這場戰爭的原
因。我們需要深刻認識，才可能真正信任它、認同它。否則，我們
就不知道為何而戰。

　　企業的部分，比較單純，就是要想辦法多元化，投資與貿易對
象不能繼續仰賴中國，這樣是把雞蛋都放在同一個籃子裡。當台灣
在產業層面對中國產生依賴，就是讓中共有控制台灣的施力點。

　　關鍵核心技術也需要避免流入中國，這相當值得台灣注意。中
共在滲透台灣的產業與企業，很希望取得關鍵技術，以達成類似「中
國製造 2025」的戰略目標。

　　以前中國要向西方的先進國家購買進口關鍵原材料和中間財，但
現在希望建立紅色供應鏈，以擺脫對西方的依賴。這使中共急切地一
方面試圖自己研發生產，另一方面運用各種方式取得關鍵核心技術。

YouTube 軍事頻道主說真話的徐某人

　　只做到不輸仍不夠，烏克蘭當前也僅是不輸，但做足了贏的準

備。長期的消耗磨損比只有一波兩波的攻勢更可能發生。若沒有求勝的決心與策略，最後很可能內部崩潰而投降。心中要有贏的欲望，才有可能不輸。

攻擊對方領土上的軍事設施，可能會招致更大的報復，例如敵方對我方進行更強烈的反擊。在此情況下，是否要進行攻擊，需要民意的支持。但我個人認為應該採取源頭打擊策略。

這樣的攻擊能讓盟友了解到，你是有反制能力的，盟友也才願意持續大力支援。即便不能完全壓制共軍的導彈打擊能力，但只要能夠削弱，就足以達成效果。

王立第二戰研所團隊

台灣社會對於戰爭的認知和準備不足，這主要是因為政府和軍方一直沒有讓社會討論和了解這個問題。

然而，在現代戰爭中，社會的支持和動員至關重要，不僅僅是依靠軍事實力。例如，在俄烏戰爭中，烏克蘭人民的支持和抵抗是非常明顯的，才能支撐這場仗持續下去，而台灣社會對於這個問題的了解和支持，卻還有很大的進步空間。

因此，政府和軍方需要積極推動社會對於戰爭的認知和準備，以確保國家在面對挑戰時，能夠獲得社會的支持和動員。

家庭人方案：守望、監督，與避險安排

一、守望：監督執政者備戰的積極度、精準性

　　負責邊防的軍隊中，都會有士兵擔任守望：時時望著敵軍的方向，當敵軍出現意圖攻擊的時候，就立刻吹號敲鐘警告部隊，立刻準備作戰。

　　在台灣現今的處境下，每個家庭都要有人負責「守望」一件事：台灣執政者有沒有在積極精準備戰？

　　當發現執政者在備戰方面擺爛失誤的時候，要能提醒家人預做準備，並且及時行動。

二、透過選舉督促政治人物積極精準進行備戰工作

　　台灣要有足夠的家庭參與守望，並透過其選票督促政治人物這幾件事：

- 要求政治人物能對中共的侵略、中共極權的施政，採取堅定果決的反對立場。
- 要求各層級政治人物在其權責範圍內，協助與支持國軍的備戰。
- 要求總統（候選人）提出國軍革新與優化的具體工作事項，並接受各界專家批評，以求優化與進步。
- 要求總統（候選人）積極與美日澳歐等盟友的軍事合作。

　　當台灣有足夠的選民，都明確表達期待，也用這個方式選擇台灣的領袖，台灣將可以愈來愈安全。

三、安排家人與資產，達到風險最小、效益最大

　　當我們長期關注上述資訊，知道台灣是否有正確備戰，即便不見得總能影響大局，也可以對家人與資產做出相應的最佳安排。

　　若觀察到台灣缺乏正確備戰，可以為家人與資產規劃減少風險的作法。

　　若認知台灣有正確備戰，對戰爭結果有合理的信心，當中共出兵攻打台灣，台幣、台股、台灣房地產會有一波嚴重的下跌。在此時藉機大舉買進，將會得到豐厚回報。這也將是有長期關心台灣政局資訊的人，可以得到的報償。

事業人方案：積極影響與降低曝險

一、守望：緊盯政府與國軍的備戰態勢

　　無論從個人或是企業的角度來看，最可能觀察的，也是影響最大的，是關於政府與國軍的備戰。

　　如果有積極精準備戰，兩岸可能持續推延戰爭的發生；既使戰爭爆發，企業營運受到的影響將是有限且暫時的。

　　但如果放棄積極精準備戰，最好的情況下，台灣企業將逐漸落入惡劣的經營環境；最壞的情況下，就是所有資產被摧毀，努力積累的一切毀於一旦。

　　公司高層應安排專職人員負責關切政府有沒有在努力備戰；一旦發現政府沒有認真備戰，一定要有所反應。這就是所謂的「守望」。

　　公司中的風險主管、策略主管，或營運主管，可以在公司中提出方案，訂購相關知識服務，作為公司判斷與反應的依據：

- 蒐集資料與評估中央政府是否不斷督促與支持國軍在武器強化、訓練革新、技術研發、策略完善等方面不斷進展。
- 蒐集資料與評估中央政府是否不斷強化與盟友之間的互信、交流、軍事合作。
- 蒐集資料與評估地方政府是否有完整的備戰計畫，支持國軍與民間

的備戰工作。

二、影響：以獻金與產業網絡影響政治人物

企業不必，也不該消極被動地承受政府備戰與否的結果。其實企業有許多方式可能影響政府的偏向與決策，包括：

● 若是大企業，可直接透過本身的公關系統，和政治人物溝通，並依據上述資料，分配對政黨與政治人物的獻金捐款。

（事實上，許多企業是各方都會捐款，但比重可以調配。）

● 若是較小的企業，可透過產業公會、企業社團集結力量，和政黨、政治人物溝通，影響決策。

三、離開：減低對中國市場、原料與製造基地的依賴

隨著中共謀奪台灣日切，其藉助台資企業向台灣政府當局施壓，有可能日益密集，手段日益加重。如今，許多跡象都指出，進程已經開始。

根本的解決方案，誰都想得到：撤離中國——台灣企業減少在中國的業務，減少原物料與市場對中國的依賴是當務之急，多做一分算一分。

短期而言，這樣做的難度相當高，會造成極大的財務損失。即使投入極大量的人力與資源，也不見得能在東南亞、印度打造同樣生產效益的產業環境。

從企業的角度看，這件事很難在短期有兩全、巧妙的解決方案。台灣許多企業，都已經在財務允許的程度上進行調適與轉變。其中有部分企業，也已在原料、市場、生產基地轉移上取得了進展與成績。畢竟辦法是人想出來的；只要有心解決，辦法總比問題多。

離開中國：困難的功課，早下功夫的人，早有收穫

　　台灣產業界過去三十年間，將生產基地移至專制集權的中國大陸，運用其廉價勞動力、較寬鬆的環保與勞動法規，得以累積財富至今，其實已經是運氣不錯了。如今，運氣走到盡處，走上「正軌」，也是一種理所應當。

　　從企業挑選經營環境而言，一個沒有憲政法治、沒有分權制衡、沒有公正司法、不保障財產權、言論自由與獨立媒體全部缺乏的社會，本來就並非經營商業的良好環境。

　　在這樣的環境中，經營被阻礙、被擾亂、被巧取豪奪，並不是會不會發生的問題，只有當權者何時想讓它發生的問題。

　　在中國經營生產有其風險，沒有人不知道。而現今，這個風險從大家都知道的可能性，逐漸走向將要發生的必然進程。

　　當企業克服學習的門檻，渡過了轉移成本最高的階段，之後就不再是中共的人質。而那些不願克服當前門檻的企業，脖頸上總有一把刀架著。

　　許多觀察家指出，無論是習近平，或是其人馬派系，其治國方略就是要讓中國逐漸走向「北韓化」──私人企業經營將日益困難，與國際外界聯繫將日漸關閉。如果這個趨勢總體為真，為了企業長遠經營著想（甚至短期收益考量也支持），台灣企業本就應該早點遠離中國這個危局。而且，愈早開始行動的人，將會愈快離開陣痛期、進入收穫期。

守住台灣探討筆記

阻戰勝守的挑戰

1. 企業淪為中共人質，成為向台灣當局傳導壓力的通道

2. 軍事手段耗損台灣軍事資源，造成恐懼與內部混亂

3. 在台灣安排代理人，消解民眾、國軍、政府備戰積極度

維持「阻戰勝守」的必要條件

1. 民間有正確認知，發揮身為公民與專業者的影響力

2. 需要立場堅定的政治領袖，領導政府各職能成為國軍後盾

3. 國軍積極精準備戰，在武器、作戰技能各方面精準優化

4. 深化盟國互信，情報、訓練、協同作戰合作緊密度不斷加強

家庭人的守望與行動方案

1. 守望：監督執政者備戰的積極度、精準性

2. 透過選舉督促政治人物積極精準進行備戰工作

3. 安排家人與資產，達到風險最小、效益最大

事業人的守望與準備方案

1. 守望：緊盯政府與國軍的備戰態勢

2. 影響：以獻金與產業網絡影響政治人物

3. 離開：減低對中國市場、原料與製造基地的依賴

註釋

1 參見呂國禎、李玟儀、韓化宇，2021，〈台商大清整》遠東被控台獨只是開始，明年「習三任」更棘手！〉，商業周刊，12 月 8 日，https://www.businessweekly.com.tw/focus/indep/6005965。

² 參見劉家瑜，2021，〈國台辦：制裁「台獨金主」還有下波 12家企業挫咧等〉，民眾日報，11 月 25 日，https://tw.sports.yahoo.com/news/%E5%9C%8B%E5%8F%B0%E8%BE%A6-%E5%88%B6%E8%A3%81-%E5%8F%B0%E7%8D%A8%E9%87%91%E4%B8%BB-%E9%82%84%E6%9C%89%E4%B8%8B%E6%B3%A2-12%E5%AE%B6%E4%BC%81%E6%A5%AD%E6%8C%AB%E5%92%A7%E7%AD%89-060512624.html。

³ 參見邱莉燕，2022，〈圍台軍演下的台商／禁運制裁黑名單，開啟「潘朵拉盒子」只差一步〉，遠見雜誌，8 月 15 日，https://www.gvm.com.tw/article/93104。

第四部

守住台灣，我們能做什麼？

國軍是護衛台灣的核心力量，
但需要政治領袖和產業界給予的強力支持。

左：英國首相張伯倫與希特勒會面，簽署《慕尼黑協定》，默許德
國併吞捷克部分領土，認為能換取和平，卻為後續納粹德國野
心更大的武力擴張拉開序幕。Photo credit: Bundesarchiv, Bild,
CC BY-SA 3.0 de

右：美國作為全球軍事強國，不僅因為武器領先，軍隊的口糧、衣
物都具水準。圖中二戰時兩位義大利戰場上的美軍正在使用配
給的餐點。Photo credit: Greenhaus, 163rd Signal Photo Co.,
Public Domain

在台海戰爭的漫長的威脅中，我們必定能，也必須要「因應」；但我們能「影響」嗎？

確認國軍、政府、企業機構負起職責，是我們的權利與責任

在第三部，我們分析了四個戰爭結局走向，對我們最好的情境，當然是一直維持「阻戰勝守」。而當大環境發生偏移，無論是走向開戰，或是台灣竟然選擇「不戰獻頭」，都有相應的行動方案，以及行動時間點。

對某些人而言，這樣仍然不夠。有些人不甘心只能被動接受情勢的移轉變化。

有些人希望能影響情境往我們希望的方向走，希望能確保台灣的備戰走在正確的軌道上。

我們做得到嗎？

也許不易，但是可以的。

在本部分的章節中，感謝以下學者、專家接受訪談、提供見解指導：

- 政治大學東亞研究所名譽教授丁樹範

- 國家政策研究基金會副研究員揭仲
- 國防安全研究院國家安全所研究員兼所長沈明室
- 軍官退役、台灣大學兼任助理教授、中華亞太安全治理學會資深研究員廖天威
- 中華亞太安全治理學會祕書長、台灣大學兼任助理教授（主授國防安全）劉鐵軍
- 國防安全研究院國防戰略與資源研究所所長蘇紫雲
- 王立第二戰研所團隊
- YouTube 軍事頻道主說真話的徐某人

第十一章

國防是否精準優化與革新？

──不被誤導唬弄，珍惜每一位國軍的生命不冤枉犧牲

　　我們刻意安排小逗點睡午覺的時間上火車，但他卻不配合。一下吵著要看卡通，一下吵著要出去。（跳車會送命的嘛！）不能滿足他的要求，他開始大哭，為了避免吵到其他乘客，我們抱小逗點到車廂間的空間安撫。

　　經過一番折騰，小逗點終於睡著。睡得很熟，小腦袋緊靠在主管肩窩。車程還有三小時，主管要看部影片嗎？

　　「我有個問題想討論一下。」主管聲音放低，火車的背景雜音可確保小逗點不被吵醒。「我們怎麼知道現在國軍有沒有在積極精準備戰？這件事，問 ChatGPT 也給不出答案啊。」

　　我們現在不知道。但我們需要知道，而且其實可以知道。

國軍有積極精準備戰嗎？為何我們無法認知與相信？

　　在共軍入侵的時候，國軍戰勝的關鍵（也同樣是嚇阻止戰的關鍵），在以下這些環節，可謂相當明確：

聯盟友，守空域、擊渡海、抗登陸

　　「國軍現在，有沒有明確地在這幾方面進行精準、顯著的強化？」

接著，主管和我討論彼此的觀察，並一起查閱相關檔案。

　　國軍的公開表述，當然是：「有！正在積極備戰。」但要看到具體作為細節，又很模糊。我們很希望得到令人安心、明確並有說服力的答案，卻屢屢失望。

政府公開資訊提及備戰重點，篇幅有限，並不具體

　　當我們閱讀總統相關演講、國防部長受訪、國防部的重要政策文件，確實有些篇章提及這幾個環節。例如，2021 年《國防政策白皮書》在「軍事戰略」這一章，就將「拒敵於彼岸、擊敵於海上、毀敵於水際、殲敵於灘岸」列為台灣國防的理念[1]；該白皮書「整建重點」部分所列出的加強武器與科研計畫[2]，也確實符合台灣備戰的關鍵環節。

　　「我覺得並不很安心的地方在於——你看，這份白皮書中的內容有 196 頁耶。其中針對這些關鍵環節有所討論、著墨的，嚴格來說也就只有那幾頁。國軍在備戰上，是否能精準地投入心力與資源？老實說，無法讓人覺得安心。」主管和我有相似的感覺。

　　除了需要知道國軍的備戰工作是否精準改善關鍵環節，我們也很在意是否態度積極。

備戰工作，國軍內外受到阻力；我們需要判斷而無法盲信

　　「就算國軍高層知道重點何在，也說得好聽，要加強這些重點，但如果私下不積極進行，甚至暗中阻礙，那也沒有用啊。」主管說。

　　國軍有可能不積極備戰嗎？

　　這是有可能的。國軍中固然有人思維清楚，認真任事，並且站在和多數人民一樣的立場，與我們追求相同的目標（守住台灣），但也有一

些人不是這樣的。而且，國軍還受政府領導者方面的約束，例如總統、行政院長、立法委員的態度。

不指名道姓，不針對性批判（非本書重點），但我們看得明白，國軍積極精準備戰之路有阻礙，來自於以下方面：

● 部分執政高層不主張備戰以守住台灣

台灣並非每個政黨、每個政治人物都同樣認為中共是台灣的威脅，或是不認同備戰是守護我們安全的正確策略。這樣的政黨若執政，這樣的政治人物若成為總統、行政院長、立法委員，就可能消極阻礙台灣的備戰，或是刻意讓備戰方向走偏。

● 執政高層對備戰策略與重點缺乏完整、深入的認知

無論是哪個政黨執政，即便是有意願備戰保台的政治人物，很可能也並不認知備戰的重點何在。原因包括：

1. 台灣民選的政治領袖要花大量時間經營人際關係，處理大量繁雜瑣碎事物，其中具架構性學習深思能力的人甚少。
2. 國軍的公共溝通模式也並沒有把戰略重點表述得夠清楚。
3. （部分）國軍高層並不見得樂意讓社會、政黨、政治人物真的非常理解備戰的重點。

執政高層無法清晰理解備戰重點，以致於對真的重要事項並不積極推動，反而阻礙或忽略，也是有可能發生的。

● （部分）國軍管理層缺乏備戰意願

關於備戰，有部分國軍領導者有高度決心，都值得尊重。但事實是，

也有一些人並不是如此。從許多公開與私下接觸的案例中，軍方高層／管理層中有這樣的軍官：

認同中共，覺得台灣被中共統治也沒什麼不好。

中高層軍官事實上被中共挖牆角收買，許以當前或是未來的利益。[3,4]

從軍只是為了謀職，沒有遠大理想；如今升到中層，只希望領終身俸退休，並不想努力學習新事物、在培訓或工作內容上有所進步或改變。

「無奈的是，許多政治領袖，甚至許多軍官此時此刻，並不知道精準備戰是重要的，或者他們毫不把此放在心上，不關注台灣是勝是敗。他們不認為台灣能勝，或不想為之付出心力準備。這很無奈，卻是事實。」我稍微為這個討論做個小總結。

「可能更大的問題在於，許多台灣人不僅難以確信政府真的有在積極精準地備戰，甚至對國軍整體的信任都非常低。」主管無奈地說。

專家見解

王立第二戰研所團隊

目前為止，所有國防建設的配置，都由軍方主導，受到行政監督與指揮的程度過低，國軍持續在自己內部文化下運作。

軍方還一直認為，只有軍方的人才具有相關專業，影響了軍方與社會和行政部門的溝通態度。

軍方認為專業的只有軍人，對於外界質疑回應有限。台灣軍方缺乏認知，造成革新速度緩慢，對於行政部門的意見往往是質疑抗拒，並不利於發展。

軍方可能認為與民眾溝通是成本效益低的事情，因為自認準備

是充足的，且美國一定會介入。軍隊不太願意與社會溝通對話，而使社會認為軍事戰爭是軍人的事情。軍隊會認為作戰就是軍方的事情，其他外人不要來介入指導。

然而，在俄烏戰爭經驗裡，會發現一般百姓一定要展現支持與民意，才能讓其他民主國家願意提供協助。畢竟他國的援助，也需要各自民意的支持。

只要人民屈服了，總統也得屈服，就能瓦解整個社會的鬥志。我們的軍隊沒有設想到這件事，而缺乏與社會聯繫溝通。

據調查顯示，台灣人民願意捍衛國家的比例高，但願意去當兵的比例卻是低的。中間的落差原因在於人民與軍隊的疏遠。人民保衛國家的選項不會是從軍。

中華亞太安全治理學會祕書長、台灣大學兼任助理教授（主授國防安全）◎劉鐵軍

國軍長期有不少內部的問題：

1. 現今國軍內部有很多士官兵不知為何而戰、為誰而戰。在國民黨執政時期兩岸關係和緩，民進黨執政後兩岸兵凶戰危。因政黨輪替使兩岸政策上有明顯的變化，導致國軍無所適從。

2. 國防部的人才招募方式應再精進。目前招募的方式皆以薪資待遇為號召，導致部分召募而來者產生價值觀偏差，較易受到外在金錢的誘惑，而出現違法情事。此外，國軍薪資與一般企業所提供之待遇相較，也難吸引高階人才。

晉升遴選的標準應更加公開、透明，特別是「將」級。避免因

人設事或私相授受，導致內部怨懟或黑函滿天，影響聲譽及領導統禦。

3. 缺乏留才誘因，部隊留不住人才是不爭的事實，許多優秀幹部屆齡即退伍，導致人才斷層且經驗無法傳承。

例如，2024 年的義務役役男由於改為一年新制，使得薪資急遽拉升，在整體國軍人事的維持費上佔比較高，將排擠作戰訓練或武器裝備採購的預算，也引發志願役的不滿。

軍人社會地位低落不受尊重，常覺得自己像是廉價勞工。例如救災時，一個里長都可以指揮一個連長做事。

4. 國軍的訓練方式未隨武器裝備的更新而與時俱進。舉例而言，現代戰爭少有近身肉搏戰（從俄烏戰爭經驗可知）。但是傳統的將領，他還是認為學習刺槍術有其必要性。另外「軍人」的形象與培養模式被社會否定，也造成一定程度的失落。

有些人整體上對國軍缺乏信任，為什麼？

主管壓低了聲音：「我有和一些朋友、同事談起，他們對國軍不是很有信心耶。」

談起共軍侵台戰爭，就無法不討論國軍。而討論國軍，常遇到兩方面的為難。其一是，台灣的安全真的要靠國軍維護，我們必須肯定國軍的重要性，以及其中許多人的盡責付出。

但另一方面，我們也知道國軍有許多問題；基於許多方面實況，國軍真的有令人失望、無法從心底信任之處：

一、許多人都親身經歷國軍非常不理想的運作實況

「如果查閱網路上對國軍負面批評的文章,會發現其中多數,不是厭惡戰爭的女性或母親,不是對岸背負宣傳責任的五毛小粉紅,而是台灣當過兵的男性,而且義務役、自願役、資深軍官的言論,我都看到很多。」主管也做了不少功課。

對國軍的疑慮,以下列主旨為大宗:

● 虛偽造假風氣嚴重:包括裝備維修、資產清點、培訓課程,都多有假造;有良知、想遵法守紀的人,在軍中往往非常痛苦。

● 濫權欺凌情況普遍:在軍中,中高階軍官將義務役士兵當私人僕役情況常見,甚至職業軍人之間,也普遍有憑藉職級,壓迫驅使下級為上級提供私人服務的情況。有才能、高自尊的人,難以見容於國軍職場。

● 備戰訓練落後、缺乏效益:眾所周知,義務役軍人被要求花大量時間練習踏步答數、清潔打掃、擦槍抹鞋、折被燙衣。在守衛台灣上,最有效益、最有價值的國防知識、戰鬥觀念、實況操演,其實非常少。

我自己也當過兵,個人雖然沒有經歷大部分最暗黑的部分,但僅在我所親身經歷的那些事件中,就深刻地體會、感受到,什麼叫做:

無自由、無尊嚴,毋寧死。

絕大多數有親身經驗、觀察過國軍的人,對國軍的失望與懷疑,都是有所本,值得正視。

「你當年看到的這些現象,現在是否有顯著的改變?」主管好奇。

「從各種跡象看來,沒有非常明顯的改變。至少,軍方從來沒有很

正面承認這些問題具體存在，也沒有公開提出解決方案。許多近期仍有軍旅經驗的人，仍在網路上，或和我分享相似的經驗。」[5]

二、國軍中確實有害群之馬、作業漏洞，令人疑慮

在 2022 年底到 2023 年初，有兩次爆出軍方內部共諜案。分別是劉姓退役空軍上校[6]，以及陸軍步訓部上校主任向德恩[7]，對國軍高層軍官進行收買、收編。

這樣的事件讓人亦喜亦憂。喜的是，檢方有正視共諜在國軍中蛀蝕活動；憂的是，兩個案件被抓到實證、移送法辦，還有多少在活動的共諜沒有被發現？

除了中共主動在台灣收編間諜，台灣軍方也屢有失心大意，可能被共方利用的案例。例如，中科院曾將雄三飛彈中的部件送至山東維修[8]、天弓飛彈零組件供應商用淘寶上買的中國製品替代買美國原廠貨[9]，後者從中不當獲利高達數千萬，已被法院判刑高達十年。

主管的想法和我一樣：「有這些害群之馬、作業漏洞、假造舞弊，我們對國軍的備戰作為、武器裝備的精良程度，能有百分之百的信心嗎？真的很難。」

三、國軍的社會溝通，主要是宣傳美化，非直面中立檢視

「有幾個國防部支持的媒體管道，要不要試著看一下？看過之後，有沒有提升對國軍的信心？」我打開這些網站讓主管檢閱。

主管從我的 ipad 上認真地點閱這兩個網站，搖搖頭：

「這些宣傳影片中，確實有國軍坦克實彈射擊、戰鬥機起降，配上雄偉的音樂。但我無法知道，這樣的實彈射擊多大程度模擬戰爭實況，

或是這樣的練習可以在共軍攻台的哪些環節發揮很高的作用。

我讀到不少新聞稿,看到了許多軍事單位節慶活動、高層軍官巡視訪察、政治領袖的嘉勉期許。但這些新聞,都是軍方自我的描述,並不是第三方中立評價、經檢視確認後的判斷。

這些報導與文宣內容,對於加強我對國軍戰力的信心,幫助真是好小。」

深有同感。當我閱讀台灣的軍事新聞,還有國防部釋出的宣傳影片、新聞稿、文告……,試圖解答心中急切的問題,卻發現資料量雖大,卻很難從中抓取提煉出我需要的、有說服力的答案。

不積極精準備戰,我們與國軍,都成為犧牲品

我確實需要有說服力的答案。因為國軍是否以正確方式積極精準備戰,決定了我們與家人能否在台灣安全生活,決定了我們要做什麼樣的生涯抉擇。

說白話點,若國軍沒有以正確方式積極精準備戰——

共軍就有更高可能渡海登岸後向我們砲擊,把家園炸成廢墟。

台灣就更可能喪失空優,轟炸機在我們住的城市投下炸彈。

我可能會死,家人可能會死,努力大半輩子的財富和事業都會化為煙塵。

我不能接受。我家的主管也不能接受。

我相信,絕大多數的基層、一線官兵也都不能接受。

因為他們將在戰鬥當中面對槍砲、承受殺戮。國軍是否積極精準備戰,決定了他們將面對一百個敵人在面前搶灘上岸,或是一萬人;決定

了國軍俘虜喪失鬥志的共軍，或是共軍槍殺彈盡援絕的國軍。[10]

這些基層、一線官兵，他們在戰爭中將承受最高的威脅，但在備戰的階段，他們最沒有話語權；在軍隊體系中，他們只能服從，無法批評。若有高層失誤判斷，或接受好處倒向共軍，他們就是被犧牲的代價。

「而這些基層、一線官兵，可能是我們的朋友，我們的親戚；或者日後某一天，就是我們家的小逗點。」主管抱著小孩，抱得更緊了。

「所以我們現在要替他們觀察、監督、守望、發聲。」

「對，以免來不及。」主管眉頭緊蹙：「不過，具體而言，我們又該怎麼監督守望呢？要先有能力分辨到底國軍有沒有在積極精準備戰啊。」

專家見解

王立第二戰研所團隊

國軍整體形象受退將影響，許多退役將領跑去中國，與中國官方關係曖昧，這些軍方代表性人物的言行嚴重有損國軍守禦進攻的形象，也是讓社會對軍方不很信任的原因。

當一些部隊內部管理出問題後，受到社會、民意代表的壓力，動輒得咎，軍方也開始鄉愿。軍方不知道該如何與民主社會對話。

曾出現如 32 度不能出操、強制喝水等形式主義的要求。最後演變成，軍隊讓大家進去平安度過即可，避免承擔其他的責任。

軍方為了少數事件、少數人而妥協，讓社會普遍感到當兵是無意義的事情、在部隊不做正事、不知目標何在等。

中華亞太安全治理學會祕書長、台灣大學兼任助理教授（主授國防安全）◎劉鐵軍

確實許多國人對於國軍缺乏信心，但究竟原因為何，本書並未探討。因此我提出幾點可能的原因：

第一個原因：國軍管教方式守舊，例如老兵欺負新兵的問題（如洪仲丘事件）。洪案當時國防部輕忽了網路的力量，進而引發人民串連走上街頭，最終導致國防部長下台，這應該是世界首例。

第二個原因：多數國人不認同國軍訓練方式，認為服兵役只是在浪費時間。

第三個原因：多數國人認為國軍是米蟲。國軍非生產單位，而是消耗單位，每年編列龐大國防預算浪費國家資源，還不如將預算用在經濟上比較實際。

第四個原因：受媒體報導影響，多數國人普遍認為國軍軍紀渙散。舉例而言，近期國軍發生的逃兵事件，甚至以模型槍替換真槍，以及掉槍機，還有軍中內部的不當男女關係等。

第五個原因：國軍裝備老舊。多數國人都認為兩岸軍力差距過大，即便買再多的武器裝備也無法抗衡中共，那為何還要浪費國家資源採購大量的武器裝備，不如將預算用在發展經濟效益更佳。

第六個原因：現代社會是金錢導向。舉例來說，科技業的年終獎金讓人稱羨，但從軍的待遇根本無法與熱門產業薪資相比。

政治大學東亞研究所名譽教授◎丁樹範

1. 國軍因少子化，在訓練時動輒得咎

由於少子化，導致國軍的新兵招募愈來愈困難，因此國軍對於進入軍中服役的青年，包括義務役及職業軍人，十分珍惜，生怕出意外。每當發生意外或事故時，都會受到大量媒體的批評，進而引起社會的不滿。

2. 不扎實的訓練影響士氣與國家安全

因為怕國軍訓練出意外後會受到社會批評指責，國軍愈來愈不敢嚴格執行訓練。這不僅影響士氣，也影響到國家的安全。要解決這個問題，必須建立一套合理的訓練制度，並且讓社會可以接受這樣的訓練是必要的；如果有意外發生，需要共同承受，並對家屬合理解釋與撫恤。這需要政府、立法委員和各級幹部共同面對解決。如果不處理這個問題，國軍的訓練將無法有效執行，影響國家的安全。

我覺得這個問題是關於我們對於自我防衛能力的信心，因為台灣已經 40 年沒有戰爭，部隊也缺乏嚴謹、高品質的訓練。當民眾被問到對於自我防衛的信心時，很多人可能會表示缺乏信心。這會產生惡性循環。

國軍精準備戰的關鍵環節與觀察重點

我們替國軍，當然也包括替自己觀察、監督、守望、發聲的重點，就是共軍入侵時，確保國軍戰勝的四個關鍵環節：

聯盟友，守空域、擊渡海、抗登陸

在這些環節中，我們要能夠看出，什麼樣的作為是積極精準的備戰，

什麼又是在消極擺爛。以下，分四大項探討舉例：

聯盟友：是否積極深入配合盟軍演訓，甚至開放監督？

在與盟友加強合作方面，如果國軍積極精準備戰，可能採取以下作為，並且收獲相應的結果：

● **與盟國協力演習訓練**：積極配合、爭取擴大接受盟國（例如美國、歐盟）軍事演習訓練。

可預期結果：國軍得以強化先進戰鬥觀念，強化先進武器操作技巧。

● **情報指揮系統對接**：積極提升可靠度、克服技術門檻，爭取資訊情報分享對接。

可預期結果：更廣泛掌握敵方可靠情資，國軍更精準打擊入侵者。

● **制度、科技、培訓方式優化**：開放傾聽盟國對國軍制度、科技、演訓方法的建議。

可預期結果：基於盟軍中立、專業、可信的建言，優化國軍的制度與戰力。

當國軍持續積極加強與盟友合作，共軍入侵時，我們或許可以預期看到接近以下的表現：

中共對台灣出兵時，盟友積極、快速出兵協助；國軍在訓練、情報、軍備優勢下，更能以小程度的損失與傷亡戰勝阻擋共軍攻勢。

相反的，在與盟友加強合作方面，如果國軍備戰消極擺爛，可能發生以下情況，並且發生相應的結果：

● **與盟國協力演習訓練**：不爭取盟國（例如美國）聯合軍事演習訓練；甚至接到邀請時消極對待，藉口推拖。

可預期結果：國軍戰鬥觀念更新緩慢，先進武器操作技巧無法全面熟悉。

● **情報指揮系統對接**：情資可能洩露，坐視技術門檻存在，阻礙資訊情報無法對接。

可預期結果：難以掌握敵方可靠情資，國軍導彈打擊失利。

● **制度、科技、培訓方式優化**：否定盟國對國軍的建議，認定為惡意的干涉。

可預期結果：國軍關門玩尿泥，戰力持續低下，在社會上更加不受尊重。

當國軍在與盟友合作方面消極擺爛，共軍入侵時，也許將面對類似這樣的戰果：

中共對台灣出兵時，盟友對出兵態度消極、觀望，國軍更可能在不利情勢下，獨立阻擋共軍攻勢，傷亡慘重。

國軍與盟友合作的深度對戰爭結果影響極大。我們當然會需要知道，國軍的備戰實況，比較靠近上述哪一種形態。

與盟友加強合作作為舉例

	積極精準備戰	消極擺爛
協力演習訓練	☑ 配合、擴大爭取 ➤ 戰鬥觀念更新、操作先進武器	☒ 消極推拖，不配合 ➤ 戰鬥觀念落後，不熟悉先進武器
情報指揮系統對接	☑ 盟友協助提升技術 ➤ 情資可靠，有效打擊	☒ 情資洩露，盟友不再信任 ➤ 無可靠情資，打擊失利
制度、科技、培訓	☑ 開放傾聽建議 ➤ 優化制度與戰力	☒ 將建議視為干涉 ➤ 戰力低下，不受尊重
整體影響	盟友出兵協助，國軍損失與傷亡小，戰勝共軍	盟友消極觀望，國軍獨立阻擋共軍，傷亡慘重

守空域：是否擴大優秀飛官、導彈發射人才儲備，深化培訓？

在加強制空權守備方面，如果國軍積極精準備戰，可能做以下的事情，並且收獲相應的結果：

● **飛官人才**：積極改善制度缺陷，確保能力素質的同時，增加飛官人才數量。

可預期結果：有更多飛官人才，縮減我方空軍數量上的劣勢。

● **飛機與導彈**：積極強化飛機與導彈維護、操作演訓，確保制空武器處於最佳狀態、能發揮最大效益。

可預期結果：戰爭發生時，飛機與導彈故障率低，進攻敵機與導彈效率高，將不必要損失減至最低。

當國軍的防空能力持續積極強化，共軍入侵時，我們或許可以預期看到接近以下的表現：

共軍向台灣發射出 300 枚導彈，台灣以 600 發地對空導彈攔截。其中 12 枚共軍導彈故障無法射出，國軍擊中共軍導彈 260 枚，28 枚共軍導彈攻擊台灣地面。

共軍 300 架戰機進攻台灣空域，國軍出動 200 架戰機迎戰。共軍 120 架戰機被擊落後回撤，台灣損失 70 架戰機。台灣守住制空權。

相反的，在加強制空權守備方面，如果國軍備戰消極擺爛，可能發生以下情況，並且發生相應的結果：

● **飛官人才**：拖延不改善制度缺陷，飛官人才不足且不斷流失。

可預期結果：我方空軍數量上的劣勢因飛官人才不足更加嚴重。[11, 12, 13]

● **飛機與導彈**：飛機與導彈維護鬆懈，操作演訓不受重視，流於表面
工夫、弄虛造假。

可預期結果：飛機與導彈故障率高，導致飛機失事率高，導彈發射
命中效率低。

當國軍的防空戰力消極擺爛，共軍入侵時，也許將面對這類戰果：

共軍向台灣發射出 300 枚導彈，台灣以 600 發地對空導彈攔截。其
中 12 枚共軍導彈故障無法射出，國軍擊中共軍導彈 120 枚，168 枚共軍
導彈攻擊台灣地面。

共軍 300 架戰機進攻台灣空域，台灣出動 200 架戰機迎戰。共軍損
失 80 架戰機，國軍 200 架戰機全部被擊毀。台灣失去制空權，共機開始
進行轟炸。

國軍空優方面的備戰工作影響極大。我們當然會需要知道，國軍防
空力量的備戰實況，比較靠近上述哪一種形態。

加強制空權作為舉例

	積極精準備戰	消極擺爛
飛官人才	☑ 改善制度，確保能力素質，人才增加 ➤ 扭轉空軍數量劣勢	☒ 不改善制度，人才不足且不斷流失 ➤ 空軍數量劣勢惡化
飛機與導彈	☑ 強化維護、操作演訓 ➤ 故障率低，進攻敵機效率高	☒ 維護鬆懈，不重視操作演訓 ➤ 故障率高，失事率高，命中效率低
整體影響	台灣守住制空權	台灣失去制空權，共機開始轟炸城鎮

擊渡海：是否持續積累反艦導彈數量、雷達系統，強化維護、保養與演訓？

在打擊共軍渡海作戰的準備方面，如果國軍積極精準備戰，可能做

以下的事情，並且收獲相應的結果：

● **反艦導彈增購與維護**：持續穩定增加反艦導彈數量，強化維修保養人員、操作者的技術能力。

可預期結果：有更多功用良好的反艦導彈，在戰爭時可發揮作用。

● **導彈與雷達指揮系統**：強化反艦導彈發射載台的多樣性、靈活度、隱蔽性；強化雷達、指揮系統與盟友的整體連結度、操作發射人員的專業能力都得到加強。[14, 15]

可預期結果：反艦導彈不易被發現與攻擊，發射後更精準打擊目標。

當國軍在渡海打擊方面持續積極強化，共軍入侵時，我們或許可以預期看到接近以下的表現：

共軍發動 80 艘運兵船渡海攻台，台灣發射 300 枚反艦導彈。74 艘共軍運兵船受到損傷，在抵達換乘區前沉沒或折返，餘 6 艘運兵船到達換乘區，但因損失比例已經太高，攻擊行動暫停。共軍實力受到極大打擊，國軍受傷不足百人。台灣仍有超過 3000 枚反艦導彈備後續運用。

相反的，在打擊共軍渡海作戰的準備方面，如果國軍備戰消極擺爛，可能有以下的作為，並且發生相應的結果：

● **反艦導彈增購與維護**：停止增購反艦導彈，荒廢導彈維修、保養工作，操作人員培訓敷衍虛假。

可預期結果：在戰時反艦導彈不足，甚至成功發射率、命中率低下。

● **導彈與雷達指揮系統**：鬆懈且不積極提升反艦導彈發射載台的多樣性、靈活度、隱蔽性；雷達、指揮系統與盟友整體連結度未得到提升；沒有積極提升操作發射人員的專業能力，訓練廢弛、士氣低落。

可預期結果：反艦導彈容易被發現與攻擊，發射後打擊目標比例低。

當國軍對渡海打擊戰力消極擺爛，共軍入侵時，也許將面對類似這樣的戰果：

共軍發動 80 艘運兵船渡海攻台，台灣發射 200 枚反艦導彈。28 艘共軍運兵船受到攻擊損傷，因而沉沒或折返，共 52 艘在換乘區讓部隊換乘小型登陸艇，共軍超過 5 萬兵力渡過海峽展開搶灘。台灣守軍受到極大打擊，超過 2 萬死傷，多段海灘被共軍成功佔領。共軍的武器與部隊的增援陸續渡海抵達台灣，準備進攻內陸要地。

國軍渡海打擊的備戰工作影響極大。我們當然會需要知道，渡海打擊戰力的備戰實況，比較靠近上述哪一種形態。

打擊共軍渡海作戰作為舉例

	積極精準備戰	消極擺爛
反艦導彈增購與維護	☒ 增加數量，維修保養人員、操作者技術佳 ➤ 更多且功用良好備用	☒ 不增購，疏於維修、保養工作與操作人員培訓 ➤ 數量不足，成功發射率、命中率低
導彈與雷達指揮系統	☒ 發射載台多樣、靈活、隱蔽，與盟友連結，操作發射人員專業強 ➤ 不易被發現與攻擊，精準發射	☒ 鬆懈且未提升多樣、靈活、隱蔽，與盟友連結弱，操作發射人員專業不足 ➤ 易被發現與攻擊，打擊率低
整體影響	共軍遭受打擊，暫停攻擊，台灣備有足夠反艦導彈	台灣守軍遭受打擊，共軍佔領多段海灘，準備進攻內陸

抗登陸：是否針對登陸戰情境進行最有效演訓、提升戰場優勢？

在對抗共軍搶灘登陸的準備方面，如果國軍積極精準備戰，可能做以下的事情，並且收獲相應的結果：

● **部隊在負責的灘岸訓練**：國軍部隊在負責海岸守備區進行演練，熟

悉負責守備的海岸，甚至在海岸建置有利防守的設施。

可預期結果：共軍登陸戰中，國軍熟悉作戰計畫，善用地形與預先建置的設施，取得極大優勢。

● **實地演練反登陸戰鬥技巧**：國軍以實際反登陸情境進行訓練，長期演練實際的戰鬥技巧。

可預期結果：登陸戰中，國軍熟悉守灘的具體戰略、戰鬥技巧；可以最少傷亡，達成守禦，並能對登陸敵軍發起極有效的攻擊。

當國軍在抗登陸方面持續積極強化，共軍入侵時，我們或許可以預期看到接近以下的表現：

20000 名共軍抵達台灣 5 處沿海。國軍對守備沿海位置、交通與地型非常熟悉，快速到達防線進行周全準備，等待給敵軍痛擊。國軍部隊對海岸反登陸戰鬥原則非常熟悉，實際戰鬥技巧操演純熟，並能善用海岸地形優勢。最後，共軍登陸失敗，搶灘共軍傷亡 14000 人，6000 人投降被俘，國軍傷亡 1300 人。

相反的，在對抗共軍搶灘登陸的準備方面，如果國軍備戰消極擺爛，可能出現以下作為，並且發生相應的結果：

● **部隊在負責的灘岸訓練**：國軍部隊極少在守備區進行演練，不熟悉負責守備的海岸，也未能在海岸建置有利防守的設施。

可預期結果：共軍登陸戰中，國軍對地形與作戰計畫非常陌生，被打得措手不及，傷亡嚴重。

● **實地演練反登陸戰鬥技巧**：國軍不以實際反登陸情境進行訓練，極少演練實際的戰鬥技巧。

可預期結果：登陸戰中，國軍不熟悉守灘的具體戰略與戰鬥技巧，

受到攻擊時發生大量傷亡，並且無法對登陸敵軍有效攻擊。

當國軍對抗登陸作戰消極擺爛，共軍入侵時，也許將面對類似這樣的戰果：

20000 名共軍抵達台灣 5 處沿海。國軍對守備沿海位置與交通不熟悉，到達防線並完成準備時，共軍已將登岸。國軍對海岸反登陸戰鬥原則不熟悉、對實際戰鬥技巧生疏、對運用海岸地形陌生，迎敵慌亂。在共軍渡海攻勢中，四處海岸陷落被共軍控制，國軍傷亡 15000 人。

國軍抗登陸打擊的備戰工作影響極大。我們當然會需要知道，渡海打擊戰力的備戰實況，比較靠近上述哪一種形態。

對抗共軍搶灘登陸作為舉例

	積極精準備戰	消極擺爛
部隊灘岸訓練	☑ 進行演練，熟悉守備海岸，建置有利防守設施 ➤ 熟悉作戰計畫，善用地形與設施，取得優勢	☒ 極少演練，不熟悉守備海岸，未建置有利防守設施 ➤ 對地形與作戰計畫陌生，措手不及
實地演練反登陸戰鬥技巧	☑ 以實際情境訓練，長期演練技巧 ➤ 以最少傷亡，達成守禦，有效攻擊登陸敵軍	☒ 不以實際情境訓練，極少演練技巧 ➤ 大量傷亡，無法有效攻擊登陸敵軍
整體影響	共軍搶灘登陸失敗	四處海岸陷落被共軍控制

這些，就是國軍有沒有精準備戰，對部隊、對民間、對我們每個人造成的差別。

如果台灣沒有積極與盟友合作聯手，我們將從小戰損的獲勝，很有可能走向數十萬軍人與平民死傷的慘敗。

如果台灣在軍備、訓練、戰略上沒有正確的準備，可能增加數千上萬軍人的死傷。

「所以，台灣現在是否正在積極備戰，決定我們有沒有家；未來是否積極備戰，可能決定我們的孩子是否死於戰場。」主管為這段的討論下了個註腳。

「是的。對我們來說，非常重要的是要知道：台灣的國軍是否積極備戰？這件事的知情權，要緊緊握在手中。這個問題的答案，對於我們接下來要做什麼、怎麼做，將有重大的影響。」

專家見解

中華亞太安全治理學會祕書長、台灣大學兼任助理教授（主授國防安全）◎劉鐵軍

在未來兩岸可能發生軍事衝突的狀況下，就不再只是現役部隊的問題，而是現役與後備如何去搭配。目前兩者的訓練方式不同，後備部隊使用的裝備也並非現役部隊裝備，並且後備部隊缺乏重裝武器。未來在戰場上兩者如何相互支援、協同作戰是一大重點，建議漢光演習應把後備部隊納入。

無論是現役或是後備都應該要實際進入作戰守備區域，知道守備位置所在。目前據我所知，現在後備軍人的教育召集訓練，雖然有到守備區進行現地偵查，但並未真正實際進入作戰區域熟悉戰場環境、進行戰場訓練與演習，建議應納入常態訓練。

目前後備部隊並沒有使用現役部隊的裝備，一旦真正戰爭爆發，後備軍人將無法操作現役部隊的裝備，造成學用落差。

國際有盟友是好事，但問題在於我國從未與盟友間進行任何聯合軍事演習，一旦戰爭發生，雙方如何相互支援與配合，需要事前

縝密規劃演練才能達成（如美日、美韓、美菲定期軍演），目前要推動有其難度。

抗登陸方面，我國現役與後備的訓練方式分離，且後備使用的武器裝備非現役裝備，這在戰時要如何相互支援，後備部隊不熟悉自己戰時的守備位置，也不會操作現行的武器裝備，如何參與戰鬥？

本人認為我國每年所實施的漢光演習似乎已淪為三軍聯合作戰的表演秀。國軍雖然每年都有進行軍演，但由於受限於場地及現有的武器裝備（新採購的尚未到位），因此無法實際發揮三軍整體聯合作戰效能，這是比較可惜的。

軍官退役、台灣大學兼任助理教授、中華亞太安全治理學會資深研究員◎廖天威

以戰備為導向的思維下，演習必須要逼真。

在現今的和平環境下可能會被忽略，但實戰經驗對於軍事幹部的培養和軍隊的領導至關重要。然而，由於承平已久，現今在軍隊中上位的軍事將領很少有實戰經驗，這對於領導軍隊帶來一定的挑戰。

因此，透過演習的方式，能夠幫助軍隊模擬真實的戰場情境，增強軍隊士兵的訓練。演習愈逼真、愈仿真，就能愈好地幫助軍隊培養實戰能力，提高其應對未來挑戰的能力。

國防安全研究院國家安全所研究員兼所長◎沈明室

守空域方面：

1.要開始思考第五代戰機的發展，雖然我們有 F16V，但要思考是

不是要持續爭取美國的 F35。

2. 飛行員人力要強化，包含人員招募、人員素質、訓練品質等。

3. 機場的防護措施要強化，不能讓中共的第一擊就摧毀了我們的機堡、跑道、飛機等。

擊渡海方面：

1. 潛艦的數量應該再增加，強化水下作戰或制海作戰的主動性。因為潛艦可以發揮戰術攻擊的優勢，可以潛到北部戰區，在他們的港口佈雷，發動突襲攻擊。

2. 反艦飛彈數量應再增加，且要更精準，強化戰力保存。一旦共軍出海，我們要有足夠的反艦武力摧毀。

3. 軍艦性能要再提升。因軍艦除了要具有海上作戰能力，同時也要發揮反封鎖的功能。面對灰色地帶行動騷擾，或是外島封鎖，都會需要大型船艦。

抗登陸方面：

1. 對可能登陸地點的強化。雖然現在若在海岸邊設置軍事設施可能會比較突兀，而且也不一定受到歡迎。但若不設置，屆時會造成海岸守備部隊的傷亡。

2. 我們也需要強化反登陸聯合作戰、後備動員部隊訓練，包括戰車升級、空中武力的強化等。

國防安全研究院國防戰略與資源研究所所長◎蘇紫雲

　　台灣的地緣戰略位置相當重要。台海若發生戰爭，經貿網絡、能源安全等都會受到截斷與考驗。

在此背景下，台灣做好獨立作戰的準備，一定會有盟友願意協防。將印太戰略視為一間公司，台灣是主要股東，要說服盟友持續投入。

積極備戰才能夠止戰，備戰才會有朋友願意協助。

守住台灣探討筆記

國軍是否精準備戰？關鍵環節的觀察重點：

- 聯盟友：是否積極深入配合盟軍演訓，甚至開放外界監督。
- 守空域：是否擴大優秀飛官、導彈發射人才儲備，深化培訓。
- 擊渡海：是否持續積累反艦導彈數量、雷達系統，強化維護、保養與演訓。
- 抗登陸：是否針對登陸戰情境進行最有效演訓、提升戰場優勢。

積極守望，家庭人與事業人，沒有聽天由命的空間

和中國人民相比，台灣最具優勢之處在於：我們有自由的媒體以及不受限制傳播的資訊。可惜，我們常常沒有善加利用。

在看新聞的時候，你會針對什麼方面的課題特別注意嗎？會長期刻意蒐尋與專注閱聽什麼樣的新聞嗎？會追蹤訂閱某主題的報導人、評論者嗎？

隨著許多人的閱聽管道逐漸向 YouTube、Podcast 轉移，其實我們愈來愈能主動掌握、選擇資訊的主題。

「就像，過去幾年中，我訂閱許多關於育兒、新手媽咪的頻道。」主管舉一反三。

「是的。身為家庭與事業的守望者，我們要把關於備戰的核心主題環節納入刻意關注的事項。」

守望事項：聯盟友，守空域、擊渡海、抗登陸

這幾年，打開影音軟體時，只要出現有關育兒的話題，我們常常點開——如何給寶寶洗澡？如何教寶寶吃飯？寶寶不肯吃藥怎麼辦？

同樣的精神，需要套用在「備戰」上。在閱聽各種節目時，特別關注這些主題：

● 聯盟友方面：國軍是否不斷深化與盟友合作的深度與廣度？
● 守空域方面：國軍是否以具體方式強化戰機與駕駛員培訓？
● 擊渡海方面：打擊運兵船的武器、載台、精準度是否持續進步？
● 抗登陸方面：國軍是否進行訓練方式、戰場環境的實際優化？

我們愈常在媒體上看到上述這些方面，都有具體的作為與進展，意謂著政府與國軍在備戰工作上是朝正確的方向積極前進。

相反，如果很少聽到國軍的新聞，或者與這些方面的進步無關，還是各種形式表象、宣誓與立場，我們就要警覺：目前備戰沒有實質的進展，甚至可能在倒退。

資訊來源：被動推送與主動搜尋

有一句話說：「當你真心想做成一件事，全宇宙都會幫助你成功。」

現今，關於內容閱聽，確實可以說是：「當你真心關切一個議題，全宇宙都會把消息推到你面前。」

當我們關注何任議題時，可以用以下各種方法，讓自己不斷取得相關報導：

● 利用點閱強化推送

無論 YouTube、臉書或谷歌新聞等平台，都有相同的特性：只要點閱了某個主題的新聞，平台就會繼續推送相關的新聞。因此，與國軍備戰有關的主題，不要猶豫，點下去。

● 訂閱優質媒體／頻道

在 YouTube、臉書或播客等平台上，可以訂閱特定頻道。這些頻道更新主題時，我們會收到通知，更不容易錯過或遺漏。現在，有些報刊的內容是付費訂閱制，可以視需求收看。

● 設定Google Alerts關鍵字

Google Alerts 會依照我們設定的關鍵字、所要求的頻率，將新聞打包寄送到信箱，不會錯過相關新聞。[16]

● 關鍵字詞組搜尋

定期用 Google 主動以關鍵字詞組搜尋，可能發現先前錯過的事件。

關注相關資訊，是因為我們必須回答一個與自己生存攸關的問題：

到底國軍有沒有在積極精準備戰？

如先前所討論，只要國軍有在積極精準備戰，中共會因為成功可能性低而傾向推遲進攻；即使攻台，極可能在海上就被擊潰，無法對陸地上我們的生命財產安全造成重大危害。

但若國軍沒有在積極精準備戰，台灣將像是一頭肉豬，白肚皮朝天仰躺在獅籠中，無異於向對岸傳送發兵邀請。而共軍攻台時，國軍無法禦敵於海，就更有可能讓戰爭打進台灣主要城鎮，讓我們每個人都陷入傷亡的危險。

如果我們透過觀察形勢，發現國軍沒有積極精準備戰，身為事業人與家庭人，我們得基於自己的責任做出安排。

國軍是否積極精準備戰？事業人與家庭人需要嚴肅看待、因應

如果我們在長期且深刻的檢視下，發現國軍確實有在積極精準備戰，多數專家都認為，這對台灣是最有利，對所有人民與國軍都最安全。

當國軍積極精準備戰，共軍最有可能不斷延遲發動戰爭的時機。雖然中共可能用許多方式恫嚇與滲透影響，只要民心穩定，台灣都可以維持正常安居樂業，我們不必憂慮生命財產安全；也就是一直走在「成功守禦」的路徑上。

當國軍積極精準備戰，即使共軍發起對台進攻，台灣也極高可能，擊退攻勢，守住台灣，也就是「成功守禦」的結局。這個情境下，我們的家庭與事業會經歷短暫的震盪，會有一定程度的損失。整體而言，損失的程度，會和我們備戰的程度相關；備戰程度愈高，損失愈小。當然，對少數不幸的個人而言，傷亡和財產損失都還是會帶來相當大的痛楚。

也就是說，當我們確知台灣正在積極精準備戰，在台灣的生活、財富、事業就仍是有保障的；從家庭與事業的角度來看，需要為意外與極端情況進行準備，但不至於永久離開、放棄台灣。（請參閱第九章、第十章）

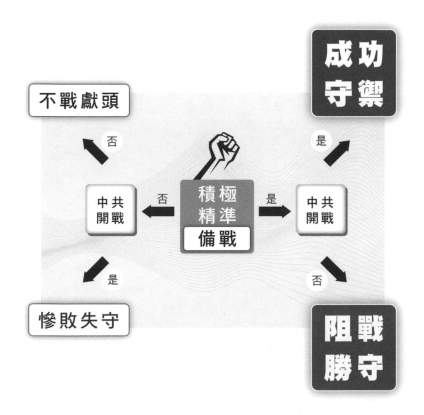

　　若沒有積極精準備戰，意謂著台灣政府很可能在中共施壓下，不斷退讓妥協，最後「不戰獻頭」接受併吞。在此之後，台灣成為不適合生活與經營事業的極權國家。

　　若沒有積極精準備戰，也意謂著共軍侵略可能性大增，而在中共發動侵略的時候，將難以固守，受到極大傷亡損失後被中共統治，走入「慘敗失守」的結局。

　　也就是說，當台灣放棄，或是忽略了積極精準備戰，台灣就開始步步走向危局。身為家庭人與事業人，我們得更為迫切地掌握台灣在備戰上懈怠的速度與程度，並進行相應的準備。（請參閱第七章、第八章）

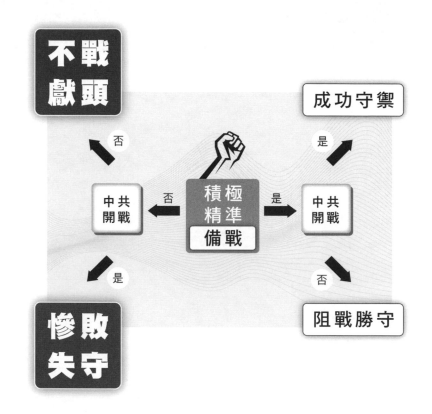

若國軍積極精準備戰，家庭人的作為方案

　　沒有備戰的台灣，一條路是經歷沉痛的戰敗，另一條路是沒有硝煙地陷落，最後都將成為不適合生活、居住、養育兒女、成家立業的地方。

　　如果我們從新聞報導中看到，國軍備戰工作明顯停滯，甚至發生倒退，意謂共軍入侵可能增加，台灣慘敗機率提升。此時，仍希望陪伴家人平安生活的人們，應該要開始為長期離開做準備。

　　在非常糟糕的情境發生之前，允許我們離開的窗口期有多長？誰也說不準。也許中共會在兩三年內開戰；也可能台灣逐漸走向香港化，之

後逐漸新疆化，以溫水煮青蛙的方式，一步步剝奪我們的權益與自由，直到我們發現想離開都太遲的那一天。

家庭人與事業人督促備戰，讓每一位國軍都安全回家

寫這本書的初衷與用意，並不是為離開台灣找時間，而是為守住台灣找方法。

如果我們發現台灣並沒有在積極精準備戰，出於對家庭、對事業的責任，我們確實必須避險。但躲避，並不是最佳方案。我們的家人在這裡，我們事業的根基在這裡，台灣當然是我們最想安度餘生的地方。

在情勢還沒有太遲之前，身為家庭人、事業人，可以推促政府積極備戰——只有備戰，才能讓我們安居樂業。

在沒有備戰的形勢下，若發生戰爭，受損傷最大的就是國軍；國軍在戰爭中付出的損傷不是財富，也不是權益，而是身體的傷殘，生命，以及家人永遠的遺憾。只有備戰，才能保護台灣的軍人安全退伍、返家。

正當我們想得出神，小逗點似乎太熱，滿頭大汗，在半睡半醒之下大哭起來。我們又是唱歌，又是講故事，費了好大勁才將他安撫下來。

「這麼辛苦把一個小孩養大，到二十多歲，一顆子彈，咻！就這樣沒了，剩下一具屍體。」手指輕梳小逗點的軟髮，主管一邊感嘆：「無論是發起戰爭的人，或是不盡責阻止戰爭發生的人，應該都是沒有生養過小孩。」

「即使有人發起戰爭，即使有人不盡他的職責，我們也要盡到我們的職責。」一邊說，我一邊收拾水壺、垃圾，拿起行李，準備下車。

主管將小逗點抱起，一邊往車門移動，一邊和我說：「對了，還有

個部分沒討論清楚呢。除了國軍之外，其他政府部門，在備戰上有什麼職責？找時間要討論一下！」

　　收到任務，我心中偷笑：「以為我沒想到嗎？其實我早就開始整理相關資料了！」

註釋

1 參見中華民國國防部，《中華民國 110 年國防報告書》，頁 55，2023，https://www.mnd.gov.tw/NewUpload/%E6%AD%B7%E5%B9%B4%E5%9C%8B%E9%98%B2%E5%A0%B1%E5%91%8A%E6%9B%B8%E7%B6%B2%E9%A0%81%E5%B0%88%E5%8D%80/%E6%AD%B7%E5%B9%B4%E5%9C%8B%E9%98%B2%E5%A0%B1%E5%91%8A%E6%9B%B8%E5%B0%88%E5%8D%80.files/%E5%9C%8B%E9%98%B2%E5%A0%B1%E5%91%8A%E6%9B%B8-110/%E5%9C%8B%E9%98%B2%E5%A0%B1%E5%91%8A%E6%9B%B8-110-%E4%B8%AD%E6%96%87.pdf。

2 同前註，頁 62。

3 近年來為人們所熟知的案件包括：黃佳琳，2023，〈48 名退將赴中「被統戰」名單曝光 前國安會組長少將受邀 10 次〉，自由時報，3 月 29 日，https://news.ltn.com.tw/news/politics/breakingnews/4255560。

4 參見鮑建信，2023，〈獨家〉三軍爆共諜疑案 現、退役校級軍官 4 人延押〉，自由時報，3 月 1 日，https://news.ltn.com.tw/news/society/breakingnews/4226177。

5 在 2022 年底蔡英文總統公佈的國軍革新方案，指出軍方會減少刺槍衝。參見中華民國總統府，2022，〈強化全民國防體系　恢復義務役一年方案　總統：讓方案更好　戰力更強　國家更安全　讓臺灣永續生存〉，強化全民國防兵力結構調整方案記者會，12 月 27 日，https://www.president.gov.tw/NEWS/27206。

6 參見楊惟甯，2023，〈國軍再爆共諜案！7 軍官涉案　4 人收押、3 交保〉，TVBS 新聞網，1 月 4 日，https://news.tvbs.com.tw/local/2008888?from=pulldownmenu_content_%E7%A4%BE%E6%9C%83_%E5%9C%8B%E8%BB%8D%E5%86%8D%E7%88%86%E5%85%B1%E8%AB%9C%E6%A1%88%EF%BC%817%E8%BB%8D%E5%AE%98%E6%B6%89%E6%A1%88%E3%80%804%E4%BA%BA%E6%94%B6%E6%8A%BC%E3%80%813%E4%BA%A4%E4%BF%9D。

7 參見中廣新聞網編輯部，2022，〈陸軍上校向德恩簽投降承諾書投共 月收 4 萬涉刺探 3 中將背景〉，中廣新聞網，11 月 23 日，https://tw.news.yahoo.com/%E9%99%B8%E8%BB%8D%E4%B8%8A%E6%A0%A1%E5%90%91%E5%BE%B7%E6%81%A9%E7%B0%BD%E6%8A%95%E9%99%8D%E6%89%BF%E8%AB%BE%E6%9B%B8%E6%8A%95%E5%85%B1-%E6%9C%88%E6%94%B64%E8%90%AC%E6%B6%89%E5%88%BA%E6

6%8E%A23%E4%B8%AD%E5%B0%87%E8%83%8C%E6%99%AF-220428484.html。

8 參見戴志揚，2023，〈雄三飛彈「校正經緯儀」竟送山東維修！ 中科院1理由喊：無資安疑慮〉，中時新聞網，1月4日，https://www.chinatimes.com/realtimenews/20230104002503-260407?chdtv。

9 參見林俊宏、李育材，2023，〈【中科院再出包3】天弓飛彈零件竟在淘寶買 中科院內控失靈頻踩中國貨地雷〉，鏡週刊，1月4日，https://www.mirrormedia.mg/story/20230103inv004/。

10 以2022-23年俄羅斯入侵烏克蘭戰爭為例，低劣的備戰、不充足的訓練，造成的就是數以萬計的年輕軍人，在戰場上死難與受傷。

11 《天下雜誌》在2022年8月，經過深入調查訪談，推出一系列調查報告，以影片形式公開。其中對空軍戰鬥機飛行員及培訓人力不足提出了憂慮與示警。在該影音報導下方的留言區，不少人回應描述了他們所經歷、認知的制度問題。其中可能有些「足以攻錯」的金玉見解。 參見天下雜誌video｜深度人物專訪，2022，〈Battle for Taiwan's Air Force: Why is the Air Force losing pilots?〉，天下雜誌Youtube頻道，8月24日，https://www.youtube.com/watch?v=K-Tt6yqFbP0。

12 續前註，在半年之後，邱國正部長接受天下雜誌採訪，並整理成兩篇採訪文稿，但對於2022年天下報導中的重要問題，並沒有提出明確方案。參見陳一姍、史書華、吳靜芳、辜樹仁，2023，〈獨家專訪1〉國防部長邱國正：中共兩週內拿不下台灣〉，天下雜誌，2月21日，https://www.cw.com.tw/article/5124770。

13 續前註，參見陳一姍、史書華、吳靜芳、辜樹仁，2023，〈獨家專訪2〉國防部長邱國正：當你認為不可能開戰，就危險了〉，天下雜誌，2月21日，https://www.cw.com.tw/article/5124800。

14 除了購買導彈與火箭，其系統連結也至關重要。參見王烔華，2023，〈獨家／砸百億買「海馬斯」火箭 竟無法與指管系統整合！國防部急覓解套案〉，菱傳媒，3月27日，https://rwnews.tw/article.php?news=7976。

15 參見林仕祥，2023，〈不只密訪！北約軍事技術售台開綠燈，Link-22是什麼？〉，遠見雜誌，6月12日，https://www.gvm.com.tw/article/103517。

16 設定Google Alerts網址：https://www.google.com/alerts。

第十二章

中央到地方、總統到議員，
積極還是擺爛？

——領導備戰，政府責無旁貸，我們作國軍後盾

在區公所辦理育兒補助申請後，我和主管找了一家小館子吃午餐。

點完菜，主管拿起手機翻看照片，一邊說：「啊，突然覺得好想小逗點哦。剛才點餐，好多道菜想要給他吃。」

母親和小孩就是這樣吧，帶小孩三小時開始覺得煩，和小孩分開三分鐘就覺得想念。

最近已進入選舉季，上菜後，主管邊吃，邊看著看板上、公車側張貼的選舉廣告，突然想起了什麼：「之前我們談了如何得知國軍有沒有在積極精準備戰對吧？如果答案是『有』，那最好，我們可以對台灣的安全有信心。但當發現答案是『沒有』的時候，怎麼辦？我們當時的結論是：『盡量自保』，對嗎？」

「身為家庭人與事業人，我們優先考量的，當然是自保。保護小逗點，保護家人、資產、事業，以及事業上我們的責任相關人。」我回答。

「除了自保，可以如何改變這個情況呢？好像也沒什麼管道向國軍領導人溝通、施壓？」

「是的，真的是很難。我們無法直接改變什麼，除非通過他們。」我指了指窗外的選舉廣告，以及廣告上每一位揮手微笑的候選人。

不能讓總統搞砸：國防、外交、行政院形成合力

大部分人想到備戰，腦中的畫面主要是軍人全副武裝，頭戴鋼盔，練習伏倒射擊。

其實，備戰工作中主要的體系與架構，都不是第一線軍人所能影響的。國軍以生命承受戰爭的後果，但他們對戰爭大局的走向，都十分有限。

備戰工作體系與架構，最核心是由總統的眼光與意志決定，並透過總統所選拔與授權的行政院長，「國防外交首長團隊」[1] 成形與落實。對於我們這些事業人而言，可以將總統想成一間公司的負責人；而共軍入侵，就可以視為這間公司存亡最大的競爭威脅。

主管對政治並不特別熱衷與熟悉，但如果將此比作公司經營，她就立刻反應快速了：

「身為一個小公司的負責人，面對公司存亡最大的競爭威脅，我應該會極度關切這些事情：

● 挑戰中最脆弱的環節、最關鍵的戰場，如何針對性地強化；
● 公司如何聯繫所有合作夥伴，合力迎戰危機；
● 公司如何運用內部一切資源與部門，支援直接面對威脅的單位。」

「啊，說得真是太好了。」我不禁感嘆：「總統正應該朝這些方向做呢。」

國防部：每個備戰環節上最重要的事，被忽略或積極達成

關於戰爭威脅，負主要職責的部門當然是國防部。總統對國防部長人選、高級將領人選，以及國防部核心任務，都有非常高的決定權。未

來，台灣的總統領導國防部的模式有兩種：

積極精準備戰領導模式：

總統能明確列出最關鍵的環節、最需要改善的課題（也就是：聯盟友，守空域、擊渡海、抗登陸），要求國防部精準地進行強化，並拿出真憑實蹟，讓國人、國際明確看見以及信賴，甚至讓中共都知道。

消極擺爛不備戰領導模式：

當總統沒有辦法辨析備戰關鍵環節、重點課題，國防課題在他面前將是一團迷霧。他不知道哪裡需要改善，如何衡量是否強化；他不會挑到正確的國防部長，也無法給國防部正確的工作重點，更無法用對的方式管理國防部。

這樣的狀態下，國防部中位居高位卻無心備戰的將領，將可以繼續擺爛、散漫；假裝有在備戰，實際上卻一事無成，以文宣表象，掩蓋實質上缺乏作為。他們浪費時間與資源，將由國軍與全民承擔最慘痛後果。

在一邊幫主管挾菜、盛湯、撥蝦殼的過程中，我們一邊針對總統與國防部精準備戰該有的作為，討論了幾個事例：

守空域作為舉例：增加補強戰鬥機駕駛員人數[2]

多年來，台灣戰鬥機駕駛員極度不足，成為國防弱點，經多家媒體批露，至今仍無顯著改善。

以此為例，在守空域這方面，積極精準領導備戰作法可以包括：

● 總統要求，國軍提出方案解決戰鬥機駕駛員不足的危機。

● 行政院長向國防部提出要求，國防部與人事相關部會研擬方案，呈
　報後實施。

　　在這樣的領導下，可預期戰鬥機駕駛員不足問題得到解決，在共軍
入侵的空戰中，國軍有更充裕的人手迎戰，更有機會守住制空權。

　　相反地，政府高層如果消極擺爛不備戰，總統對國軍戰鬥機駕駛人
數不足的危機並不知情，或者不重視。行政院長未提出要求，國防部當
作問題不存在，即使知名媒體報導後仍無改變。

　　如果是這樣，可以預期非常不利的後果，戰鬥機駕駛員不足問題持
續嚴重，台灣花大錢買到的先進戰機無人駕駛。在開戰後，國軍戰鬥機
防禦網被攻破，制空權喪失，轟炸機在台灣上空投下大量炸彈，導致後
續敗局。

擊渡海作為舉例：確保與優化反艦導彈發射與命中比例

　　由於「擊敵於半渡」是極為關鍵的一環，若台灣的國家領導人積極
精準備戰，我們也許會看到：

● 總統要求國軍提出具體方案，確保與提升反艦導彈的命中率。
● 行政院長向國防部提出要求，國防部與盟國、科研部門研擬方案，
　實施後每年檢測並進行優化工作。

　　這麼做的話，如果真的開戰，戰局就更可能走向對我們有利的情境。
例如，共軍渡海艦隊受到反艦導彈精準打擊，絕大多數艦船被擊沉，幾
乎沒有成功渡海與登岸。

　　相反地，如果總統不理解反艦導彈命中率的重要性，未曾表達關切；
行政院長也從未提出要求，以致於下屬輕忽散漫，反艦導彈採購之後，
其養護工作嚴重形式化、方法落後，造假懈怠。

這樣的情況下，我們可預期相當惡劣的戰爭結果——射向共軍渡海艦隊的反艦導彈命中率極差。大量導彈無法發射、打擊偏差不中；大量共軍與裝備成功渡海與登岸，造成守岸國軍慘烈死傷。

抗登陸作為舉例：國軍加強實地演訓，模擬任務實境，提升防守成效

其實登陸戰階段總是對防守方有利的。若台灣的領導人確實積極精準備戰，就應該極力擴大我們的主場優勢，例如：

● 總統要求，國軍提出方案強化實地演訓，讓訓練模式與實地防守任務一致，最大化演練成效。

● 行政院長要求國防部提出評估計畫，在可能發生登陸的海灘、港口，建立有利國軍防守的設施。

如果有這樣的努力，國軍將可透過訓練熟悉守岸的空間環境與戰鬥狀態。若真的發生共軍搶灘戰，國軍將更能高效守禦，殲滅與俘虜登陸的共軍，盡量壓低我方傷亡。

反之，如果我方領導者在備戰上消極擺爛，我們就不會看到總統對國軍演訓方式表露什麼關心，行政院長也不會有任何特殊指令。於是，國防部高層聽任國軍持續重複虛假、無效、表面工夫套招打花拳式的演訓。

如此發展下，國軍的訓練繼續淪為浪費時間，國軍無法熟悉守岸戰鬥的方法技巧。如果萬一發生戰爭，可預期守禦成效低落，有更多共軍成功搶灘，加重我方軍員傷亡，也讓台灣整體陷入苦戰的不利局面。

「台灣的國軍體系，不可能更加主動嗎？一定需要上級提出要求，才可能優化與改善工作嗎？」主管好奇。

這和文化與組織體質有關。國軍的性質，是能把交辦的事情（通常

在表面上）達成得很徹底；但對沒有命令的事，一動也不動，無論這件事，在實際上多麼有益、在理論上多麼重要。

如果我們有兩百年可以備戰，那也可以思考如何改變國軍的體質，讓它在能達成作戰任務的同時，演化成一個重視創新與主動性的機構。

但現在實際上，我們備戰的成或敗，就是這幾年的問題。我們討論由誰擔任三軍統帥、行政院長，可以給國軍（比較）正確的備戰指令，是比較現實的。

專家見解

軍官退役、台灣大學兼任助理教授、中華亞太安全治理學會資深研究員◎廖天威

訓練觀念要跳脫過去老舊的模式。

透過以戰訓本務為主的方式，讓軍隊成員能夠接受更專業化的訓練，以提升其軍事專業水準。在進行訓練時，也要考慮到不同軍種、兵種的特點和需求，讓訓練更貼近實戰，更強調訓練內容的實用性，讓士兵能夠更好地應對現實戰場的挑戰。

王立第二戰研所團隊

軍事牽涉專業，但台灣實際有經驗的人才相當有限。因此，造成行政體系、整體社會沒有在做這方面的討論，而回到軍方小圈圈的討論。

除了軍事準備外，關於法律準備、社會準備都是斷鏈的，變成一旦戰爭就把所有責任交給軍方。然而，社會已經高度複雜化，軍

隊對社會的理解不足，無法整合各領域的資源、力量與人才。

舉例：台灣駭客團體有能力在戰時發動網路攻擊中國，但擔心被抓去當步槍兵。這就顯示了，對於軍事以外的社會，軍方理解是相當有限的。

國防安全研究院國防戰略與資源研究所所長◎蘇紫雲

（軍隊與政府之間）這部分稱為軍文關係，在西方民主國家已成熟運作十多年。

文人對於軍隊只做大方向領導，不做部隊細節的指導。

尊重軍中文化。每個軍隊都有屬於自己的風格和傳統，只要在法律大的架構下，針對現代戰爭需要的條件，進行宏觀改革即可。

例如：刺槍、踢正步等細節就不該做過度的干涉，只要符合大的架構作戰目標即可。

中華亞太安全治理學會祕書長、台灣大學兼任助理教授（主授國防安全）◎劉鐵軍

建議國軍應該盡速恢復軍審法，針對內部少數害群之馬應加以嚴懲以儆效尤。如共諜案、陣前逃亡等軍紀事件。

建議針對一些特殊專業的兵種（如飛行、航海、科研等），考慮放寬退伍年限，不必受限於最大服役條例之規定。

目前國人對於國軍備戰的重點不具體，國防部恐淪為喊口號模式而缺乏說服力。舉例來說，當中共軍機越過海峽中線，亦或軍艦接近 24 海里的鄰接區時，國防部的說法皆是「有全程的掌握」。這

樣的講法缺乏說服力，無法讓國人放心。

　　換言之，除了全程掌握之外，國防部還有什麼樣的因應之道？
2010 年南韓天安號護衛艦遭北韓潛艦魚雷擊沉，造成多名官兵死傷
事件，如果發生在台海我國有何因應作為？

政治大學東亞研究所名譽教授◎丁樹範

1. 國防預算必須設法增加

若是國軍有更多的經費，那在兵源、裝備上都能夠有更好的提
升。至於要增加到什麼程度，需要各個候選人與政黨好好思考。

2. 國軍面對新科技的應用能力必須提升

有了預算之後，該如何妥善使用也相當重要。不過，我認為目
前國防部對新式科技的運用似乎還太慢、偏被動，比如說無人
機政策，也還要等到總統指令才動起來。

3. 將 AI 應用在國防列入具體政見

各個候選人與政黨應該針對國防政策與科技應用，有更為前瞻
性的思考，並且將這些構想具體化為政見，執政後實行。

4. 提升國防訓練

關於國防方面的訓練不足，這是一個需要解決的問題。在過去，
後備軍官可能只需要一天的教召，並沒有實際操作過太多的武器。
然而，現在國防部已經開始推行長達 14 天的教召訓練，有較
充裕的時間，可以更好地訓練和強化軍事技能，以及武器操作
技巧。這種訓練是需要投入大量的預算和時間的，因為它需要
模擬戰時狀態並實際操作武器。

外交體系成為國軍的先鋒，爭取世界當國軍的後援

總統將會遴選路線相符的人，擔任外交部長等涉外要職；外交職能將高度體現總統的見解。從備戰觀點來看，總統的外交戰略，將有兩種戰略路線：

積極精準備戰的外交戰略：

聯合志同道合國家，全力強化經貿與軍事合作，共同面對中共威脅。於是台灣在備戰與國防上，有美日英澳歐等國家分擔壓力、作為後援。建立此戰略聯盟後，中共攻台失敗可能性極高，也就傾向不斷推遲延後。

消極擺爛不備戰的外交戰略：

質疑他國別有所圖，排斥他國干預，台灣單獨與中共來往交涉。於是台灣在備戰與國防上，將陷於孤立處境。當中共對台發動武攻，台灣除了投降或慘敗，別無他途。

「簡單來說，一個是台灣拉盟友打群架，一個是讓台灣單獨挨打。」主管又一針見血。這兩種外交戰略，當然將讓台灣的備戰與國防處於截然不同的局面。

一邊啃雞爪，我們一邊討論了兩個情境作為例子：

聯盟友層面：強化與盟國的信任，以支援國防為外交的核心任務

如果總統採取積極精準備戰的策略，可能下達這樣的政策指示：外交部最重要的 KPI 不再是建交國家數量，而是在經貿、產業、國防上進

行實質國際合作的國家數量與協力深度。

收到這樣的要求，外交部就會更加努力推動各盟國與台灣質實合作的進展，包括國防合作、重要情資交換。

如此，可預期台灣的外交資源可以更有效地用在刀口上，也將更有希望看到美日澳歐等國在支援台灣國防方面，推出更堅定明確的政策，而這實質上等於台灣的國防實力得到數十倍提升。

相對地，如果台灣執政者消極擺爛不備戰，我們會看到總統仍然維持外交部最重要的 KPI 是建交國家數量，忽視外交部在備戰上的具體角色。

在這樣的指導下，外交部的各項工作均不考慮備戰守禦的需求；不協助爭取世界各國在台灣國防上的協助與合作。

於是，我們可以預期國軍愈來愈難以借助盟國的力量，只能日益勢單力孤地守禦台灣；尤其在科技、情報、武器上，獨立對抗共軍，必定陷入極為不利的處境。

聯盟友層面舉例：強化邀請盟國協助國軍合作訓練、提升軍事現代化

再舉個例子。如果打算積極精準備戰，我們應該會看到總統要求外交部協助邀請與籌劃盟國協助國軍進行訓練、合作演習、提升戰術與戰技的現代化。

在這樣的思維下，總統會明確要求，以合作的國家數、訓練軍隊人數、訓練總時長、符合戰略關鍵環節、具體成果展現等方面，作為外交部與國防部的 KPI。

如果外交部與國防部得到這樣的明確指示，可以預期此二部會將全力向美日澳歐等國家爭取人員交流、合作演習、戰略與戰技培訓。國軍

的作戰技巧與戰略思維也將因而得到極大提升。

反之,如果持續消極擺爛不備戰,總統將只重視與邦交國領袖形式上的互訪,無意要求外交部協助國防部進行跨國合作。

在缺乏上層的要求與支持情況下,外交部會認為跨國軍事合作「與本部職權無涉」,消極以待。國防部缺乏涉外事務的專長,在各國沒有常駐人員,也無法積極推動國際交流聯繫。

可以預期,如果國軍不能積極向外學習,各種演訓的觀念與實踐,以及革新的速度將非常緩慢,主要內容淪為舊酒貼新標。國軍整體的培訓方式、戰鬥思維可能都將原地踏步,民主陣營的盟國未曾與國軍合作演訓,對國軍也將缺乏溝通與信任。

若台灣是在這樣的狀況下面對共軍入侵,我們會勝或敗?實難樂觀!

各部會匯集合力,守護國軍、民眾、產業的安全

以台灣的政治常態而言,外交與軍事主要由總統直接掌控,而其他職能主要由行政院長主管。當然,總統各方面的路線與主要政策,會是行政院長重要的施政方向。依據總統的認知,行政院整體有兩個備戰模式:[3]

積極精準備戰的各部會合作模式:

行政院長要求每個部會在其職責範圍內,依據三項條件盤點其備戰職責,並策劃後續行動方案:

1. 可能受共軍攻擊破壞;
2. 國軍可能需要的援助;

3.（該部會的領域範疇）人們在戰爭中可能受到影響與危害。

消極擺爛不備戰的行政院領導模式：

各部會的工作，都依照過往進行，不必考量戰爭風險與因應。

「如果總統與行政院長，不認為備戰需要各部會的投入、方方面面的橫向聯繫，因而對各部會不要求、不鼓勵，各部會主動做到這些事的程度，應該是⋯⋯」主管邊說邊想，我接了她的話：「零。」

一邊喝魚湯，我們一邊談了幾個需要多部會合作備戰的情境。（我還誤吞了一根魚刺！）

內政部（等）參與備戰：為可能需要收容難民進行準備

當共軍入侵，金、馬、澎湖陷入激戰（或已被佔據），可能有許多國民撤回本島。如果共軍入侵本島，佔領區可能有國民逃出。若發生對平民住房的轟炸，勢必會有國民因房屋毀壞無處容身。

「他們不僅需地方住，離開原居住地的難民可能有小孩需要就學，他們也立刻面臨失業的困難。」主管想到了難民將面臨各方面的艱難。

如果行政院領導各部會前瞻思考、準備，萬一真的發生，就可以避免戰事發生時陷入混亂，減少民眾遭受折磨。

醫療部門參與備戰：各級醫院為救治大量傷患進行準備

如果發生海戰、登陸作戰、可能在短時間出現數百、數千，甚至數萬傷患。儘管台灣幅員不大，醫療資源相當豐富，對於短時間爆發大量傷患，恐怕也不易應對。

　　行政院可以圈劃可能發生登陸搶灘地點，協調附近的中大型醫院，和國軍達成某種合作規劃，以確保發生戰爭時，醫院準備好成為軍隊醫療需求的後盾。

　　若沒有做這樣的準備，我們可以預見，當戰爭發生時，醫療體系因應治療戰爭傷患的器材、藥品、耗材將有可能快速短缺，外傷與燒燙傷的醫療人員可能陷入嚴重人手不足，並擠佔一般民眾的醫療。

　　「我們都不願看到保衛台灣的戰士受傷後，在自己家鄉的土地上面臨缺醫少藥，遭受不必要的痛苦，甚至因而殞命。」主管深感憂慮。

交通部門加入備戰：因應對高鐵、鐵路、橋樑、網路海纜的攻擊

　　在侵烏戰爭中，為了阻礙對方運送人員與物資，鐵路、橋樑屢次成為雙方攻擊目標。如果台灣受到同樣的攻擊，西部地區被溪河谷地切分，兵力與物資將無法流通調度。

　　台灣對外的聯繫，除了船舶海運、飛機空運，同樣（或是更）重要的是那十餘條聯外網路海纜。在德俄之間的「北溪二號」天然氣管線被炸斷後，台灣的海纜被攻擊並不難想像，而且後果嚴重。

　　如果交通部門預先規劃方案，讓受到攻擊時的損失減低，並且在發生破壞的時候得以盡快修復，將可讓損失壓到最低。

　　「如果規劃了這些方案，最好也讓公民大眾得知。這樣能加強我們對政府備戰的信心啊。」主管的想法，我完全認同。

經濟部參與備戰：因應對電廠、核電廠、供水設施可能的轟炸攻擊

　　俄軍在 2022 年 10 月密集轟炸過烏克蘭電廠和電力設備，共軍極有可能重複相同的路數。

在此次侵烏戰爭中，俄軍佔領札波羅熱核電廠，並造成嚴重的核事故危機。中共做出比俄軍更粗暴的事，並非難以想像。[4]

雖然前面討論過，水庫被導彈炸毀可能性甚低，但供水系統被破壞則相對容易。

如果經濟部對上述這些情況預先規劃與準備，並針對攻擊進行建築加強、減少損失，等到真的發生時，相信將有更完善的緊急應變計畫，可避免民眾安全受到危害，並確保最快的修復、恢復常態。

教育／科技部加入備戰：不僅拿槍上戰場，讓人才創造力貢獻國防

2022 年 10 月 29 日，烏克蘭專家改造小型快艇，加上衛星導航與自動控制模組，載滿炸藥，衝向停在港中的黑海艦隊，造成旗艦「馬卡洛夫上將號」在吃水線附近嚴重毀損，幾乎沉船。

如果台灣有類似這樣的武器，在共軍運兵船渡海攻台時，絕對可以用極小的成本，造成極大損失（據估計，這艘小艇的成本遠低於導彈）。這樣的改造所需要的專業技能人士，在台灣必定找得到，足以組成一個團隊協助軍方打造遙控攻擊小艇。

只缺一件事：要讓這些專家知道自己的能力可以貢獻在兩岸戰爭中的關鍵環節，政府要有吸納社會資源強化護台能力的機制。

基於此案例，我們可以設想，如果政府對於當前作戰關鍵技術環節的難關與需求，能夠很清晰地向大眾說明，並建立合適的窗口管道，將會得到極多協助。

「台灣有大量工程人才，或者在企業擔任工程師，或是在學校擔任教職與研究生。」主管提到她的觀察：「如果知道手上的資源、知識、正在開發的技術，可以協助國防工作，許多工程人才都會樂意分享專業技能、

貢獻研發成果。因為他們也完全不希望自己與家人的生命受到威脅。」

　　「其實幾乎所有的行政院部門，都和備戰工作有關。但說來好笑，大多數的部長，我都說不出名字耶。更不清楚他們有沒有在備戰。我們怎麼確保他們有盡忠職守呢？」主管問了一個好問題。

　　其實，我們可以透過支持／不支持一個我們大家都不會忽略的人——總統，確保台灣備戰的需求沒有被忽視。

總統的意志，將決定台灣整個政府走向積極或擺爛

　　表面上，備戰工作分別由國防部、外交部、經濟部、衛福部、交通部、經濟部、教育部、科技部等，以及受限篇幅未能討論到的部會負責，但事實上，各部會是否積極參與備戰工作，並不是各自決定的，所以不會見到，有些部會非常積極，有些消極抵制的情況。

　　各部會的核心政策，都是直接由總統授意、認可的。當總統支持積極備戰，任何部會都不可能消極；當總統無意願備戰，所有部會都將視若無睹，毫無動作。

　　整體而言，總統用以下方式，確保行政院各部會的重點走向與他的施政意志一致：

1. 挑選志同道合的行政院長

　　總統在選擇行政院長前，會交流彼此的理念與施政重點順位。總統不會選擇見解有明顯差異，無法執行其政治見解的行政院長。得到任命的行政院長，也就意謂其政治目標與總統大致相近。

2. 挑選見解相近的部會首長

行政院長組閣的邏輯也類似。行政院長在找各部會首長時，也會經歷施政方向的交流討論。核心施政方向大致認同的人，才會被行政院長任命為部會首長，見解大相徑庭的人絕對不會被任命。

3. 總統與行政院長共同確認首長人選

行政院部會首長人選，不僅行政院長要選擇，而且實務上也會經由總統同意。其中，外交部長與國防部長為總統本人邀請擔任，行政院長意見僅為佐助，是台灣的政治常態。

4. 總統與行政院長即時監控主要施政方向

透過行政院會議、立法院編列預算、新聞報導、政黨中的交流機制、政治人物之間的網絡關係……，各部會有做哪些／沒做哪些重大事項，所有人都知道，瞞不了誰，尤其瞞不了總統和行政院長。

5. 失去總統與行政院長信任時，必會汰換部會首長

實務上，當行政院長的施政方向失去總統支持，與總統有明確落差時，行政院長就會辭職。各部會首長的施政與總統、行政院長的期待有重大差距時，部會首長也會辭職。

因此，事實是，各部會對備戰工作的態度，必定決定於總統的意志。無意備戰的總統，當然會選無意備戰的人當行政院長與部會首長，整個政府備戰意願將如同一灘爛泥。如果總統有堅強的備戰意圖，情況就會樂觀許多。

　　「如果，萬一，不幸是由一個不願備戰的人擔任總統，我們怎麼辦？或者，願意備戰的總統與行政團隊，會不會也有盲點？有沒有辦法為這個機制『加個保險』？」主管邊喝燕麥奶茶邊問。

　　「有的哦！」

專家見解

王立第二戰研所團隊

　　政府體系中還是有許多部門積極提出能夠做的事情，但在整個作戰架構下仍然不足。全民防衛動員所是國防部下三級單位，要他去整合、動員整個政府體系，顯然是不可能。

　　國防文官的制度改革，勢必得進行，不論是否遇到中國的威脅。

國防安全研究院國防戰略與資源研究所所長◎蘇紫雲

　　以總統候選人格局，能對國軍的支持，如下：

1. 精神上的尊重外，軍人不需要同情，需要專業的尊重。
2. 過去對軍人採取渲染式的論述（犧牲奉獻、馬革裹屍），已不合時宜。應該改以高科技的專業組織視之，國家將高科技昂貴的裝備交給軍人，象徵信任與榮譽。
3. 讓軍人感受到自己是穿著軍服的高科技公司成員，使其產生榮譽與驕傲，讓大眾產生尊敬。

　　之前有兩個營到美國受訓，並將美軍的訓練方式引進台灣，對國軍非常有幫助。

1. 汲取美軍實戰經驗。

2. 強化台灣軍事信心，因為過往都認為自己被孤立。

3. 讓國軍能有完整的訓練。因為台灣地狹人稠，比較無法做大規模營級的訓練，過往只有連級。

北約、日本、韓國等聯合交流訓練都很歡迎，但現在先務實地與美國合作即可。

絕對值得投資和鼓勵前往各地軍校受訓，包含歐美、東南亞。這部分也需要國家預算的支持，對於軍事教育的改革絕對有幫助。

目前依照公開資料推估，大約有 2% 的軍校學生出國受訓，未來或許能夠再提升。

中華亞太安全治理學會祕書長、台灣大學兼任助理教授（主授國防安全）◎劉鐵軍

備戰非國防部單一部會之事，需行政院各部會協同，以及中央與地方政府的相互配合才能完備。比如，戰時有關糧食儲量與配發屬於農委會權責，戰時電力的配送與維護屬於經濟部權責，戰時所需的經費撥補是財政部權責，戰時一般人民的安置及防火救難是內政部的權責，所有的部會應該通力合作才能達成。

軍官退役、台灣大學兼任助理教授、中華亞太安全治理學會資深研究員◎廖天威

不能盲目樂觀依賴盟友關係。

我認為我們不能單純地依賴與美國和日本的同盟關係，也不能認為與美國關係良好，就一定保證我們的軍事安全。

事實上，平時的盟友關係與實際戰時的同盟關係，有著不同的思維模式。認定平時的盟友，戰時一定會協助，或認為一定不會協助，都是極端的觀念。實況是更為複雜、難以預料的。現在台灣社會普遍站在光譜的一個極端而否定另一端，使內部對話難以有所展開。

政治大學東亞研究所名譽教授◎丁樹範

加強與盟友的合作

透過與盟友的合作，設法強化國防。比如說，讓資訊的聯通更加順暢，在戰時不會被中斷等。

延攬軍事專家、退休高階將領諮詢

不論是哪個政黨的總統候選人，都應該邀請軍事專家、國軍退役高階將領作為顧問或諮詢，以協助加強國防能力。這些問題也應該出現在各方面的政策討論中，以保障國家的安全和穩定。

國防安全研究院國家安全所研究員兼所長◎沈明室

我們沒有與任何國家簽訂防衛協定，所以各國在戰時決定協助的程度，我們只能被動接受。

盟友國家要怎麼做，主動性還在他們本身，我們只能先做好準備，讓自己有能力接受這些援助。譬如，如果美國要提供台灣某種衛星情報資訊，那國軍部隊是否具備能力接受與運用？如果說我們尚不具備相應能力，對方的協助不就白忙一場？

所以我方本身在科技能力、物資器材、後勤支援方面，都要先

做好準備。一旦發生戰爭，有同盟國家協助時，我們就不會自己浪費了機會，而能在最短的時間之內真正形成聯合作戰，這非常重要。

國軍管理訓練制度，屬於國防政策，我認為應該要探討。

各個候選人比較可能根據近年發生內部管理的問題，提出意見。如軍事檢察制度，在洪仲丘案後已廢除，但接下來可能要因應備戰，軍法案件的處置是否需要調整，就值得思索。

候選人會思考，但不一定納入政見，端看當時社會討論風向，也可能用以凸顯與其他候選人政見的不同。

守住台灣探討筆記

行政部門整體對守住台灣的職責

總統的意志，將決定台灣整個政府走向積極或擺爛

國防部：每個備戰環節上最重要的事，被忽略或積極達成

作為舉例：

- 守空域方面：增加補強戰鬥機駕駛員人數
- 擊渡海方面：確保與優化反艦導彈發射與命中比例
- 抗登陸方面：國軍加強實地演訓，模擬任務實境，提升防守成效

外交體系成為國軍的先鋒，爭取世界當國軍的後援

作為舉例：

- 強化與盟國的信任，以支援國防為外交的核心任務
- 強化邀請盟國協助國軍合作訓練、提升軍事現代化

各部會匯集合力，守護國軍、民眾、產業的安全

作為舉例：

- 醫療部門參與備戰：各級醫院為救治大量傷患進行準備
- 交通部門加入備戰：因應對高鐵、鐵路、橋樑、網路海纜的攻擊
- 經濟部參與備戰：因應對電廠、核電廠、供水設施可能的轟炸攻擊
- 教育／科技部加入備戰：不僅拿槍上戰場，讓人才創造力貢獻國防

不能讓立委搞砸：督促挑漏，而非阻撓備戰

「台灣有個機構叫『立法院』聽過嗎？」

「廢話，快說重點。」主管踢了一下我的椅子腳，再喝了一口燕麥奶茶。

在現代三權分立的政府中，立法權可以說就是「加保險」的功能。立法委員的職權，可以督促與確保行政院執行重要的政策。

「欸，我覺得這樣說似乎少了些什麼？立法委員有時候好像也會阻礙重要政策吧。」

確實，如果選上一個立委是反對備戰的，他當然會用盡力氣阻礙備戰。在我們看來，他在阻礙；但在他看來，他在確保政策走向他認為正確的方向。因此，立法委員的選舉，其實也是台灣能否積極備戰的戰場，並不亞於總統（行政權）的人選。

立法委員的職權之中，有以下三項，可以直接地促進（或是阻撓）
政府的備戰工作：

質詢官員：牽引輿論，為備戰工作添柴火（或倒冷水）

立法委員有個特權，可以把任何官員叫到面前，向官員提問，並且
批評他的回答——這就是「質詢」。「質詢」雖然沒有法律效力，卻可
能創造戲劇性的衝突場面。

如果在質詢中，官員無法以理服人，為其施政說明辯護，「傷害性
不大，汙辱性極強」的效果，常會引發媒體爭相報導，繼而輿論撻伐。
在這樣的壓力之下，官員的施政有可能發生改變。

「這有趣，我也要玩質詢的遊戲。」一邊喝燕麥奶茶的主管起了玩
心。

立委（主管飾）：「台電總經理您好，俄羅斯以導彈破壞烏克蘭的
電力系統，您有看到嗎？台電有沒有針對台灣電力系統如何更能抵抗轟
炸破壞，或是破壞後更快速維修復原，進行規劃與加強？」

台電總經理（我飾）：「謝謝您提出建議，我會帶回公司研議。」

立委（主管飾）：「這麼重要、這麼明顯需要加強的事情，您都沒
想到！您怎麼還不下台啊？」

看來主管已經深得「質詢」的箇中三味。

制定／刪除預算：讓備戰工作事項大步向前（或找碴刁難）

立委可以決定所有部會有多少錢可用，用來做哪些事，其中當然也
包括備戰的事項。這也是影響非常大的權力。

得到預算的備戰工作事項，政府不但可以做，而且「必須做」，否則將是失職。如果立法院刪除了備戰工作的預算，行政機關將巧婦難為無米之炊。

「我完全能夠想像，如果反對備戰的政黨取得立院中多數席次，可能刪掉（或刪減）這些項目的預算，讓備戰工作陷入困局。」主管舉例：

● 刪減購買、維護戰鬥機，以及培養戰鬥機駕駛的經費。
● 刪減對空導彈、反艦導彈購買與研製的經費。
● 刪減飛彈與整體國防系統相介接整合的經費。
● 刪減國軍與美日澳英歐等國家交流、接受培訓、合作演練的經費。

我搖頭感嘆：「太會刪了，這些項目刪掉，真的可以讓國軍強化備戰寸步難行，甚至癱掉、廢掉！還好中共沒有找妳這麼有天份的人當間諜！」

制定法律：讓備戰工作成為政府職責，財源受到保障

顧名思義，立法委員最核心的職權，當然是立法。多數人們熟悉的立法，都是管束或限制人民（包括企業）的行為，例如對殺人、逃稅的禁止與處罰。多數人不熟悉，其實立法，也可以包括對政府職責的明確要求、界定。

所以，如果立委足夠積極，其實可以將許多重要、長遠的備戰工作事項，以立法的方式確保得到執行。

有哪些項目，可能值得透過立法／修法，成為台灣政府備戰不能忽略、必要進行事項呢？主管和我開始腦力激盪，將想法寫在餐巾紙上：

● 設立機制與誘因，讓台灣學術界、產業界更積極投入國防技術研發、武器製造。

- 借鑑北約與美軍的管理、指揮、權力運作機制，促使國軍現代化，更能吸收與留住人才。
- 改善戰鬥機飛行員的待遇以及相關留才機制，並擴大退伍後在航空公司擔任駕駛，兼任空軍儲備飛官的制度通道。
- 義務役國軍，接受教召的預備役官兵，甚至包括志願役，需要加強國防知識與備戰全局理解。這部分需要納入民間的資源與合作。
- 政府所有部會（與重要機構）需每四年檢視其職權範圍內與備戰相關的事項，並進行工作規劃。
- 關於備戰需地方配合、主政的事項，中央政府應設置競爭型計畫，讓地方政府規劃方案爭取經費執行。

這些想法愈寫愈多，最後整張餐巾紙都寫滿了，只好先停在這裡。[5]

固然，總統和行政機關是備戰工作的主要負責者，立法院絕非不重要。

如果立法委員對備戰足夠積極，有完善的理解，絕對可以發揮加乘的效果——在官員懈怠與忽略的時候，透過質詢督促；為政府備戰工作提供充足預算資源；透過法律，建立行政機關備戰工作的最低下限。

但如果立法委員消極、抵制，絕對可以讓備戰工作陷入停滯、癱瘓、千瘡百孔。

最後，我們也討論到了地方政府。

許多人有這樣的誤解：備戰不是國防部、外交部為主的工作嗎？這些都是中央政府的權責，與地方政府有關係嗎？

當然有哦。

不能讓縣市長搞砸：在各地主導、執行備戰工作

每個縣市政府，除了沒有國防、外交的權限，各自都是一個小型的行政院。各縣市首長，對於醫療、交通、產業等各領域，如何進行備戰工作，都有很高的影響力。[6]我們也想到了，縣市首長可以推動哪些措施，幫助居民在戰爭發生時，降低受傷害的風險，度過危難：

● 積極預先安排，在戰爭期間物資短缺時的因應方案。

● 宣導培訓在戰爭發生時，民眾避難自保的具體作法。

● 政府工務單位與水、電、土木業者演練，在戰時快速維修基礎設施，確保民眾生活並支援國軍。

「我們還可以這樣假想：假若我們最愛的小逗點現在二十歲，因為共軍入侵，他將要在海邊與搶灘登陸的共軍發生戰鬥。」我提出了一個腦筋急轉彎：「我們會希望這時候，戰場環境得到什麼樣的支援與協助？」

討論了一會兒，主管和我一起列下：

● 在岸上、淺灘備置阻止充氣艇、兩棲戰車的工事，讓共軍要上岸困難重重。

● 強化與確保海灘的無線網路──不是為了讓小逗點玩手機，而是為了運用精確導引炸彈、無人機等遠程打擊武器。

● 與鄰近醫院進行規劃與演練，打造傷員快速後送的支援系統，讓受傷的軍人在最短時間得到救治，讓傷亡減到最低。

● 強化可能成為守岸戰場地區的供水與供電系統，讓國軍部隊運用，減少軍需補給的難度。

當我們列下這些項目，主管突然不說話，扁了扁嘴，眼眶泛淚：「我想到如果有一天小逗點在戰爭中受傷，就好難過。」

「我懂你的感覺，我的感覺完全一樣。希望這一切永遠只是假想，永遠不要發生。但萬一發生，我們必須已經準備好。不然，承受疏忽代價的，會是小逗點，以及成千上萬的年輕人。」我握住主管的手：「所以我們要確保縣市長在他們的職權範圍內盡其所能備戰。這些備戰工作，都會是嚇阻共軍的一部分；就算真的發生戰爭，也將讓所有的官兵（包括我們的小逗點）傷亡風險降到最低。」[7, 8, 9]

主管補充：「還有縣市議員對吧？在縣市層級，他們將也有『加保險』的效果。」

主管聰明！

「現在還有個問題哦。」當我們用完餐，結帳離開時，主管再提出：「備戰顯然是中央到地方政府與民代，都該全力關注與推動的事。但是，我們怎麼確保他們認真備戰？」

專家見解

王立第二戰研所團隊

關於立委對於備戰的重要性：

1. 立法院外交國防委員會與法制委員會，是最冷門的。因為專業門檻高、難以直接對選民有貢獻，多是間接的。
2. 大家覺得需要國防專業立委，但提出地方政見的立委更有吸引力。
3. 國防專業立委只能靠不分區部分補足。國民黨找退休將領，如

吳斯懷；民進黨有各種不同族群代表，但相當缺乏有國防專業的立委。

關於縣市長對於備戰的重要性：

1. 地方政府其實才是第一線進行作戰的機關，但過去體制的關係，唯一主管機關都是國防部。但國防部其實並不知道地方業務、有多少資源，因此也難以指揮。

2. 國防部的全民防衛手冊，要大家作戰時找里長，但是執行上卻相當困難。原因包括：

● 里長是由內政部的民政體系主管。

● 里長並不具備這樣的專業能力，一人也做不來，而且沒有專業訓練。

3. 許多職責確實在地方政府，但與中央政府沒做好分工，都用會報、演習為名義帶過，不夠實際、踏實地進行準備。

4. 如同疫情期間，地方政府認為中央沒有指示，就無法處理的狀況，戰爭時勢必會發生。

軍官退役、台灣大學兼任助理教授、中華亞太安全治理學會資深研究員◎廖天威

每年的民安、萬安演習由地方政府來主導，分區是根據每個縣市政府的區域來劃分。市長、縣長是地方的召集人，對於這個概念必須正確理解。

要讓地方政府、縣市長可以有具體的方案，可以運用現有的體系。中央到地方的三級制完全是一樣的，中央有災防會報，直轄市和

地方縣市也都有；中央有全民防衛動員的體系，縣市和地方也都有。

　　直轄市的市長和縣市長與軍隊的防衛區司令、指揮官密切支援和協調，地方的軍事將領也要參加縣市的會報。這些機制已經存在，可以利用這些體系來讓地方政府、縣市長有具體的方案。

國防安全研究院國家安全所研究員兼所長◎沈明室

　　全民防衛動員體系下，地方首長為各縣市戰力綜合會報負責人。必須徵集地方的人力物力，協助軍隊作戰。

　　各縣市後備指揮部，作為地方首長在全民防衛動員上的幕僚長，協助縣市長強化全民防衛動員工作。

　　戰時的民防、消防、治安等，也都需要地方政府負責。

　　曾有台北市議員候選人指出，目前民防預算太少，而且多用來公關餐敘，少有實際用於民防實務訓練。

　　地方政府應該要在民防訓練上，更切合戰爭可能的變化來加強。

　　目前各地方政府兵役單位，其實可以針對備戰做更積極的準備工作，成為地方政府恆常的備戰專責單位。地方政府兵役單位在業務上應該要因應需求調整，而非只處理役男兵役的事務。

　　依《全民防衛動員法》規定，行政院部會與縣市地方政府劃分權責。地方政府每年要開一次戰爭會報，盤點戰爭發生時，國軍會需要的支援事項，預先進行準備。

　　每個縣市政府應該都有做這項業務，在行政上通過內部檢視，但是如果實際發生狀況，是否能有效因應，要經過演習來驗證。

家庭人與事業人的守望，促使候選人／政治領袖重視備戰

說到底，無論是總統、立法委員，還是縣市首長，他們的核心政見由誰決定？

由我們每個選民決定。

當許許多多選民都明確表達，他們想要知道候選人關於備戰的計畫，並且這會是他們投票的依據，候選人就無法迴避不回應。如果選民選出的候選人表達過明確的備戰意圖，對此有詳盡的計畫與承諾，這樣的候選人在當選後，通常也會落實這些政見——或許會打折扣，但不致於全然廢棄。

如果台灣選民沒有表達出對備戰的關注，連詢問的意願也沒有，候選人就不會將此列為施政優先事項。也就是我們所說的「消極擺爛」。

「你總覺得，游老闆蔬果攤賣的水果品質特別好，菜很新鮮，買來可以放比較久，不容易有枯黃爛葉，所以雖然他比較遠，也比較貴，我們都會盡量在游老闆那邊買，記得嗎？」

主管點了點頭。

「其實，我們要支持候選人，就像要支持優良的蔬果店主一樣。」

像支持菜商一樣，挑選認真備戰的候選人成為領袖

怎麼支持菜商呢？我們家是這樣的，相信大家都會：

● 提出詢問與要求：

「游老闆，這菜新鮮嗎？我不要放好幾天的菜哦。哪種蘋果比較

脆？」

● 勇於提出批評指教：

「游老闆，上次和你買的絲瓜，裡面纖維都能做菜瓜布了耶，不能吃的。怎麼回事？你要和供貨商反應一下！」

● 慷慨購買、肯定、推薦：

「這幾袋幫我秤一下，包起來。對了，我和鄰居說你的菜好，建議他們來和你買哦！」

養一個菜商，讓他知道我們在意新鮮、在地、高品質的蔬果，游老闆就會負責保障我們有優質的蔬果。

要在政府、議會中，養一個我們需要的政治領袖，能針對備戰提供、落實可靠方案，我們要做的事也相似。

● 提出詢問與要求：

「劉縣長，請問你的備戰政見是什麼？請問你先前在這方面做過哪些事情？」

● 勇於提出批評指教：

「蔣委員，都沒聽到你對備戰表示什麼意見與想法，我在乎的事，你都不關心嗎？我想投給你都投不下去耶！」

● 慷慨購買、肯定、推薦：

「老公，XXX 在備戰方面的政見完整，也看到他一路以來推行備戰的努力，我們票投給他吧。另外，要不要考慮小額捐款，以表示支持？」

就像支持優質菜商一樣，希望有政治人物在政府中落實我們的心願，就得影響他、要求他，並為他的工作付費。

「我記得有一句話：自由不是免費的（freedom is not free）。應該就是這個意思吧。」主管若有所思。

家庭人的守望：善用選票讓台灣固若金湯

我們一面往回家的方向走，主管一邊啜飲打包外帶的燕麥奶茶，一邊和我討論：「最終還是回到我們自身吧，身為家庭的負責人，身為小逗點的父母，我們可以做些什麼呢？」

● 對於我們能投票選舉的候選人，我們至少都要打一通電話到競選總部，或是發一封訊息到粉絲頁，詢問他對備戰的規劃，以及他曾經做過的努力，並向他（的團隊）提出建議與要求。

● 從公開管道蒐集、比較候選人對備戰的規劃與積極度，並作為投票的重要指標。

● 向積極備戰、有完善見解的候選人小額捐款。

事業人的守望：建議公司與機構，以組織力量蒐集資訊、督促、支持

除了是家庭人之外，我們也是事業人——主管在一間中型公司任職，我開一間小公司。我們在工作的情境可以做些什麼？

可以在公司提議開啟一個專案，諮詢相關專家，評估如果中共統治台灣，如果套用中國的管理模式，會對我們的產業帶來什麼樣的影響。或許會讓大家對於備戰更為警惕，更為重視。

也許可以試著建議風控部門追蹤政府備戰狀態，將這項因子納入公司需要關注與降低的營運風險來源。

如果得到經營管理層支持，也許可以蒐集比較候選人對備戰的積極度，作為公司政治獻金撥款的參考依據。（主管說：「至於公司有沒有政治獻金……我要去了解一下。」）

「仔細想想，我們的每一票看似渺小，好像什麼都影響不了，但是所有重視事業、關心家庭的人，一張一張票累積的結果，將能決定是否由積極認真備戰的人擔任總統，也將決定所有部會施政的走向。」主管似乎有所決定。

「今後每一次選舉，我們一定都要認真以對了。」生在民主國家，即使受到戰爭威脅，還是有一點值得慶幸：「我們每個人手上都有一根絲繩，套在總統、行政院長、各部會首長的脖頸上。這條絲繩雖細，力量雖小，但它能牽動影響政府的方向，這也是真實的。」

邊談邊走，不知不覺也快到家了。正拿出鑰匙要開門，我突然想到什麼，轉頭問主管：「你的朋友之中，有誰的公司，正在做和備戰有關、有助備戰的相關生意嗎？」

✍ 守住台灣探討筆記

不能讓縣市長搞砸：在各地主導、執行備戰工作

不能讓立委搞砸：督促挑漏，而非阻撓備戰

- 質詢官員：牽引輿論，為備戰工作添柴火（或倒冷水）
- 制定／刪除預算：讓備戰工作事項大步向前（或找碴刁難）
- 制定法律：讓備戰工作成為政府職責，財源受到保障

家庭人與事業人的守望，促使候選人／政治領袖重視備戰

- 像支持菜商一樣，挑選認真備戰的候選人成為領袖
- 家庭人的守望：善用選票讓台灣固若金湯
- 事業人的守望：建議公司與機構，以組織力量蒐集資訊、督促、支持

註釋

1　國防外交首長團隊包括行政院長，偕同國防部長／外交部長／其他部會首長，還有國防／外交／其他相關部會（例如國安會）高層官員參與擔任。

2　多年來，台灣戰鬥機駕駛員極度不足，成為國防弱點，經多家媒體批露，至今仍無顯著改善。據華盛頓郵報引用立法院資料顯示，台灣空軍 F-16 飛行員總數，從 2011 年至 2019 年只新增了 21 名，遠低於戰機採購速度。參見 Lily Kuo and Vic Chiang, 2023, "Taiwan needs more Top Guns as chance of conflict with China grows," *The Washington Post*, February 28, https://www.washingtonpost.com/world/2023/03/01/china-taiwan-military-threat-invasion/.

3　其實各部會的備戰工作，在《全民防衛動員準備法》當中均有政策要求，但各部會實施的程度，目前並沒有整體性的整理與評估。（該法的內容，大部分是行政機關的作為為主；但近期以來，民眾看到此法，直接聯想到的是：送孩子上戰場。此為甚大的誤解。）

4　至目前為止，原能會僅在立委質詢時不清不楚地表示：1. 可能性小，2. 已有準備。這樣說，我認為是相當不足夠的。參見曾智怡，2022，〈原能會：台灣核電廠遭攻擊可能性低 已備妥因應措施〉，中央社，3 月 21 日，https://www.cna.com.tw/news/afe/202203210136.aspx。

5　目前法律要求上市櫃公司做社會責任報告書，由證交所監督，辦法由金管會核准。備戰也適用？參見財團法人中華民國證券暨期貨市場發展基金會，《臺灣證券交易所「上市公司編製與申報永續報告書作業辦法」》，證券暨期貨法令判解查詢系統，http://www.selaw.com.tw/LawContent.aspx?LawID=G0100517。

6　各縣市均有對例常備戰工作進行行政規範，例如：《新北市政府全民防衛動員準備業務會報設置要點》；各縣市首長理論上定期針對備戰進行任務指派、跨單位協調、確認工作實際進行狀況，例如：台北市全民戰力綜合協調會報。

7　近年來，可以注意到各地零星有多元備戰的實踐，例如：參見張良一，2021，〈現場直擊〉八里海邊「灘岸守備」架設 3 道防禦工事 阻絕敵軍搶灘〉，新頭殼，9 月 16 日，https://newtalk.tw/news/view/2021-09-16/637565。

8　續前註，參見呂昭隆、洪榮志，2021，〈防衛創意 蚵架堆疊成阻絕設施〉，中國時報，9 月 15 日，https://www.chinatimes.com/newspapers/20210915000392-260118?chdtv。

9　續前註，參見鏡新聞編輯部，2022，〈決戰台北港！教召兵漢光參戰、跑戰備築壕溝〉，鏡新聞，7 月 25 日，https://www.mnews.tw/story/20220725sot12004。

第十三章

誰說正義的「國難財」不能賺？

——打造反脆弱護國產業

自從開始探討台海戰爭與「守住台灣」的種種課題，不免常常想起幾個問題：

「面對戰爭的風險，甚至有一天萬一不幸發生，我該做什麼？」

「我有沒有盡一份心力的責任？」

「如果有，我該如何盡這份責任？」

好幾次，查閱網路上槍枝射擊訓練課程，但看著相關資料，我卻一直沒有拿定主意、徹底說服自己。

姑且不論我心裡是多麼牴觸殺害另一個母親的孩子；另一方面，我仍然無法確定：在戰爭時，我一個四十多歲的微胖中年人，踏上戰場的意義究竟為何？我戰鬥能力，不足以扭轉戰局；但我的戰死與傷殘，卻足以讓我的家人痛苦終生。

也許在十五、二十年前，我的猶豫會少很多，但不是現在——父母都超過七十歲、孩子卻不滿五歲的現在。

當主管瞥見我看著網站出神，聽我說出當時的疑惑，她想了一會兒：

「如果真的發生了戰爭，在其中做出貢獻的方式有很多種吧？面對這場尚未發生的戰爭，防止台灣變成戰場，和踏上戰場一樣重要。

你要不要研究看看，各種專業的人，可能透過什麼樣的事業方式，

讓台灣更加安全,或在戰爭爆發的時候更可能獲勝?」

主管一席話,打開了我思考的新面向。

守護台灣,絕不只是「捨命沙場」一個選項。運用自己的專業,甚至整合事業、產業的力量,會是台灣這樣的科技、商業強國不該忽視的護國優勢。

產業護國一、厚植社會認知與體質,防杜戰爭發生

在守護台灣這個目標上,產業所能達成的最大貢獻,將包括達成以下這些目標:

- 讓社會更深刻洞悉中共惡劣施政、守望報導台灣備戰實況。在這個方向上,所有內容業者、創作者,都將有可以施力之處。
- 幫助個人與家庭建立緊急危難中自保、避難、急救的能力。現在市面上已經有不少專業人士推出相關書籍、急救箱、培訓課程,都是這個方向的體現。
- 協助社會發現備戰的脆弱環節,並幫助機構與企業在戰爭中具備更高的韌性。例如,協助企業在戰爭前預做準備,包括人員、財務、源物料、廠房設備等方面,減少戰爭可能造成的損失。

以下舉兩個產業為例,說明可以參與貢獻的方式:

自媒體參與貢獻方式:

台灣社會目前對戰爭有相當高的焦慮與疑問,因此能回答疑問、提供方案、讓人們化焦慮為力量,都是了不起的護國產業。

　　說得更具體，深入經營關於國防、當代軍事、介紹中國現況、分析國際關係的節目與書籍，都對守護台灣有貢獻。

　　在 YouTube 上，「三國演議」、「說真話的徐某人」、「馬克時空」、「探索時分」、「Dino Brothers Studio」等都是這方面做得極好的（自）媒體。

保險業參與貢獻方式：

　　目前台灣市面上的產物保險（幾乎）皆排除戰爭造成的損失。但保險業是否必然無法服務國人在戰爭方面的風險，實可商榷。

　　如先前所述，只要政府與國軍合理備戰，共軍就幾乎沒有辦法成功搶灘、開啟地面戰；只要不發生地面戰，以導彈能造成的戰損是相當有限的。這部分微小機率的傷亡損失，由保險業進行風險分攤，商業上其實可行。

　　保險業可以擔任專業評估的角色，替商業界檢視把關政府與國軍備戰的情況，以保費數額變化（或承接保險服務與否），向社會揭示政府備戰情況優劣。

產業護國二、準備好在戰爭中承擔社會職能

　　當戰爭不幸真的爆發，除了國軍在前線抗敵之外，也需要整個產業在背後支援。一方面持續維持全社會人民基本以上的生存需求，另一方面則是支持整個國軍的運作基礎──這也將面對共軍的全力打擊、破壞。

　　例如，共軍必定將攻擊電力設施，意圖造成大面積停電，讓民眾陷入黑暗、缺水與飢餓、衛生條件惡化；甚至危及軍事指揮調度、政府運作。

　　基於同樣的邏輯，橋樑、鐵路、自來水系統、電信通訊設施等，都是中共重點打擊的目標，而國軍很難把每一次攻擊都攔截下來。

　　因此，各種關鍵基礎設施，在戰時能持續地營運、若被破壞可以得到快速維修，對於台灣人民的生活、士氣、國軍克敵致勝各方面，都非常重要。

專家見解

YouTube 軍事頻道主說真話的徐某人

　　依台灣的情形，學習攻擊性的武器操作，效果不如戰時的工程搶修技術。

　　台灣亟需工程搶修技術，以因應導彈攻擊造成的破壞。例如：橋炸斷了，如何建浮橋；煤氣引燃了，如何有效滅火；大量傷亡了，如何醫療照護、緊急處置。

　　共軍一旦成功登陸並建立陣地，可以安全輸送人員武器，其實戰爭結果就難以挽回了。

　　台灣民防體系重點會要放在長期空襲下，如何應急避難，所有台灣人如何自救、互相救助。

　　此外，也包含以科技方式建立支持的網路系統，區分假消息、傳播正確的資訊，以及無人機操作等等。

　　與其直接練真刀真槍，不如先掌握一些最基礎的知識，可能會更加有效。因為實際上，台海戰爭的模式跟俄烏戰爭不一樣，烏克蘭是需要全民皆兵，都能上陣禦敵，而台灣並不是。

❖

政治大學東亞研究所名譽教授◎丁樹範

　　台灣在建立韌性上面臨到很大的挑戰，例如在能源供應、油料儲備等方面，都存在資源有限的問題。

　　中油可能需要建立分配制度，以應對油料儲備的不足。台電在面臨停電等緊急情況時，需要有迅速恢復電力供應的能力。自來水公司等單位也需要加強應對水管因戰爭受破壞，必須快速修復等緊急情況。

　　此外，企業、工廠、科技單位等也需要建立自己的備援系統，以應對停電等緊急狀況。

　　因此，各個部門都需要開始建立相關的準備工作，透過從上而下的溝通與討論，盡可能地優化資源分配，以提高整體的韌性。

產業護國三、各領域製造業都可能參與國防工業

　　國防工業從核心到外圍，可以分成三個層次。這三個層次，都值得台灣製造業發展與投入。

最內層：單純軍工產業

　　軍工企業，也就是專門生產武器、坦克、飛機、彈藥的公司。

　　全世界軍事實力最強的國家，無疑是美國。美國軍事強，不僅是強在美國國防部，更強在其軍工產業。

　　美國五大國防企業馳名世界，進行最尖端軍備的研究與製造：

● 洛克希德・馬丁（Lockheed Martin）公司

- 波音（Boeing）公司
- 雷神（Raytheon）公司
- 諾思羅普‧格魯曼（Northrop Grumman）公司
- 通用動力（General Dynamics）公司

軍工產業不僅讓國防強大，它本身也是賺錢的行業。

在 2020 年，國防產業為美國帶來超過 5500 億美金的產值，合超過十六兆台幣，而美國五大國防公司雇用員工大約六十四萬人。[1] 國防產業讓美國得以維繫其國家安全、守護美國人所珍視的生活方式，更為美國帶來可觀的經濟產值。

近年來，南韓在其北方侵擾的國防壓力下，也大力發展國防產業，並且取得眾所肯定的成果。在 2022 年，歐洲新興軍事強國波蘭向韓國多次下單採購武器，包括戰機、坦克、火箭系統，總額為 147 億美金。

波蘭作為歐盟成員國、北約成員國，向南韓採購大量戰爭武器，勢必是深入綜合比較了其性能、價位、可靠度。軍備與武器，自產自用，很好；能打開國際市場，更是難能可貴。南韓牙山政策研究所解釋：「南韓產製武器的效率、穩定度，以及價格競爭力，在全世界居領先地位。」南韓國防產業的表現令人敬佩。[2]

與南韓相較，台灣自身的國防產業小得多，民間企業投入的規模更是有限。南韓國防產業聯合建置了一個相當可觀的網站，向世界推廣南韓的國防產品與服務。[3] 相較而言，台灣往國際推廣國防產業，無論是努力或成果，都遠比不上南韓。

許多人談國防，總希望不談產業，不談營利，只談衛國的理想和責任。坦白說，這就是本書、本章所想挑戰的觀念。

在台灣，我們應該要樂見、鼓勵與敬重人們為了牟利，為了單純的

致富、賺錢、發財而投入國防工業。當投機者與逐利者都參與了台灣的國防工業，此領域必將是高速發展、成果豐碩。如此，台灣自保目標成矣。

我們不該期待台灣的國防產業，必須由不慕榮利、不計營收的聖賢君子來操持。若以此期待看待國防產業，必然空洞脆弱，一事無成。

第二層：機械、電子、資訊科技的軍事應用

台灣許多資通訊大廠，都走在科技發展的前列，從 IoT（物聯網）進展到 AIoT（人工智慧物聯網）。相關的技術不僅在民生有用，更在戰爭中可以發揮功能。

從俄烏戰爭可知，現今戰爭中，無人機、無人快艇等新型工具，無論用於偵察，或是攻擊，都可以發揮極大的效果。台灣做不出航空母艦、第五代戰機，但絕對有成為無人機大國的潛力。

除此以外，戰場現地的士兵、車輛、火砲系統，都愈來愈需要裝載數位通訊設備，與戰場後方資訊平台（甚至遠方盟國的資訊系統）保持資訊協同，以得到精準、及時的資訊，能夠高效打擊敵人、躲避攻擊。

如何將前數位時代的軍備設備更新，如何將台灣自產的某些設備、裝置納入數位協同系統？這些都是台灣資通訊業可以參與，也會對台灣的戰力帶來極大助益。

第三層：民生工業的軍事應用

軍人也需要食衣住行，但是其需求情境又與一般人日常需求不同，例如衣服要更能因應炎熱、大雨、濕冷等天氣下在戶外行動的需求；軍靴除了防水透氣，更要能在各種地形奔波時護腳。可惜，台灣軍需品一直不是「優質產品」的代名詞。

台灣民生工業領域完善、發展長久。如果將其領域知識用於部隊需求情境，相信可以創造許多品質優良、具國際競爭力的產品。除了造福國軍，也可能創造外匯。以下舉幾例子：

紡織成衣業

台灣機能布產業、成衣產業均相當發達，如何將機能布與成衣技術用於軍用衣物，製造透氣、排汗、保暖、防雨，甚至有防燒與抗割刺，均是值得投入研發的方向。

發展這樣的成衣技術，可以讓國軍平時穿得更舒適、戰時更安全。類似的技術，除了將可以用於警服、消防員制服、民間保全業者制服，也有廣大的外銷市場。

製鞋業

台灣是製鞋大國，許多聞名世界的鞋類品牌都是由台灣公司代工。然而，台灣軍靴至今仍然被使用者認為相當不舒適、易損壞、易讓士兵受傷。曾有專家在 PPT 撰寫文章，比較台灣軍靴與美國軍靴的差異，後者在鞋帶、拉鏈、鞋頭、透氣性、防進泥沙、足弓支撐、腳底包覆等方面，都顯著較優。

台灣製鞋業在這方面，當然有許多可以投入的空間。在軍用鞋上的研發改進成果，也大有可能在民用、外銷上找到市場。

食品業

軍人的餐食上新聞，往往是因為抱怨、弊案，或是在某種農產過剩時協助「消化」。

　　台灣食品產業發展悠久，各種技術完整，可以提供國軍在野外執行任務時所需的各種口糧。隨著民間對於備戰意識日益明確，可口、營養完整、利於保存的口糧也將很有市場。

　　上述舉例，只是九牛一毛。我相信絕大多數產業，都可以在守住台灣的群體事業中找到可以貢獻、服務的切入點。各產業的專家在了解台灣的國防態勢後，必然可以看到更多、更深、更具體而明確的參與路徑。

　　台灣有一個「國防產業發展協會」，該協會的企業會員之中，多數並非狹義的「國防工業」。[4] 想必許多企業都已看到國防事業的各種切入點。

專家見解

軍官退役、台灣大學兼任助理教授、中華亞太安全治理學會資深研究員◎廖天威

　　以無人機而言，中科院技術成熟了，但是民間的產量或是技術的成熟度，還沒有到那個階段。

　　軍隊也要提供制度與環境，讓民間可以做實務上的接軌，例如修改法規等。此外，中科院也需要調整自己的態度，讓更多的民間參與軍事專案。

　　在委外案或包商方面，現在主要還是中科院在負責，但國防部也需要讓中科院進行調整，以便民間更容易參與投入。

　　國民方面，我們應該培養全民國防的觀念。特別是當面對國家安全危機時，這不只是軍隊和軍人的事情，而是整個台灣社會的問題。從全民國防的角度來看，每個人都可以參與國防事務，包括國

防研發等。

如果我們能夠長期培養全民國防的意識和能力，那麼立委和總統（包括候選人）也不過是從這麼多人中選出來的，而不是突然冒出來的。

這樣可以確保國防、外交和內政等問題的連續性和穩定性，讓整個台灣社會更加堅強和安全。

國家政策研究基金會副研究員◎揭 仲

政府應該思考如何建立架構和系統，以便動員民間的科技和潛力協助，否則民間和政府的需求無法有效接軌。

民眾的熱心和資源是有限的，如果缺乏政府的指導和協助，那麼民間的努力可能無法有效發揮。比如黑熊學院等單位訓練民眾，在救護等方面也需要政府的指導方針，否則各自教的結果可能不一致。

目前台灣政府談到動員，仍停留在造冊管理，遷就於現有的實況，無法在先進領域去培養新的力量。頂多談到車輛與人員的動員，只能進行一些基本的民生備戰工作。

政府必須提供一個架構，讓常民可以參與國防動員，讓企業不論是平時備戰或是戰時都能夠提供協助，這是最重要的。現在的政府與民間介接的模式太落伍，需要改變。

目前國軍將相關的技術都交由中科院處理，但成效與業界的反應並不如預期。產業界對此都頗有微詞，認為中科院掌控決定權卻不了解實際情況。

在法人化之前，中科院是以飛彈、通訊技術為主。然而，現在國防部所有軍事採購都由它負責，掌管的子領域快速擴張之下，造成它對於相關領域並不熟悉。

中科院對相關領域的掌握與了解並不全面，因此無法選擇成本效益較好的合作團隊，轉而使用大量計畫招聘自己人，而時常被批評任用私人。

台灣企業在強化國軍動員力量上有潛力，尤其可以提升效率，這對於戰時的動員非常重要。然而，產業參與國防要良好運作的關鍵還是政府，包括網路和資訊等領域，需要政府建立相關執行模式。

王立第二戰研所團隊

台灣在製造業上有很強的實力，但過去國防產業由軍方主導，發展有限。

台灣不僅僅是晶片，還有許多加工製造的優勢、很強的零組件，甚至供應國外軍隊。然而，在國內卻沒有很好的政策引導和發展，讓這些技術在台灣應用。

台灣很多企業主其實也很願意投入，但軍方態度卻偏向消極，讓許多企業難以找到合作的方式。美國國防部則是相反，積極擴大民間部門在軍事上的參與，共創雙贏，打造安全供應鏈。

中科院或許可以做一些不錯的技術，但要打入軍需產業還有困難，也不適合由軍方自己來做。

軍用科技與民用科技的界線其實是模糊的，台灣廠商若是可以加入，效益會相當大。廠商在國防工業上發展出的技術，也未必侷

限軍事使用。

國防安全研究院國家安全所研究員兼所長◎沈明室

國防部有《國防產業發展條例》，是目前的主要政策架構。

中科院與漢翔是目前主要的研發機構，還要將民間本身有的技術和能力再納入。

中科院預期將加強技術轉移，將研發後的軍事科技成果，交由民間協助生產。

在戰爭時期，武器研發製造工作都會納入戰時物資生產體系，由經濟部統合調動物資，協助生產。

目前已成立無人機國家隊，認證民間七八家廠商，由民間供應生產，因為各個軍種都相當需要。這樣的模式，也頗值得推廣。

投入護國事業，是「賺國難財」嗎？

2022 年 8 月，知名企業家曹興誠先生提出，要從私人資產中拿出三十億台幣，用以資助有益於「守住台灣」的計畫。

看到此消息的第一時間，我感到相當欣喜，有他的鼓勵，也許更多人將投入守護台灣的事業。而我當時已經在著手這本書的寫作，完全明白守住台灣，太需要更多專業者、團體、企業的加入。

然而，當我瀏覽此消息在網路上的傳播與討論，卻有相當一部分人的反應令我驚訝與心寒。

「這下可好，想發國難財的人賺飽飽。」

「我們看著吧，誰見錢眼開，有國難財可賺，就開始熱心救國事業了！」

「那個 XXX 等好久了吧？終於等到機會了，快去搶錢吧！」好幾個關心國防的專家、學者、作者、團體，都被點名。

我很想要和有上述想法的人溝通一件事：「你有沒有想過，你眼中要『賺國難財』的這些人，以及他們的營利動機，正是『守住台灣』的支柱力量？想靠『不必賺錢、不想營利』的人守住台灣，非但不切實際，而且更是害慘台灣的心態。」

沒有「國難財」的產業體系，台灣是裸身上戰場

讓我們假想一下，如果各行各業，都毫無意圖「藉戰爭謀利」，一旦遇到戰爭，台灣將是什麼樣的情況？

醫藥與耗材廠商完全不想「藉戰爭謀利」，於是完全不依據戰爭發生的傷亡預估，預判戰場傷員將大量需要的藥品與醫材，甚至儲備存貨……會有什麼結果？

其結果是，當戰爭發生時，許多國軍在戰場受傷，藥品與醫材將快速告罄，將有更多原本可以救治的國軍死亡，更多國軍小傷變重傷。

台灣各種科技廠商完全不想「藉戰爭謀利」，於是完全不將其領先世界的自動控制、精準偵測、快速運算技術用於國防科技……會有什麼結果？

其結果將是，當戰爭發生時，國軍仍只能使用落後時代的陳舊裝備，所有的科技都仰賴歐美協助。於是，價格又貴，溝通協調又慢，讓國軍陷入不利境地。

媒體、中國專家、戰爭研究者、國際關係學者完全不想「藉戰爭謀

利」，於是不製作向大眾溝通的戰爭風險的節目，不出版探討中國現況與前景的書籍、不舉辦關於戰爭風險與因應的研討活動……會有什麼結果？

其結果將是，台灣人普遍對戰爭的風險麻木、對台灣的應戰優勢無知無覺，我們更有可能在中共的恫嚇下做出錯誤的政治判斷，在戰爭的威脅下輕易屈服，情願自廢武功，讓中共控制台灣政治與經濟命脈。

建議指控、貶損、嘲諷他人「賺戰爭財」的人們想想：當台灣沒有任何人在賺戰爭財的時候，我們得到了什麼好處？

什麼好處都沒有。我們只得到一個更無知、更容易被欺騙擺佈、在戰火威脅下更脆弱的台灣。

想像一下，如果告訴藥廠：「願意用你生產的藥救治國軍嗎？要的話，就把藥拿出來，別收錢。」很快，這樣的藥廠就倒閉了，然後什麼藥品都生產不出來。食品廠、裝備廠、軍需供應商、國防相關的知識提供者，情況都是如此：收錢，才能長久經營。

不只要收錢，任何產業都還要賺錢，才可能有盈餘再投資、招募優良的團隊、進行研發與創新，讓其產品與服務愈做愈好。

做軍靴的廠商要賺錢，以及公開透明的競爭，國軍才能有愈來愈好的軍靴。做鋼盔、做子彈、為國軍維修戰車與電子設備的廠商，所有都是如此。

希望護國產業不要賺錢，甚至不要收錢，除了忽略「賺錢才能永續經營、精進優化」，而且忽略了另一個事實：

當護國產業茁壯營利，這不是對全民的剝奪，而是為全民創造更多機會。

我們需要各種有意願「賺戰爭財」的人們，幫助台灣人建立對中國的正確理解、強化對當代戰爭面貌的整體知識、幫國軍補充優質的需求

物資、幫民眾強化因應戰爭的準備，甚至將國防武器與技術國產化⋯⋯。
當上述人們都發了戰爭財，台灣將更加安全，我們的孩子、父母也都將
更加安全。

任何有意願「賺戰爭財」的人們，不是鑽營機巧的小人，是保台護
國的英雄。

護國事業，我的實踐

回到本章最初的問題：在中共的戰爭威脅面前，我可以做些什麼，
也許比我上戰場更有價值？可以做些什麼，守護台灣的自主與法治，也
守護國軍在戰場傷亡的可能性減至最低？

我所創辦的企業「真識」，這家公司的業務包括撰寫企業專書、人
物傳記、國際申獎文件、專業文稿與商務溝通手冊。

這幾年的業務與國防有關係嗎？其實本來沒有。

但在意識到「守住台灣」這件事的社會溝通斷層之後，我深思並決
定與「真識」同伴發起本書的調查研究撰稿專案，以及後續系列計畫。

我們希望社會看到「守住台灣」才能最有效地維護我們的家人、財
富、事業未來，看到「守住台灣」是完全可能的，並看到在這過程中我
們每個人可以採取的備戰作為。

這既是事業營利計畫，也是「真識」團隊對社會、對家庭的一份責
任。我們能發揮多大影響，目前還不知道，但我們願意盡力而為。

在台灣數千數萬的護國事業之中，我們希望點起一盞燈。

非洲有句諺語：「需要一整個村子合作，才能教養出一個優秀的孩
子。」同樣，要守住台灣，也需要各種產業。我們需要發展與強化最狹義
的國防產業，也需要所有企業，都能跨足「護國產業」貢獻專業與所長。

　　我們相信各行各業在「護國產業」概念下，找尋貢獻的切入點，並不會是，也不該是沒有回報的樂捐；它應該是，也可以是一個長期磨淬的事業計畫。

　　用流行的概念說，它甚至是一個「反脆弱」的計畫。

投入護國產業，也增加自身的反脆弱性

　　許多人聽過「反脆弱」這個概念吧？或甚至知道它來自一本書，是該書的書名。

　　在翻開這本書之前，會以為這本厚書是雞湯文學，要讀者如何堅強，不要玻璃心容易受傷。錯了，完全不是這回事。

　　《反脆弱》（*Antifragile: Things That Gain from Disorder*）這本書以及其中所推出的概念，是歐美當今最受敬重的策略思想家納西姆・塔雷伯（Nassim Taleb）的心血結晶。這本書自 2012 年上市之後，對全世界商業、政治，都有重大影響。更有許多人將此概念運用於個人生活、職涯、投資，其影響至今不衰。

　　塔雷伯所說的「反脆弱」，簡單來說，指的是一種狀態：受到打擊的時候，某方面不會損失，反而有所獲益。

　　當我們每個人的事業原本都與國防無關的情況下，中共對台灣的長期威脅，以及有朝一日可能進攻台灣，這個事實與風險只造成我們的損失。例如中共的威脅可能讓公司的訂單流失；若共軍與台灣爆發小規模衝突，可能造成公司股價大跌……。

　　當戰爭風險只會帶給我們損失，不會帶給我們絲毫好處與利益，這就是我們的脆弱性。

　　在戰爭面前，我們如何反脆弱？

答案就是：投入與國防備戰相關的事業。

投入國防事業，戰爭風險將為事業帶來需求，將是公司發展的正向因素。

投入國防事業，戰爭某程度真的發生時，公司面向國際的訂單也許有損失，但面向國內部隊的訂單可能會增加。在台灣這個戰爭環境中得到實際檢驗的技術或產品，將更有走向世界市場的潛力。

如果台灣在短時間內無法擺脫戰爭的威脅，那我們就不要白費了正在受到威脅這個事實。在這個局勢下，可以透過事業投資選擇，讓災害發生時反而對我們有利，這就是我們的「反脆弱性」。

✍ 守住台灣探討筆記

家庭人與事業人的作為

打造與成為「護國產業」，每一個「事業人」都可以做些事：

思考自己的事業在台海戰爭的威脅面前，可以做什麼樣的貢獻。可能方向包括：

一、厚植社會認知與體質，防杜戰爭發生

二、準備好在戰爭中承擔社會職能

三、各領域製造業都可能參與國防工業

　　最內層：單純軍工產業

　　第二層：機械、電子、資訊科技的軍事應用

　　第三層：民生工業的軍事應用

看待「護國產業」，每一個「家庭人」都可以做些事：

● 支持家人在事業上、專業上，為守護台灣盡一份心力。

> ● 運用市面上的內容產品，強化家人對中共、對兩岸軍事的理解。
>
> ● 運用市面上的工具與培訓課程，強化對戰爭的準備，減少戰爭對家人造成的傷害與損失。

註釋

1 參見 Abby McCain, 2023, "The 12 Largest Defense Companies In The United States," *The New York Times*, April 25, https://www.zippia.com/advice/largest-defense-companies/.

2 參見 Kim Da-sol, 2022, "Why Poland is buying S. Korean jets, tanks, howitzers," *The Korea Herald*, October 27, https://www.koreaherald.com/view.php?ud=20221027000556.

3 參見 Korea, Ministry of National Defense. https://www.defense-korea.com/web/main.

4 參見台灣國防產業發展協會，〈會員名錄〉，https://www.twdida.org.tw/member.php。

第十四章

事業人與家庭人的
守望職責是什麼？

——呼喚支援，掌握真實資訊，督促監督

今天陽光明徹，因在山間，並不覺熱。所有樹葉在晴天之下鍍了金光，順木棧道拾級而上，微汗，但風起時，林木颯舞，甚至感到稍涼。

通常，和主管帶小逗點出門，總是和他滿小嘴「不要不要」的吵鬧拔河。

「吃點蝦哦。」「不要哪！」

「脫外套囉。」「不要哪！」

「把外套穿上吧。」「不要哪！」小逗點有時還補一句：「逃走。」然後撒開小腳讓我們追跑。

今天，和爸媽吃午飯後，他們陪小逗點午睡，讓我們兩人多爬一些山路。

山路不陡，我們可以信步踏行，談談關於爸媽健康的近況、小逗點上學的情形，以及，我們這一陣子以來的話題。

守望備戰，真實資訊很重要，但非常昂貴

「先前談到各種方面的備戰方案，我都覺得很好，很對。但坦白說

哦，我覺得有些不是很合理。」主管輕聲地說。

家裡有個主管，總是能看到我的缺失，應該也是一種幸福吧。

「沒關係，你坦白說，我也想知道。」

「我們先前的討論中得到一個共識，台灣積極備戰與否，將決定共軍入侵時我們會勝利或失敗，甚至也會影響共軍開戰的意願，對吧？所以我們要『守望』國軍與政府的備戰工作，以及候選人的作為，對嗎？」

「對。」我回答的同時，主管伸手一指，要我欣賞一下欒樹花：「開得真漂亮，小逗點看到一定會很開心。」

她接著轉頭問我：「要做到『守望』這件事，以個人的力量能達成嗎？要花多少時間？意謂著多少時間成本呢？」

用最保守的方式估算，如果每天花半小時瀏覽新聞，每過一個月再花半天時間整理，一年就接近 240 小時。那是 30 個工作天，等於一年中放棄一個半月的工作時間與收入，只做這件事。代價可謂非常高昂，近乎不可行。

「這只是資訊蒐集，並沒有分析整理，也沒有加入任何專家意見哦。到底資料呈現備戰水準如何，就只靠並非國防或政策專業背景的你，根據閱讀後的認知當作評判標準，是否具有說服力？你的公司就是做專業報告的嘛，從專業角度來看，這樣水準的資訊蒐集，能作為可靠的結論，用來指導重要的人生選擇嗎？」

以個人的心力為家庭守望，確實有點勉強。觀察社會局勢變化，對我來說原本就算是興趣。但許多人並不愛看政治新聞，更不用說軍事、中國時事，大部分人更有障礙。

主管的語氣溫和，句句入理：「你花這麼多時間心力關注台灣的備戰，還為此寫一本書，當然其中也有為了家庭與事業的成分，這些我都

支持。不過，你不覺得，為此目標付出時間，達到的效益卻不太平衡嗎？甚至你因此少陪伴家人、少開拓案子，反而減少對家庭與事業的關注，不是嗎？」

恐怕確實如此，在這個動盪、危機的時局，我們固然需要守望，但每個人憑一己的心力與時間，確實會有極大的困難。

「另外，在候選人與政治人物方面，也許一部分會表露他對於備戰的態度，但很多資訊是沒有公開的，你在網路上也找不到。直接依此就說他在備戰方面毫無意願與貢獻，似乎並不公允。我們需要向候選人或政治人物核實，請求他提供相關資料。好像你嘗試過對嗎？我記得，結果不如預期。」

確實，主管記憶力真好。

選舉前，詢問縣市長候選人備戰計畫，他們說……

在 2022 年 10 月到 11 月，地方首長與議員選舉期間，我已經成立了「我們守住台灣」粉絲專頁，分享一些與備戰相關的重要時事新聞。

那時候我想要知道各主要政黨、各直轄市候選人的備戰態度，因此向他們發出這樣的邀請（以市長為例）：

邀請市長候選人分享備戰作為的信件全文

尊敬的〇〇市長候選人〇〇〇您好，

「我們守住台灣」是一個由「真識：知識內容服務」所發起的公民知識匯集計畫。針對中共近期對台灣戰爭威脅的加劇，本團隊將以一系列知識匯集與發表，為台灣抵禦侵略工程盡一份責任。

作為台灣重要的政治領袖之一、重要行政區的候選人，您對於中共侵略台灣的威嚇必然有所警覺，相信在未來施政計畫中，必有因應中共侵台的市政準備。

可否邀請您，在市長選舉之前，透過臉書或記者會，將這方面的見解構想公佈出來？許多選民都期待看到。如果您有臉書貼文，歡迎告知，我們很樂意為您轉載、討論。

基於本團隊的初步探索，針對侵台戰爭進行準備的市政規劃，選民關注以下面向：

一、應戰醫療面

- 在戰爭之前，有什麼樣的計畫組織，領導市內公私醫院進行人員、器材、流程的準備？一旦發生戰爭、轟炸，如何快速提升救治量能？

- 有什麼樣的計畫與部隊進行協同，在戰爭發生時，快速協助救援傷患？

二、戰爭物資面

- 在戰爭（或是封鎖）之前，有什麼樣的計畫，強化戰爭物資儲備的盤點、區里分配與儲放？

- 有什麼樣的計畫幫助市民提升家中戰爭物資儲備，以及了解市內區里的物資儲備、領用方式？

三、應戰準備面

- 如果中共攻台，本市海岸與港口可能成為登陸戰場，交通要道也可能成為爭奪據點。在戰爭之前，有什麼樣的計畫配合軍方進行固守防攻的工事，強化基礎建設？

● 對台灣的戰爭，有極大可能包括空襲、轟炸，對道路與建物造成損傷。請問您有什麼樣的計畫，強化本市的搶救與消防量能，以及針對道路、橋樑、設施損壞後快速修復的準備？

四、敬軍護眷面

● 在長期的備戰中，國軍非常辛苦，您有什麼樣的計畫表達對國軍的敬意、支持、慰問？

● 若發生戰爭，勢必造成不少國軍傷亡，有些國軍與家眷可能是本市市民。您將規劃、強化哪些方案，對傷亡國軍及其家屬進行協助與撫恤？

五、過往實績與其他

● 您擔任政治領袖的時間已相當長，到目前為止，曾執行與投入任何強化台灣、本市禦敵保民的施政事項，都歡迎您公開，讓民眾理解並肯定您的努力。

● 若您在其他任何面向上，有率領政府、引導民間強化防衛、抵禦入侵的計畫與想法，盼您多多討論與分享。

此議題極為重要，若蒙您重視與著墨，展現守護台灣的意志與智慧，勢必對勝選有利。以上邀請，誠盼您與貴團隊參考。感謝您，誠祝政務、選務順利。

邀請結果，稍微令人感到意外

我真心期待，這樣的詢問就算沒有得到直接回覆，也可以看到候選人或政黨在其粉絲專頁上多分享相關內容。

我透過在粉絲頁上貼文標註的方式，分批邀請了以下政黨、地方黨

部、候選人（陣營）：

● 政黨：民主進步黨、台灣民眾黨、中國國民黨、時代力量、台灣基進等五政黨主粉專，以及其六都的所有黨部粉絲頁

● 候選人：

新北市：林佳龍、侯友宜

台北市：陳時中、黃珊珊、蔣萬安

桃園市：張善政、鄭運鵬、賴香伶

台中市：蔡其昌、盧秀燕

台南市：黃偉哲、謝龍介

高雄市：柯志恩、陳其邁

結果如何呢？

結果沒什麼迴響。只有林佳龍的粉絲頁來按個讚，其他都沒有回應。後續也無聯繫，觀察不到他們是否有具體的地方政府備戰方案。

那時候，已到了選戰後期。如果這些政黨與候選人陣營，原本就沒有打算討論戰爭的因應準備，以我們的聲量不足以改變既定走向。

接著我的回憶，主管發問：「如果那時候，你以一個小小粉專的名義去詢問備戰的資料，候選人陣營與政黨都沒有回應，未來無論是你，或是任何個人聯繫詢問，是否也會得到相似的回覆？」

稍想片刻，我說：「也許問的人多了，他們會主動發佈相關資料也說不定？但確實，一般民眾發問，得不到回覆，也是很有可能的。」

備戰守望任務，呼喚專業單位協助

「你有沒有想過，守望這件事，本來就不該是個人獨立完成的。全台灣人都想了解同一個問題：國軍是否有在積極精準備戰，對吧？」主

管問：「那何不由某個合適、受到信任的單位，集結資源，運用需要的人力，以專業的水準，定期發佈《備戰守望報告》，並讓所有需要的人共享成果？這樣是不是比較有效率？」

對噢。可不是嗎！

「為千千萬萬家庭人與事業人進行備戰守望，哪些機構比較適合擔任呢？」我邊想邊自言自語：「軍方的事，軍方最了解。由國防部，或者國防部下屬新聞發部單位提出報告，是否最有權威性？」

主管皺眉搖頭：「備戰守望工作並不適合由政府，尤其是軍方直接提出報告。畢竟球員兼裁判，會讓可信度打折扣。」

「這麼說來，甚至不該是政府以標案形式支持的計畫，我們都知道發案單位對專案執行方有多大的控制力。」我接著說：「如果《備戰守望報告》的成果無法取信大眾，就是純粹浪費資源；如果它刻意高估了國軍備戰實況，粉飾太平，既無法督促國軍有所改變，也會誤導大眾而沒有適當的準備。」

經過一番討論，我們認為這些形態的單位是比較合適的：

● 學術研究機構：例如中研院、各大學等。

● 廣受敬重與信賴的媒體：例如天下雜誌、商業周刊、報導者、端傳媒等。

● NGO 民間團體 [1]

「無論是哪個單位編寫報告，只要內容公正、客觀、完整、重點明確，我們都非常歡迎。」主管拿出面紙拭了一下臉上汗水，也遞給我一張：「重點是，這樣的報告，怎樣才能達成它的目標？提供我們所需要的資訊，解答困惑？」

《備戰守望報告》內容規劃訴求

「如果有一個值得信任的單位，願意接下這個重責大任，我們對成果該有什麼樣合理期待呢？」我邊擦汗邊向前走。主管提出建議：

「從最終目標來想嘛。我們要得到『國軍是否積極精準備戰？』這個問題的答案，好評估能否繼續在台灣安居樂業。

我會有這些訴求與期待：

1. 針對關鍵重點：我需要知道國軍針對備戰的核心關鍵重點，有哪些持續精進補強的工作、有哪些可驗證的成果？我不要雜訊──將領視察、高層宣誓、總統勉勵，對我來說，都是與問題無關緊要的雜訊。

2. 專業的解讀評論：我需要國防方面的專家，以專業眼光解讀國軍備戰的行動，重點是什麼、背後的思路邏輯是什麼？並評估有多高程度真的精準備戰，有沒有錯失遺漏、有沒有浪費珍貴資源？

3. 容易閱讀理解：這份報告不能像厚重的教課書，還要我們啃讀半天。它需要將結論視覺化地清晰展現，讓讀者一看就抓到重點，稍微翻閱就能掌握重要的論證與依據。

這些並不誇張吧？一份優良的報告應該符合這三點，我們公司收到的、對內對外製作發佈的報告，都是這樣的啊。」

主管說得理直氣壯。我非常認同。

《備戰守望報告》內容規格：重點環節的備戰進展

其實台灣國防部本來就會例行發佈各種新聞。其中百分之九十以上，對我們普通民眾是沒有什麼價值的；而少部分的新聞，需要以正確的架構呈現、解讀，才能讓一般大眾看出重要訊息，並準確理解現況、評估

風險，然後抉擇行動。

若根據之前提出守住台灣的關鍵環節，《台灣年度備戰守望報告》
應該包括以下重要主題段落：

聯盟友方面：台灣與戰略盟友合作的廣度與深度

若台海發生戰爭，可以為台灣提供支持與協助的國家是否增加？其
支持協助的意向是否堅定？

盟友派軍事人員駐台方面，有什麼樣的進展？或有退步？

台灣與盟友間聯合演訓，有什麼樣的進展？或有退步？

● 盟友協助台灣優化訓練方法，甚至讓人員赴歐、美訓練，有什麼樣
的進展？或有退步？[2]

● 台灣與盟友間情資共享、戰場資訊協同方面，有什麼樣的進展？或
有退步？

守空域方面：強化空優、防空導彈，與高技術軍種人力

兩岸戰機數量對比追蹤，台灣購買軍機種類、數量、交付進度分析。

共軍攻台導彈數量最新估計，台灣防空導彈數量追蹤。

台灣空戰人員、導彈操作人員培訓優化方案。[3]

台灣戰機駕駛人力擴增方案，戰機與導彈維修能力優化方案。

國軍與政府指揮系統抗打擊韌性，以及與盟國資訊協同程度的進步。

擊渡海方面：打擊運兵船的武器與載台，提升關鍵雷達與指揮系統

共軍運兵船數量、渡海運力追蹤，台灣反艦武器數量、交付進度分
析。

● 台灣反艦武器操作與維修人員培訓優化方案。

● 關鍵雷達系統的保護、抗擊打程度的提升。

● 反艦武器發射載台多樣化、靈活度、隱匿性的提升優化。

● 台灣反艦武器保存與維護優良、精準打擊的最新實測證據。

抗登陸方面：強化戰場實境訓練、實際優化戰場環境

● 國軍用於反登陸武器的儲備追蹤，維護保養模式的優化。

● 國軍反登陸實戰演訓方式優化。

● 追蹤國軍在台灣海岸潛在登陸戰場，建立支持防守優勢的工事與作為。

《備戰守望報告》呈現規格：追蹤對比、專家解析、燈號儀表板

「除了內容之外，這份報告呈現的方式也很重要。總之，我不希望拿到的報告很難讀，看半天也得不到結論。」

真不愧是主管，要求總是很到位。

如果推出《備戰守望報告》，除了有基本資料之外，還應該有完整的整理與剖析。例如：

● **兩岸對比**：呈現國軍與共軍在關鍵環節力量對比。共軍軍力估計不該只是其整體軍力，也該考量其合理願意投注台海戰爭的軍力比例。

● **變化追蹤**：呈現國軍備戰行動與共軍力量對比的時間趨勢。分析備戰工作是逐步進展，還是愈來愈退步。

● **專家解析**：邀請中立的專家，包括學者、民間軍事研究者，對資料與事件進行詮釋與解析。

● **加權指數／燈號**：最好能將複雜龐大的資料，經合適的統整，加權化約成簡易理解的指數與燈號，讓讀者知道當前形勢是有多安全，或是多危險。

「經此方式整合、呈現的報告，才能一方面取信公眾，另一方面簡明易懂吧？」主管挖苦我以前的壞習慣：「不要像某人，動不動寫一大堆字，不管別人是否有時間一行一行仔細看。」

我搔頭苦笑。

「討論到現在，我們需要什麼樣的資訊整理、行動指南，可以說是很清楚了。但最嚴重的一個問題，我們也該面對一下耶。」主管皺起了眉頭：「如先前討論過的 ，我們無法直接號令國軍，而是由政治人物代替我們領導國軍。總統、行政院長、立法委員，他們如果無意備戰，國軍將無法施展；他們需要先衝在前面，國軍才可能革新與強化戰力。但我們好像也缺乏類似的報告，整合比較政治候選人備戰的意願、能力與見解。」

可不是嗎？這是個相當大的資訊空洞！

專家見解

王立第二戰研所團隊

每年更新備戰報告，檢視政府、軍方、候選人的準備，這是個好呼籲，但會需要長期想像的營造。

每年更新備戰報告，檢視政府、軍方、候選人的準備，對台灣的備戰是相當重要的工作。這將有助於凝聚台灣社會備戰的意志，並督促各界進行準備，非常有必要。

以美國為例，美軍各軍種每年都會提出，且有對外報告的義務。不僅是對國會負責，更是不斷更新各種戰爭技術、軍事管理模式，進而因應新的威脅。

備戰觀念在政治圈相當需要加強，目前檯面上的候選人許多是採迴避方式處理。期望候選人透過政見提出，真正理解到國家安全的籌碼有哪些，對國防軍事負起責任。

台灣的安全不只影響到區域安全，也關係到全球局勢的穩定，包括經濟穩定。這個問題現在才有人意識到，需要理解整個全球局勢的發展或架構。這些都需要透過溝通和共識形成。

政治大學東亞研究所名譽教授◎丁樹範

需要整個社會動起來，一起討論有沒有合適的方式備戰。

首先，各個部會可以舉行討論會，汲取社會各方面的意見，接受所提出的建言與方案。

其次，立法院可以開公聽會或討論會，監督各部會的準備情況，提出從社會各界徵集的建議或批評。

第三，媒體作為獨立於立法院之外的第四權，也可以邀集具代表性的專家進行研討、深思，提出評論意見，深化社會對各種相關議題的理解，並推廣重要的方案。

最後，各縣市政府的首長需要根據法律或各界意見改善問題，配合國軍強化全島的國防韌性。

國防安全研究院國家安全所研究員兼所長◎沈明室

　　每年檢視政府在備戰方面的作為和方向，如反艦飛彈的部署是否如預期、演習打擊的效果評估等等，都是可以努力的方向。

　　建議每年檢視部隊的訓練，戰力是否不斷強化精進，以及發生特殊事件或意外時如何改進。可以透過媒體深入探討來協助改善問題。而問題可分為結構性還是屬於個案，若是結構性問題則需要討論如何透過政策改進。

　　幾個問題可以思考：

　　1. 政府整體的計畫方案為何？

　　2. 是否有照著計畫方案努力落實？

　　3. 有沒有什麼情境變化，讓整個計畫方案需要改變？

　　這部分很重要，大家都輕忽了，應該多討論。

《候選人備戰比較報告》內容規劃與訴求

　　「在選舉前關於候選人的報導，什麼主題最多，你知道嗎？」主管問。

　　我想了一想：「如果沒有論文抄襲爭議，如果沒有緋聞……好像是行程，對嗎？」

　　「對！完全受不了。我不在乎他們去哪個宮廟上香、去哪裡掃街握手，我們在乎他們誰對於國防有具體、正確的改善方案啊。」

　　「關於候選人之間的口水戰，對彼此受訪發言的冷嘲熱諷，我也覺得完全沒有價值，相當不感興趣。」

　　主管和我不常對什麼事情見解完全一致，這件事總算相當有共識。如果有合適、公正的單位，我們希望能在選前，針對總統、立法委員（區域／政黨推薦）、縣市長候選人，關於「備戰」的主題，蒐集其見解，並對競爭者進行比較。

　　我們非常希望看到，在這份報告中，（至少）能訪問與呈現候選人對以下問題的構想、方案、作為：

總統候選人：為「聯盟友，守空域、擊渡海、抗登陸」提全盤方案

1. 您從政至今，對於守護台灣、對抗共軍侵略，曾有什麼樣的努力與貢獻？

2. 聯盟友：對於拓增台灣對抗共軍的盟友、深化和盟友的軍事合作，您有什麼計畫方案？

3. 守空域：對於強化台灣防空能力，補強空軍的弱點，您有什麼計畫方案？

4. 擊渡海：您會如何督促／支持國軍，確保在共軍船艦渡海階段，予以強勢打擊？

5. 抗登陸：您會如何督促／支持國軍，確保能夠在共軍登陸搶灘階段的守禦優勢，予以強勢打擊？

6. 您會如何提升國軍光榮感、自豪感、對國家與軍隊的認同感，防杜國軍被中共收買，讓國軍更容易招募與留下優秀人才？

立法委員候選人（政黨為單位）：對政府的督促與監督

1. 您從政至今，對於守護台灣、對抗共軍侵略，曾有什麼樣的努力與

貢獻？

2. 聯盟友：關於拓增台灣對抗共軍的盟友、深化和盟友的軍事合作，您預計支持政府的哪些方案？您將透過什麼樣的方式督促政府在這方面積極前進？

3. 守空域：對於強化台灣防空能力，補強空軍的弱點，您預計支持國防部的哪些作為？您將透過什麼樣的方式督促政府在這方面積極前進？

4. 擊渡海：關於確保國軍能夠在共軍船艦渡海階段，予以強勢打擊，您預計支持國防部的哪些作為？您將透過什麼樣的方式督促政府在這方面積極前進？

5. 抗登陸：您會如何督促／支持國軍、中央與地方政府，確保能夠在共軍登陸搶灘階段的守禦優勢，予以強勢打擊？

6. 您會如何提升國軍光榮感、自豪感、對國家與軍隊的認同感，防杜國軍被中共收買，讓國軍更容易招募與留下優秀人才？

縣市長候選人：為國軍強化戰場優勢、提供後勤協助

1. 您從政至今，對於守護台灣、對抗共軍侵略，曾有什麼樣的努力與貢獻？

2. 如果共軍侵台，您爭取服務的縣市將可能發生什麼樣的戰事？您計畫做哪些事，強化戰場優勢，在醫療、後勤、物資等方面支持在您縣市作戰守土的國軍？

3. 在您爭取服務的縣市，您計畫如何關懷軍眷、退伍軍人？以備戰觀點考量，您計畫將如何協助在戰爭中傷亡的官兵與其家眷？

「為選民提供候選人的備戰工作報告，如果刊登的資訊只是他們說

的空話、胡亂開的支票或自我表揚，這樣的報告做了也白做。」主管說：
「針對候選人的報告，也該有比較、評析、查核才對。」

　　一針見血呢。

競爭對比、專家評析、追蹤查核

　　無論是哪個單位承作《候選人備戰比較報告》，應該包括以下內容：

　　● **候選人對比**：將同一個選區候選人關於備戰的核心貢獻／政見製表，以便對比。

　　● **當選者追蹤查核**：邀請競選連任的候選人，提供其任內具體工作實績成果，並與其上任時所做的承諾或計畫相對比，確認政見實現／跳票的程度。

　　● **專家解析**：邀請中立的專家，包括學者、民間軍事研究者，對候選人提出的方案、作法、實踐進行詮釋評析。

　　一邊討論，我們一邊走到了山頂。輕風吹拂，安靜，只有蟲鳴鳥語。我們可以看到市區在面前展開，汽車只是渺小的移動色點，碧綠的河川在樓房與橋樑之下蜿蜒。這麼和平而美好的世界，戰爭，是多麼瘋狂而愚蠢。

　　休息賞景的同時，主管繼續討論：「我們作為家庭人、國家公民，會很需要關於政治候選人的備戰構想與實績。在另一方面，我們也是事業人，關於我們的事業如何被中共、戰爭所威脅，我覺得也會需要深入完整的探討與報告耶。」

　　哦？怎麼說？願聞其詳。

事業機構需要的《事業備戰計畫》

「你覺得，面對共軍戰爭攻台的可能性，台電需不需要有計畫？中油需不需要有計畫？全台灣的大型醫院需不需要有計畫？所有事業機構都會需要備戰計畫。」主管開啟了下一段的討論。

無論公立或私營，無論大型或小型企業，只要是有永續經營願景的事業，都該檢視以下問題，提出計畫：[4]

1. 如果從《備戰守望報告》中獲悉，「政府備戰態度轉向消極、錯失重點，台海開戰、台灣戰敗、喪失獨立地位的可能性趨高」，事業應該思考與計畫：

   a. 戰爭可能對事業哪些方面造成打擊？

   b. 從減少風險或損失的角度，公司該做什麼？

2. 如果從可靠報告中獲悉：「政府備戰非常積極、重點準確，即使發生戰爭，台灣戰勝機率也極高，但不能排除短期戰爭帶來的震盪」，可以思考與計畫：

   a. 短期戰爭對企業的運作可能造成哪些干擾？

   b. 如何讓短期戰爭對企業運作干擾最小？

   c. 站在降低風險或損失的角度，公司該做什麼？

3. 從事醫療、藥品、水電瓦斯、民生必需品等領域的事業，可以策劃：如何強化韌性、減少戰爭打斷對經營與服務情況？

4. 每個事業機構都可以構想：戰爭發生時，有哪些資源、設備、土地廠房可用於支援國軍？在戰爭前，如何與國軍聯繫與配合？

「我們前幾個月探討：『中共統治台灣後，我們有什麼樣的生活？』那個時候，我發現台灣除了討論備戰之外，一個更優先的課題，也非常

需要廣泛探討。不知道你有沒有這樣覺得。」一邊走下山，我一邊提出想法，主管細心聆聽。

每個行業需要的《中共統治影響評估報告》

「直到目前，台灣許多領域，對中共統治可能帶來的危害，理解都太少了。這個現實，讓許多人缺乏抗拒中共的警惕。」

「你是指關於中共統治會禁止言論自由嗎？」主管問。

「先不談民主、自由、人權等理念層次主題。我們只要討論具體的利益、權益就足夠了。許多行業中的多數人，恐怕都沒有設想過，倘若中共有一天統治台灣，會對其行業造成什麼樣的打擊。」討論時，我們還需注意下階落腳，免得不小心滑下山坡！

「你覺得該由誰？由什麼單位主導這樣的探討呢？」

台灣許多行業都有專業公會／協會，非常適合主導這樣的研究探討，就以律師群體舉例吧。

律師公會可以主導，針對這些課題進行研究探討，並最終提供報告讓所有律師同業參考：

● 若中共統治台灣，對台灣律師執業權益將有什麼樣的影響？例如，台灣律師證照還承認嗎？或者會需要再考中國律師牌？

● 若中共統治台灣，會用什麼樣的速度改變台灣法律體系，或是讓中國法律適用台灣？對台灣本地律師將造成多少成本與代價？

● 中共統治體制下的司法體系，與台灣現況相比有多大落差？會給律師團體的執業環境帶來什麼樣的影響？

● 中共的統治體制對人權與自由的限縮，造成律師行業什麼樣額外的

風險？

● 若中共開放中國律師到台灣執業的資格，對台灣法律執業領域將產
生什麼樣的影響？

「這樣的問題，確實相當值得研究。身為一個事業人，應該要很關
心自己的執業環境可能發生什麼變化、受到什麼危害吧？」主管說：「比
照這些問題，我覺得好多職業的人都該進行相同的探討。」

沒錯。中共統治後，對執業規則、資格、環境、風氣、保障可能造
成重大（肯定是負面）影響的領域包括：

律師	法官	大學教授	各級教師	台灣軍人
警務人員	公務人員	會計師	建築師	醫師
各種土木工程師	新聞業者	影視、演藝人員	出版業者	補教業與課外學習業者
網路遊戲業者	宗教從業人員	政治從業人員		

這些問題，可以由該領域公會，與研究當代中國社會、中國法律制
度、中共政治的學者合作進行評估。當這些領域的執業工作者讀到這些
報告，將會對於中共的威脅，有更真實、更具體的理解。

相信當更知道中共統治後，對工作、行業、具體利益有多大的傷害，
他們也會更積極參與守望台灣、支持國軍的工作。

專家見解

王立第二戰研所團隊

選舉文化下，台灣整體對於外交國防重視不足，長期沒有專業
人才的養成。台灣唯一國防主題的智庫：國防安全研究院，是國防

部出資的。

　　軍事專家在台灣很有限,很多軍事議題需要對技術有理解,才能基於國防安全局勢作出判斷。

國防安全研究院國防戰略與資源研究所所長◎蘇紫雲

　　《候選人備戰比較報告》這個想法我覺得相當不錯。

　　以往媒體舉辦的政見發表會,專家提問多聚焦在民生事務、兩岸政策等。然而,當前國防已是兩岸關係中,重要的議題與論述。

　　備戰以止戰?還是選擇屈辱的和平後一樣得面對戰爭?這是候選人該說明表態的。

　　表明立場後,就該闡述如何執行備戰的國防政策,身為國家經營者,如何投入國防資源,並得到良好的效果。問題包括:

- 投入的資源,如何備戰?
- 投入的資源,如何滿足國家安全的需求?
- 對於經濟是否也能產生好的效果?

軍官退役、台灣大學兼任助理教授、中華亞太安全治理學會資深研究員◎廖天威

　　國軍每年的備戰進程,不只要國軍自己來下評斷,還要由外界來檢驗。全民國防的操作型定義是,全民國防是全民參與、全民監督的透明化國防。

國防安全研究院國家安全所研究員兼所長◎沈明室

公正第三方搜集候選人政見，由專家分析評論關於國防、備戰等議題，我覺得是可以執行的事情。

1. 總統大選

需要媒體和公正的第三方蒐集證據並進行討論，避免政治立場的問題，找到公正的第三方或媒體非常重要。

在辯論或政見發表會上，提問國防和戰備議題可以讓候選人和整個社會更關注相關問題，進一步了解。

2. 政黨與立委

雖然政黨和立委可能沒有特定的政見，但他們會有一些零散的看法和意見。

對於這些零散的意見和看法，需要專家進行分析，以創造相應的議題。

議題被創造後，可能會在電視政論節目等媒體上進行討論，但如果這個議題並不是很特殊，或與以前差異不大，就需要靠媒體或其他方式進行評論來引起注意，否則難以引起高度關注。

3. 地方首長

可以主動透過媒體或公開場合，讓他們提出防衛動員或戰爭時期地方首長應該做的事情，並檢視是否有做好準備。

例如，之前媒體檢視台北市的避難措施是否做好管理，是否建立方便民眾使用的 app 找到避難所等等。

此外，也可以透過科技或能力提升，做出更多的建設，如提升救災能力等。

我們願意成為變革者，為備戰工作守望

談著談著，我們漫步下山，已經接近爸媽與小逗點休息等候的遊客中心。

「我們談到的這些資訊蒐集、探討分析、報告撰寫的工作，希望能有大學、媒體等單位出面執行。那是很理想的狀態，我們只要坐等成果問世，運用他們努力的成果即可。」主管想到了一個問題：「但如果這些單位沒有主動站出來，蒐集編製相關報告，怎麼辦呢？這種情況要怎麼解決？」

「也許確實不容易。大學本身預算就很緊繃，況且目前主要都是以研究為工作首要之務，而媒體不見得會認為這類工作屬於他們的業務。」

牽著手默默地走，我們聆聽著鞋子踏在碎石上的聲音。

「你要不要想想，像我們一樣，很想知道政府有沒有在認真備戰，想知道候選人對備戰的意願與構想，這樣的人是否很多？如果需求足夠，你能夠以專業團隊的作業規格，提供足夠優質的『知識服務』嗎？」主管問。

「你的意思是說⋯⋯向公眾爭取提供這個服務？做成一個商業模式？」

「是的，群眾募資，或是向機構與個人申請贊助，總之，爭取任何可行的財源，將這個方案做起來。有人守望，我們才不會生活在缺乏資訊的黑暗裡。」

主管的提問，讓我開始構想，這是否有可能？集結這項個人、家庭、事業的需求，拓展成為一個面向公眾、面向市場的服務？

換句話說：我是否可能讓自己成為「護國產業」的一部分？

大家都能明白，面對戰爭，製造彈藥、槍枝可以是護國產業，製造鋼盔、軍糧、防彈衣、無人機，都可以是護國產業。如果有一天爆發戰爭，這些都可以幫助國軍獲勝、保全生命。

而有些護國產業，它可以是沒有形體的，它可以是資訊、可以是一套計畫。

例如黑熊學院、「壯闊台灣」協會所推出的民防課程，為一般民眾提供緊急避難、傷害救護的培訓，這當然也是護國產業。

現在更多關切台灣時局的作者、出版社、雜誌社，已經增加對於威脅與準備的分析報導，這當然也是護國產業。

在這些可敬的護國產業之間，我所經營的團隊是否有可能提供這個時局需要的一個服務？

過去五年來，我經營的團隊，協力許多領域的專家，合作撰寫高度專業性的書籍與報告案。包括這本書也是與許多專家請教後，多方協力完成的成果。

如果我能爭取到足夠的資源，與熟悉軍事與兩岸情勢的專家合作，我相信能夠依照最理想的模式，長期綜整訊息，定期完成報告，提供全台灣的民眾參考。

我想起在基督教經典中有一個情境。

上帝從天上發問：「我可以差遣誰呢？誰肯為我們去呢？」

先知以賽亞回答：「我在這裡，請差遣我！」

如果現在社會中有一群人，為了自己的家庭、事業，真誠期待、亟切需要得到可信的評估：現在政府、國軍，是否有在積極精準備戰？

我也想和他們說：「我在這裡，請差遣我！」

這個工程的規模可能不小，很需要多種專長的人、多領域的事業體

共同投入，各司其職。我也非常希望，和有同樣想法的人們合作，形成反脆弱的護國產業，一起守住台灣，我們共同的家園。

　　正在沉思，「媽媽！爸爸！」我們聽到童稚的呼喊聲：「我睡醒了！」主管跑上前，一把將小逗點抱起。在他臉上出聲親吻：「有沒有想媽媽？」

　　「沒有！」小逗點咯咯笑。

✐ 守住台灣探討筆記

守望備戰，真實資訊很重要，需要機構、群體資源來進行。可能方案包括以下項目：

每年的《備戰守望報告》，基本內容：

- 聯盟友方面：台灣與戰略盟友合作的廣度與深度
- 守空域方面：強化空優、防空導彈，與高技術軍種人力
- 擊渡海方面：打擊運兵船的武器與載台，提升關鍵雷達與指揮系統
- 抗登陸方面：強化戰場實境訓練、實際優化戰場環境

《候選人備戰比較報告》，基本內容：

- 總統候選人：為「聯盟友，守空域、擊渡海、抗登陸」提全盤方案
- 立法委員候選人（政黨為單位）：對政府的督促與監督
- 縣市長候選人：為國軍強化戰場優勢、提供後勤協助

都應該有競爭對比、專家評析、追蹤查核。

每個事業機構需要的《事業備戰計畫》

每個行業需要的《中共統治影響評估報告》

守望備戰相關工作，資源徵集與進度報告：

● 「我們守住台灣」網站：weguardtw.info

● 「我們守住台灣」臉書：www.facebook.com/we.guard.tw

註釋

1　此項為台北市立大學社會暨公共事務學系李天申副教授所提出之建議。

2　例如 2023 年的形勢發展，國軍首次以營級部隊的規模前往美國交流，是顯著的進展，非常值得納入這個報告。參見 中央社，2023，〈國軍將首次以營級部隊規模 赴美交流精進訓練〉，聯合新聞網，2 月 22 日，hhttps://udn.com/news/story/10930/6987685。

3　此處將會提及多方面的「優化方案」，並無意抨擊目前的作法不佳。積極精準的備戰態度，如同任何事業經營的態度，都是要不斷改善、不斷精進優化的。共軍持續提升與強化（至少在武器數量上）；我方在各方面也不能原地踏步，不斷尋求精進，才是正確的備戰狀態。

4　2017 年政府開始推動 8 大關鍵基礎建設領域的「資安旗艦計畫」，將能源、水資源、交通、通訊、金融、醫療、政府機關及科學園區等 8 大領域，列為關鍵基礎設施，其資訊安全管理準則受資通安全管理法管理。備戰也可參考此部分的立法。（李天申提供）

未結之語

守住勝利，不能只是願望

現今，台灣要贏得守禦的勝利，靠的不再是刺刀，
而是判斷、遠見，與明確的行動。

寫這本書的歷程，比我想的還要辛苦很多倍。

不僅是晚上小孩睡後的加班寫稿，不僅是假日時向主管申請加班研讀資料，不僅是全書寫了三次才完稿，不僅是我對軍事素無愛好卻要細細考究台海戰爭相關資料⋯⋯。

更是在於這一年多來，我密集關注中國發生的事情，觸及了獨裁暴政下大量難以想像的殘忍事件。更在於閱讀關於戰爭的材料時，我需要想像真實發生的殘酷情境，甚至假想自己、家人陷入其中的狀態。

這一切令人心靈非常疲憊。

在 2022 年底，中國發生大量封城慘案的時候，長時間、無止境閱讀相關事件，我察覺得自己（輕微地）陷入心理憂鬱。

我的專業工作就是高知識密度的撰稿，而《我們如何守住台灣》這個撰稿計畫，比我所有的撰稿案都更困難、更吃力、更艱辛，是我所沒有想到的。

甚至編輯還提醒我：「這本書出版之後，你如果去中國，沒人能保證你回得來。」

「對，也包括香港、泰國、寮國⋯⋯。」

其實，所有需要到這些地方出差的工作，我都不能做了。我知道，這是我將付出的代價。

即使計算我已經付出的，以及我未來餘生將要付出的代價，我對於撰寫這本書、得以出版，還是非常欣慰與喜悅。

總要有人站在中共的對立面，總要有人呼喚：我們要阻擋中共對世人、對台灣人的傷害。

加入這群人，我覺得很光榮。即使，有些人會對我側目，覺得我過度反應，大驚小怪。

我深深明白，若什麼話都不說，什麼事都不做，台灣就更可能戰敗、陷入中共統治，這是我所不能接受的。我有些辛苦與損失，與之相比，相當細微。我知道，這是身為台灣人，守護我們的生活，所要付的代價。而我還付得起。

當您讀到這裡，我的獨白將結束，我們的對話將要開始。

我們要守住的不是和平。我們要守住的是勝利——開戰時成功擊敗共軍的戰力。

有勝利就有和平，沒有勝利，就絕對沒有和平的機會。一點都沒有。

很慶幸地，至今中共還不敢發動大規模渡海侵略，其實表示中共評估現今進攻台灣失敗的可能性相當高，而這就是台灣方面備戰守禦的勝利。在目前尚可謂成功的備戰努力下，我們能安居樂業，每天都應該引以為榮，更該感謝為此辛勤付出、全力以赴的人們。

在戰爭威脅下，台灣需要做的，其實並不遠大。

我們只要繼續維持我們的勝利，日復一日，直到中共極權專政瓦解倒台，或者實現民主化。深深期盼，這件事在我有生之年發生。

繼續維持勝利，台灣絕對辦得到，但需要台灣整體認真、恆毅、思緒明晰地投入努力。

嚇阻戰爭，守護今日的勝利，我們就能持續在台灣生活，發展事業，陪伴親友。這是我與我的家人，也是大部分讀者最希望的。我們在台灣有事業、有置產、有保險、有家人朋友、有年邁的父母，我們當然希望待在台灣，日久天長。這本書，就是基於這個心願開展的。

但請不要錯誤地以為，基於這個心願，我就支持某個特定政黨、某政治人物。

恰好相反，正是基於這個心願，我願意、也邀請每一位讀者思考每一個政黨的理念主張、詳細分析其政策方案、認真評價其實踐方式。

我並不認定哪個政黨執政後就必然會出賣台灣——如果對中國態度和緩些、友善些，是否仍能守住界限、立場堅決？我不全然否定。

我也不認為哪個政黨執政台灣就必然安全——即使對中國態度與語言強硬，是否仍可能在備戰作為上懈怠散漫，或是發生愚蠢錯誤，不將資源投入強化重點，關鍵環節沒有得到充分加強，使台灣在戰爭發生時陷入敗局？我不全然否定。

表述立場是一回事，更重要的是實際作為。

守住台灣，守護每一個台灣人，不能只是一個希望。

我們需要完整檢視政黨、關鍵政治職位候選人的國安／備戰政見。

我們需要知道國軍真實的備戰作為。

我們需要專家解析政見與政府備戰情況。

如果台灣的執政者整體而言在備戰上積極精準，我們可以繼續在台灣安心生活養家、專心發展事業。

如果台灣的執政者在備戰上怠惰疏忽、政策荒唐、方向錯謬——若還有時間，我們需要積極影響政府，支持政治人物推動改變；若時間已太遲，我們也需要保護自己與家人。

唯有積極精準的備戰方針，能保護我們、我們的家人、財富、事業。

以及每一位在部隊服務的國軍。

我很可能再不久就完全沒資格上戰場；即使上戰場，能力素質也難以有什麼貢獻——我的專長是議題撰稿，而不是發射火砲。這本書，是

我為守護台灣、守護家園付出的一份心力。

因為我明白：「守住勝利，不能只是願望」，而這本書出版之後，讓更多人明白：「守住勝利，不能只是願望」，將是我持續投入心力的計畫之一。

中共統治龐大、十四億人口的中國，以無邊界的權力調動其國家系統的所有力量與資源。中國的政、軍系統中固然有昏庸、有貪汙、有被動，但其極權系統仍然挾持了巨大的力量，可能在某個時刻撲向台灣。

台灣嚇阻中共開戰，或是在開戰後要能獲勝，前提將是台灣整體，系統性地做好準備。台灣沒有本錢比中共更渙散與被動。國軍、政府、產業、科研、選民（家庭或個人）……在其中都有出一份心力的空間與責任──不是道德責任，而是現實與功利責任。

我願意成為這個系統的一部分，我願意自己的事業與團隊，和任何心念相同的人與機構合作，為這個系統的整體運作出一份心力。例如：

● 透過專欄、演講，與社會探討「如何守住台灣」方方面面的思考與方案。

● 透過課程、工作坊，引導學員思考如何理解形勢的變化，如何為家人與自身做好因應準備。

● 透過爭取執行《中共統治影響評估報告》、《事業備戰計畫》，讓台灣更多領域的人們明白中共統治將帶來的威脅與損害，以及規劃出該領域能執行、能落實的具體方案。

● 透過爭取執行《備戰守望報告》評估國軍逐年備戰實況、執行《候選人備戰比較報告》以督促政府提供國軍完善的支持與領導。

只要還能做，我就會繼續嘗試。直到我確認，在「守住台灣」這個事業上，已經不需要我的努力。或是，中國民主化，中共政權崩垮，台

灣徹底走出危局。

這是一件大事。我希望，我也知道必須要和志同道合的人們一起合作。如果，您覺得這些方案是有價值的，如果您有合作的意願或想法，如果您對於共同組建「守住台灣」的系統性力量有任何想法，請聯繫我。

留訊給「我們守住台灣」：

網站：https://weguardtw.info

臉書：https://www.facebook.com/we.guard.tw/

關於在當前的危局下「守住台灣」，還有許多想法、細節的探討，限於篇幅，無法放入本書，只能先在此停筆。深願這本書對您有益。

也許我們有一天會在台灣的某個角落相遇，書店、餐廳、車站、遊樂園……也許我們互不相識地擦肩而過。但願當時我們都喜樂、平安、滿足，得到民主自由的護祐，也守護著它。

國家圖書館出版品預行編目資料

我們如何守住台灣：保護家人、事業、財產，需要評估的情勢，必須採取的行動/謝宇程著. -- 臺北市：商周出版，城邦文化事業股份有限公司出版：英屬蓋曼群島商家庭傳媒股份有限公司城邦分公司發行, 2023.09

　面；　公分. --

ISBN　978-626-318-801-3（平裝）

1.CST: 臺灣政治 2.CST: 兩岸關係 3.CST: 兩岸政策 4.CST: 軍事政策

573.09　　　　　　　　　　　　　　　　　　112011977

我們如何守住台灣

保護家人、事業、財產，需要評估的情勢，必須採取的行動

作　　　者／謝宇程
編　　　輯／王拂嫣、余筱嵐、程鳳儀

版　　　權／吳亭儀
行 銷 業 務／林秀津、周佑潔、賴正祐
總 編 輯／程鳳儀
總 經 理／彭之琬
事業群總經理／黃淑貞
發 行 人／何飛鵬

法 律 顧 問／元禾法律事務所　王子文律師
出　　　版／商周出版
　　　　　　城邦文化事業股份有限公司
　　　　　　台北市中山區民生東路二段 141 號 9 樓
　　　　　　電話：(02) 2500-7008　傳真：(02) 2500-7759
　　　　　　E-mail：bwp.service@cite.com.tw

發　　　行／英屬蓋曼群島商家庭傳媒股份有限公司城邦分公司
聯 絡 地 址／台北市中山區民生東路二段 141 號 2 樓
　　　　　　書虫客服服務專線：(02) 25007718・(02) 25007719
　　　　　　24 小時傳真服務：(02) 25001990・(02) 25001991
　　　　　　服務時間：週一至週五 09:30-12:00・13:30-17:00
　　　　　　郵撥帳號：19863813　　戶名：書虫股份有限公司
　　　　　　讀者服務信箱 E-mail：service@readingclub.com.tw
　　　　　　城邦讀書花園 www.cite.com.tw

香港發行所／城邦（香港）出版集團有限公司
　　　　　　香港灣仔駱克道 193 號東超商業中心 1 樓
　　　　　　電話：(852) 25086231　　傳真：(852) 25789337
　　　　　　E-mail：hkcite@biznetvigator.com

馬新發行所／城邦（馬新）出版集團【Cite (M) Sdn. Bhd】
　　　　　　41, Jalan Radin Anum, Bandar Baru Sri Petaling,
　　　　　　57000 Kuala Lumpur, Malaysia
　　　　　　電話：(603)90578822　　傳真：(603)90576622
　　　　　　E-mail：service@cite.my

封 面 設 計／徐璽設計工作室
電 腦 排 版／唯翔工作室
印　　　刷／韋懋印刷事業有限公司
總 經 銷／聯合發行股份有限公司　電話：(02)2917-8022　傳真：(02)2911-0053
　　　　　　地址：新北市 231 新店區寶橋路 235 巷 6 弄 6 號 2 樓

■ 2023 年 9 月 7 日初版　　　　　　　　　　　　　　Printed in Taiwan

定價／460 元

版權所有・翻印必究　　　　　ISBN　978-626-318-801-3

城邦讀書花園
www.cite.com.tw

商周出版

| 廣　告　回　函 |
| 北區郵政管理登記證 |
| 北 臺 字 第 10158 號 |
| 郵資已付，免貼郵票 |

104　台北市民生東路二段141號2樓

英屬蓋曼群島商家庭傳媒股份有限公司城邦分公司　收

- -

請沿虛線對摺，謝謝！

商周出版

書號：BH6115　　書名：我們如何守住台灣

讀者回函卡

商周出版

感謝您購買我們出版的書籍！請費心填寫此回函卡，我們將不定期寄上城邦集團最新的出版訊息。

姓名：＿＿＿＿＿＿＿＿＿＿＿＿＿＿＿＿＿＿＿ 性別：□男 □女

生日：西元＿＿＿＿＿＿＿年＿＿＿＿＿＿＿月＿＿＿＿＿＿＿日

地址：＿＿＿＿＿＿＿＿＿＿＿＿＿＿＿＿＿＿＿＿＿＿＿＿＿

聯絡電話：＿＿＿＿＿＿＿＿＿＿＿ 傳真：＿＿＿＿＿＿＿＿＿＿＿

E-mail：＿＿＿＿＿＿＿＿＿＿＿

學歷：□ 1. 小學 □ 2. 國中 □ 3. 高中 □ 4. 大學 □ 5. 研究所以上

職業：□ 1. 學生 □ 2. 軍公教 □ 3. 服務 □ 4. 金融 □ 5. 製造 □ 6. 資訊

　　　□ 7. 傳播 □ 8. 自由業 □ 9. 農漁牧 □ 10. 家管 □ 11. 退休

　　　□ 12. 其他＿＿＿＿＿＿＿＿＿＿

您從何種方式得知本書消息？

　　　□ 1. 書店 □ 2. 網路 □ 3. 報紙 □ 4. 雜誌 □ 5. 廣播 □ 6. 電視

　　　□ 7. 親友推薦 □ 8. 其他＿＿＿＿＿＿

您通常以何種方式購書？

　　　□ 1. 書店 □ 2. 網路 □ 3. 傳真訂購 □ 4. 郵局劃撥 □ 5. 其他＿＿＿

您喜歡閱讀那些類別的書籍？

　　　□ 1. 財經商業 □ 2. 自然科學 □ 3. 歷史 □ 4. 法律 □ 5. 文學

　　　□ 6. 休閒旅遊 □ 7. 小說 □ 8. 人物傳記 □ 9. 生活、勵志 □ 10. 其他

對我們的建議：＿＿＿＿＿＿＿＿＿＿＿＿＿＿＿＿＿＿＿＿

＿＿＿＿＿＿＿＿＿＿＿＿＿＿＿＿＿＿＿＿＿＿＿＿＿＿

＿＿＿＿＿＿＿＿＿＿＿＿＿＿＿＿＿＿＿＿＿＿＿＿＿＿